塔拉・伊莎貝拉・伯頓
Tara Isabella Burton

李昕彥——譯

人設大歷史

個人形象的包裝與網紅夢的實現，從達文西到卡戴珊家族的自我塑造

SELF-MADE
Creating Our Identities
from Da Vinci to the Kardashians

獻給達南傑（Dhananjay），日復一日的挑戰與喜悅

目次

導　言　　我們如何成神？　　　　　　　　　　　　007
　　　　　How We Became Gods?

第一章　「為私生子挺身而出」　　　　　　　　　017
　　　　　"Stand Up For Bastards"

第二章　「擺脫權威的枷鎖」　　　　　　　　　　039
　　　　　"Shaking Off The Yoke Of Authority"

第三章　「對世界的嘲諷」　　　　　　　　　　　061
　　　　　"A Sneer For The World"

第四章　「工作！工作！！工作！！！」　　　　　085
　　　　　"Work! Work!! Work!!!"

第五章　「光芒如洪水般湧入」　　　　　　　　　107
　　　　　"Light Came In As A Flood"

第六章　「意想不到的花花公子」　　　　　　　　129
　　　　　"The Dandy Of The Unexpected"

第七章　「從現在起我將統治世界」　　　　　　　153
　　　　　"I Shall Be Ruling The World From Now On"

第八章　「It」的力量　173
The Power Of IT

第九章　「昨日種種」　199
"You Basically Just Said You Were"

第十章　「自己動手」　221
"Do It Yourself"

第十一章　「因為我想這麼做」　243
"Because I Felt Like It"

結　語　「如何做自己」　267
"How To Be Yourself"

謝　辭　275

注　釋　277

導言
我們如何成神？

How We Became Gods?

一〇二〇年一月,美國頂級連鎖健身俱樂部 Equinox 推出該公司最奢華的廣告活動之一,標題為「讓自己成為全世界的禮物」(Make Yourself a Gift to the World)。這支廣告由行銷廣告公司 Droga5 製作,廣告看板及海報展示著美得不可思議又帶著藝術氣息的年輕男女,意圖喚起過去神話中那些半神的形象。其中一張海報中還可以看到一名壯碩的女性輕鬆地舉起兩名男子,就像聖經中的大力士參孫(Samson)。另一張海報則是一名打赤膊的男子躺在葬禮的祭台上,瘋狂的崇拜者們正在一旁悼念。Droga5 公司表示,該活動的目的是要描繪「神聖的角色在某些時刻與情境下就像是神一般,是賜予『世間的禮物』,反映了他們認為自己需要為世人服務的自我崇拜。」[1]

　　這個宣傳活動的廣告影片還將這個神聖的自我迷戀主題更進一步地推展。藉由重新講述希臘神話中美少年納西瑟斯(Narcissus)的著名故事——這位因愛上自己在池中倒影而溺水身亡的美麗希臘半神,這支廣告翻轉了該神話的警世寓意。一位穿著浮誇的講述者出現在鏡頭前告訴我們,自我迷戀讓納西瑟斯成為「不僅是自己的珍貴禮物,也是帶給世人喜悅的一份禮物。」(接著廣告中的納西瑟斯就活了下來,開始一場慶祝舞會。)講述者拋了媚眼並問道:「這麼看來,自我迷戀不就是這世上最無私的一種行為嗎?」

　　這支廣告所傳達的訊息相當明確,加入 Equinox 健身俱樂部——會費每月兩百五十美元起,一旦加入就需綁定一年合

約──這樣一來你也可以成為一份上天賜予世人的禮物，甚至也可以成為某種神祇。「我們的目標客群就是那些下定決心追求極致的個體。」Equinox的行銷執行長向一位提出質疑的記者表示。「我們相信，當我們成為最好的自己時，我們就會向外發光發熱，就能為周遭的世界帶來更多貢獻。」[2]

如同Equinox公司其他諸多帶有高級時尚意味的廣告一樣，這個宣傳活動當然也是刻意營造出那種挑釁又帶些輕佻的形象。然而，這支廣告所代表的世界觀──通過肌肉訓練與美學創意來雕塑自己，正如我們想像世界中最深的召喚──並不僅限於Equinox健身俱樂部或其他更廣泛的小型健康文化事業。相反地，我們就是自我成就者（self-maker）的理念幾乎已經根深蒂固地存在於西方當代生活的各個層面之中。我們生活中的每個層面都可以透過訂製、創造與策劃來反映我們內在的真實樣貌。我們都被這誘人的神話所制約，人人都該努力成為最好的自己。

我們在經濟領域中都會推崇白手起家的男人與女人。蘋果創始人史蒂夫·賈伯斯（Steve Jobs）與媒體巨擘歐普拉·溫芙蕾（Oprah Winfrey）都是從卑微或貧困出身中崛起成億萬富翁或名流的實業家。這些人物在我們的文化中都代表著透過某種才能與俗稱的毅力去掌握命運，進而人定勝天的例子。他們拒絕在原生環境條件中屈服認命，於是自己決定自己想要過的生活。那些胼手胝足開創未來的男男女女，以及那些因此名利雙收的故事，正是資本主義美國夢的基石。因此，這樣的神話塑造了美國人以及全世界受美國文化霸權影響的人的思維與立法方式，甚至是廣泛的經濟體系。

然而，自我創造的幻想也已經成為廣泛文化範疇中的一部分了。畢竟我們就生活在一個社群媒體發展飽和的時代，越來越多名人成為了有影響力的「網紅」。他們在社交媒體上呈現的不僅

是他們的作品，也包含了那些精心策劃讓公眾消費以圖利的私人生活樣貌。即使我們不見得在尋求品牌合作或是在 Instagram 上發布廠商贊助的內容，我們也可能會遇到需要創造或培育「個人品牌」的時候。我們之中有越來越多人努力想要確保自己在社交媒體上的形象可以反映出我們希望別人看到的樣子，無論出於專業或個人的原因，又或者兩者皆是。

我們的文化時刻（cultural moment），至少在當代英語世界中，代表著我們之中有越來越多人成為自我創造者（self-creator）──也就是不僅渴望將自己變成世人的禮物，而是創造自己。

我們在經濟、文化與個人層面的生活中都充斥著一種意圖：我們可以並且應該將自己轉變成現代神祇，而且又同時成為令人稱羨的行走藝術品、以及精密高效能的獲利機器。畢竟，假如我們能夠完全掌握自己的生活，那為什麼不善加利用這一點來圖利呢？

這個自我創造的集體計畫核心中存在著一個重要的假設。這個假設就存在於 Equinox 廣告裡成為神聖自戀者的號召之中，也存在於如今無處不在並宣稱可以幫助我們自我實現或「成為真正的自己」的人生教練及各式個人成長課程之中。

這個假設是什麼？那就是奠基在我們內心最深處的自己，就是我們最想成為的那個自己。我們的念想、我們的欲望、我們渴望自己成為的樣子，或是渴望被他人以特定方式看到的樣子，這些才是我們內心最真實的部分。父母、社群與整體社會對我們的出身與家境、姓名、期望以及賦予的可能性？這些事情對於我們的真正自我充其量也只是次要的，最壞的情況下甚至會成為個人發展的積極阻礙。唯有透過內省──藉由研究、培養及規劃我們的內在自我──我們才能理解生命的基本原理，進而達成我們認

為自己應該實現的個人與專業目標。

　　以此推論，這個假設意味著當我們向世人展示自己最想成為的那個人時，那才是最真實的自己。真實的自我就是我們選擇與創造的那個自我。我們已經無法分辨現實的終點與幻想的起點。又或者說，誠如史上最著名的自我創造者之一，頂流花花公子（dandy）作家奧斯卡・王爾德（Oscar Wilde）留下的名言：「只要（給人）一副面具，他就可以告訴你另一個視角的真相。」[3]

　　從這個角度來看，自我成就不僅僅是具有創造力、或是勤勉的行為。自我成就也是一種自我表達的展示：透過讓世界看到我們自己想成為的那個人來向世人展現真正的自我。而自我創造，換句話說，就是人為與真實的交匯點。

　　本書《人設大歷史》（Self-made）說的就是我們如何走到這一步的故事。

§

　　這是關於當代歷史上幾位最知名又古怪的自我成就者的故事：從文藝復興時期的天才及美國內戰時期的廢奴主義者，再到鍍金時代（Gilded Age，1870s–1900）的資本家與安迪・沃荷（Andy Warhol）的「工廠女孩」（Factory girls）。這些傑出人士不僅跳脫了出身或境遇的限制，也為他人開創了嶄新的道路。然而，自我成就的歷史中也不乏一些惡名昭彰的當代江湖術士：毫無道德可言的心靈自助（self-help）導師、詐欺犯以及知名馬戲團演員費尼爾司・泰勒・巴納姆（P. T. Barnum）所謂的「招搖撞騙的販子」（humbug）。這些擁有個人魅力的爆紅者很清楚自我成就最基本的原則之一就是：自我創新（self-invention）不僅是關於自己的改變，也是形塑他人對自己的觀感。

《人設大歷史》的故事也是近代早期社會動盪與技術變革如何協助開啟關於自我成就的兩種平行敘事。其一，主要是歐洲的敘事，自我成就（self-making）僅限於某些相當獨特的人。天生的「貴族」（aristocrat），說的不一定是出生高貴，而是優雅睿智、身強體壯或擁有藝術創造力的人。這些人可以利用與生俱來的能力決定自己的人生，從而讓自己的地位高於一般的市井小民。另一個敘事主要是在美國，自我成就是任何人都可以辦到的事情，只要投入足夠的毅力與努力便可；反過來說，假如他們辦不到，那就代表他們於存在主義及實用主義的層面上皆有所不足。其實，這兩種敘事都比第一眼認識時更加相似，兩者同時在二十世紀好萊塢崛起，也在大眾市場明星的新形象中出現——既是天生的，也是自學（self-taught）——並融合在一起。

§

　　我們應該不難理解這兩種敘事終究源自相同的地方：一個徹底的、現代對現實本質的重新想像，以及人類在其中的位置，甚至更明白地說，即最初是誰或什麼「創造」了人類。我們對自我塑造（self-fashioning）的自我所擁有的創意與魔力的信仰，也同時使得我們對過去現實模型的信仰逐漸降低——那個由神創造與安排的世界，那一個人人都有特定且預設角色需要扮演的世界；不論是農民、主教或國王，每個人的角色都是出生時就注定了。

　　哲學家查爾斯・泰勒（Charles Taylor）的創舉，就是將這種智識轉變描述為進入世俗時代的轉換。我們遠離了宗教信仰及其帶來的魅力，轉而走向（認知上的）理性。我們已經進入了泰勒所謂的「表現型個人主義」（expressive individualism）時代，或者是說我們對自我內在形象的理解已成為我們究竟身而為誰的指

引。我同意泰勒的最終判斷——表現型個人主義支配著我們在現代生活中對自己的想法，但卻不認同這是人類從宗教世界觀朝向世俗世界觀的轉換。

我反而認為我們並沒有完全放棄對神的信仰，而是重新定位了信仰。我們背棄了造物主（神）「外在」（out there）的想法，轉而將神放在「內在」（within）之中——更具體地說，我們將神放在自身欲望的精神力量之中。我們對自我創造的迷戀也是我們過去對專屬於神的力量的迷戀——重塑我們自己與眼前的現實，不是以神的形象創造，而是以自身欲望的形象去創造。

我們渴望成為最好的、最富有的或是最成功的自我，其背後存在著一種神奇，甚至是神聖的力量，這種想法其實也不是一種新的概念。即使像弗里德里希・尼采（Friedrich Nietzsche）的這種最無神論的人類存在論述也都會為人類意志中某種特殊、與眾不同又迷人的力量保留一些空間。此外，也有其他諸多類似的論述——比如新思維運動（New Thought）認為只要思考夠強就能帶來財富或富裕，這為鍍金時代的資本主義帶來更多活力及合法性：新思維運動認為人類的欲望不僅僅是一種強大的力量，更是一種明確的超自然力量。這就是一種人類的存在與宇宙基本能量的連結方式，那是關於人類個人幸福與成就的能量。然而，不管是哪一種版本的敘事，我們人類的欲望——無論是努力、尋求、擁有與成就——都成了一種活力，也與我們評判物質和社會現實的方式背道而馳。

從這種角度來看，我們可以說，我們已經成為了神，一點也不亞於 Equinox 俱樂部廣告中的納西瑟斯。此外，如同 Equinox 廣告中的潛台詞所引發的內疚感，以及要人離開沙發並進入健身房的暗示，自我創造對我們所有人來說已經不是一種鼓勵，而是一種要求了。我們所有人都承載著這樣的敘事，也就是我們必須

在這一生中形塑自己的道路與地位，我們的出生地與成長環境都不會是決定未來的因素。然而，我們也承載著這種想法之下的弱勢：假如我們不能決定自己的命運，那便意味著我們在最根本的意義上失敗了。我們在身而為人的基本意義上失敗了。

§

從某個角度來看，人類自我神化（self-divinization）是一個關於進步與擺脫暴政及迷信的自主權崛起的故事。其講述著歐洲啟蒙運動中的哲學家們勇於對抗天主教會濫權與法國君主制度腐敗的故事，也講述著自由民主在歐洲崛起，以及建立在人人都有權追求自由幸福的理想之上的美國建國故事。這也是關於美國夢的故事──弗雷德里克‧道格拉斯（Frederick Douglass）和班傑明‧富蘭克林（Benjamin Franklin）這些人倡導，凡是夠努力又夠堅毅，任何種族或階級出身的人都能成為自我成就（self-made）的人。這也是其他邊緣群體的故事，尤其是從奧斯卡‧王爾德到安迪‧沃荷的繆斯女神傑基‧柯提斯（Jackie Curtis）這些酷兒作家與藝術家，他們得以從富有藝術性的自我創造的承諾中找到慰藉與解脫，擺脫那個常常視他們為異類的世界。

這個敘事至少在某種程度上是真實的。當然，本書中提到的許多作家、藝術家及思想家都為了創造更好、更平等的世界而付出英勇的貢獻。

然而，另一個事實是，這種自我創造的新理念往往被其倡導者用來劃分誰有「權利」塑造自己身分（一般來說，就是追求上流社會生活的白人中產階級男性）以及誰沒有這種權利（少數民族、女性、真正的窮人）。

我所稱的自我成就神話中的「貴族」血脈在歐洲相當盛行，

這種自我創造的力量通常被視作是一種與生俱有的能力。身分特殊的人——那些花花公子以及時髦優雅的人——天生就有這種能力，而多數平民百姓則不具備這種能力。這種血脈在二十世紀像是加布里埃爾・鄧南遮（Gabriele D'Annunzio）與貝尼托・墨索里尼（Benito Mussolini）這些原法西斯及法西斯領袖的人格崇拜中達到了頂峰，他們向那些非常願意將鄰居視為次等人類（subhuman）的群眾散布高人一等的超人（superhuman）幻想。至於美國則是盛行「民主」脈絡的神話，自我創造很快地成為貶低窮人與受苦之人的方便之道，這些人之所以又窮又苦，就是因為不夠努力。

不管是歐洲或美國，自我成就的願景更像是一種維持現狀的手段，而不是通往自由的直接途徑。這也有助於合理化一個令人不安的真相，即使社會正在改變並允許一些人定義自己的生活，但是其他的人仍被會貶低到精神層面的下層階級：要麼因為天生劣勢，要麼單純是因為品行散漫而無法自我創造。讀者們不會忽視以下這點，本書中描繪的那些自我成就的先知與典範，大多數（儘管不可能是全部）——至少在二十世紀之前——這些人都是白種人及男性。

§

最終，自我創造的歷史並不是一個不斷進步又鼓舞人心的故事。然而，我並不認為這是一個關於文化衰敗與現代危機的悲觀敘事，就像文化評論家菲利普・里夫（Philip Rieff）或卡爾・特魯曼（Carl Trueman）等人近來所描述的那樣。相反地，本書是關於我們如何在一個漸漸失去魅力的世界中開始將自己視為神聖存在的敘述，以及因應這種思維而衍生的政治、經濟與社會影

響。這些影響不僅從某種形式的暴政中解放了我們，也將我們放進其他形式的枷鎖之中。換句話說，這是一個關於人類長久以來都在做的行為的故事：試圖解開這無比強大又無比脆弱的如何存在的謎題，被迫進入這個我們可能永遠無法真正了解其目的及意義的世界。

大約在西元一六〇〇年左右，莎士比亞在《哈姆雷特》（*Hamlet*）中寫下：「人類是一件多麼了不起的傑作！如此高貴的理性！如此偉大的力量！……在行為上多麼像一個天使！在智慧上多麼像一個天神！」然而，人類同時也不過是「一撮泥土塑成的生命」。

四百多年之後，我們仍在哈姆雷特的矛盾中掙扎著，尋求什麼才是「真正自我」的答案。

本書的故事說的就是那其中一個未臻完善的答案。

第一章
「為私生子挺身而出」
"Stand Up For Bastards"

一五二八年四月八日，一位信徒從紐倫堡（Nuremberg）一具聖者屍體上偷走一件聖物，這種行為其實並不罕見。整個中世紀時期的歐洲信徒們都經常不擇手段地獲取內心崇拜的聖人的骨頭或是其他身體部位。據說十二世紀時有位英國主教前往參觀一座法國修道院，他在膜拜時竟咬下抹大拉的馬利亞（Mary Magdalene）手上的一塊肉。更早的三個世紀以前，也有一位法國僧侶在競爭對手的修道院裡臥底整整十年，目的就是為了獲得聖斐德斯（Sainte-Foy）的頭骨。

　　然而，某位哀悼者於一五二八年四月偷偷剪下一縷捲曲的金色秀髮，既不屬於任何聖者，也不屬於任何特別宗教人物，而是屬於知名畫家、版畫家——相貌非凡又懂得享受人生的阿爾布雷希特‧杜勒（Albrecht Dürer）。

　　杜勒去世之前就已經是歐洲文藝復興時期最著名的藝術家之一，因此他的葬禮也相當符合他的名人地位。然而，杜勒去世三天之後，他的遺體被人挖出來，好讓他的眾多崇拜者能夠為他迷人臉龐套上模具並製作蠟像，因為那是當時眾人稱道的「私毫不遜於其高貴氣質的非凡身形與相貌」。[1] 那一縷由不知名哀悼者剪下的金髮，最終是交到杜勒生前亦敵亦友的畫家漢斯‧巴爾東（Hans Baldung）手中，而他也將那縷金髮終身收藏。

　　當時不少作家也獻出他們撰寫的輓歌。德國人文主義詩人赫利烏斯‧埃奧巴努斯‧荷蘇斯（Helius Eobanus Hessus）創作一系列的葬禮詩歌，讚頌這位已故畫家「任何將在你的藝術作品中

成名的人都會為你哀悼，這是他們對你應有的敬意。」[2] 杜勒的仰慕者們也開始製作並宣傳杜勒生前撰寫的那些平淡無奇的家族歷史（就像紐倫堡商業界的許多成員一樣）。杜勒的密友（可能也是情人）威利巴爾德・皮克海默（Willibald Pirckheimer）則為他寫下了墓誌銘：「阿爾布雷希特・杜勒在塵世的一切，皆在這墳墓之下。」

然而，關於杜勒不朽的一切則是他生前展現的形象。杜勒不僅在繪畫與版畫方面綻放耀眼的才華，他還掌握了卓越的自我宣傳能力。除了那些為數眾多的聖徒畫像與技巧精湛的聖母像之外，杜勒還養成了為自己作畫並自我宣傳的習慣。

這種自我吹噓在中世紀的歐洲是難以想像的事情，因為中世紀藝術家的傳統是以匿名創作。他們通常都是在集體行會（又譯基爾特）工作的工匠，他們的作品，無論是（教堂）門上的石雕、（教堂）窗戶上的彩繪玻璃、（教堂）牆壁上的聖像，這些作品都不是為了個人榮耀而做，而是為了崇拜這世間真正的創造者──上帝而做。為個人作品爭功是非常多餘的事情，甚至會被質疑為是高傲的行徑。一二四九年就發生過一樁早期的「版權爭奪」案件，兩名多明我會（Dominican）的修士都聲稱自己是當時一篇知名神學論文的作者，最終教會決定刪除兩位作者的名字並採匿名出版來解決這場爭論。[3] 自畫像更是極其罕見。藝術家頂多就是在以宗教場景為作品的背景中描述自己是一個虔敬的信徒。接著，杜勒就出現了。

杜勒一共創作了十三幅自畫像，其中包括繪畫、素描與版畫──張張皆是自我崇拜（self-veneration）的傑作，沉浸在自己筆下精心描繪的美麗光彩形象之中。杜勒在這些自畫像中都穿著優雅，甚至是穿貴族式的衣裳（完全無視自己是出身金匠家庭的中產階級背景）。他在每一幅自畫像中都以細緻的筆法勾勒自己

的一頭捲髮,這是杜勒公眾形象中相當重要的審美細節,以至於當時有很多人都開玩笑說,杜勒花太多時間在自己的頭髮上,根本無暇接受其他的委託工作。[4] 當杜勒在以宗教場景創作的作品背景中描繪自己時也會引起人們的注意,因為他採用了一種當時前所未有的方式,就是在畫面中添加一張姓名卡(cartellino),以確保看畫的人知道他是誰。

然而,杜勒不僅以貴族的形象呈現自己,還在心中喚起更大的野心:他想要成為神。杜勒因為受到宗教藝術中聖像的影響,進而在自畫像中將自己描繪成耶穌基督。舉例來說,在一五〇〇年的《二十八歲的自畫像》(*Self-Portrait at the Age of Twenty-Eight*)作品中,杜勒並不是以側身出現在畫作上,而是以傳統上保留給聖子的正面樣貌示人。杜勒在其他自畫像中總是呈現金色的頭髮,在這張作品中也被畫成深褐色,為的就是呼應當時流行的(也許是謠傳)「見證人」對耶穌本人髮色的陳述。[5] 畫中的杜勒也翹起食指及拇指,就像傳統作品上描繪的耶穌一樣。然而,耶穌的手指經常比出 ICXC 這四個字母,代表耶穌基督(Jesus Christ)十字聖號的縮寫,杜勒的手指卻是在拼畫他自己名字的首字母 AD,以此替代他的姓名卡。相同的字母也出現在這張畫作日期的左側,在視覺上形成明顯的雙關語「1500 AD」,基督紀年(Anno Domini),也是阿爾布雷希特・杜勒自我實現的那一年。

然而,杜勒的姓名縮寫「AD」並不只是他的簽名而已,也成為他的專業名片,可以算是當今所謂個人品牌營造的早期嘗試。杜勒的首字母簽名不僅出現在他的畫作上,更重要的是也出現在那些他設計的版畫作品。杜勒警告那些企圖剽竊的人:「當心了,你們這些嫉妒他人勞務成果與才華的竊賊們;拿開你們無知的手,不要碰這件藝術作品。」[6] 有別於當時其他版畫家,杜

勒最終額外出錢採購印刷機自用，使他能夠掌握創作的整體營運與控制，進而讓他有比以往任何時候都更能夠有廣泛分享作品的機會。

從設計到執行再到宣傳，杜勒完全掌控著向觀眾展示自己與作品的方式，而且那些觀眾也不僅是上帝或是支付他創作的特定教堂神職人員與信徒。相比之下，杜勒清楚自己擁有吸引全世界關注的大好機會。一五〇七年，當一位贊助者催促杜勒盡快完成一件相當耗時的紐倫堡祭壇畫時，他只是輕蔑又簡單地回覆：「誰想看這種東西？」[7]

阿爾布雷希特・杜勒在許多方面為世人津津樂道——文藝復興時期最優秀的藝術家之一，自畫像的創始者，也是這個世界上第一個自我推銷的名人。然而，他藉由生活與作品（兩者從未能輕易分開）真正開創的是一個新潮又野心勃勃的自我觀念。至少在那些象徵杜勒的自我創作來看是這樣的。杜勒發現早期鮮少有藝術家注意到的有意識的自我創造、創新自我表達與追求利益相互交會的潛力。杜勒不僅是在創作藝術，他同時也將自己轉變成一件藝術作品。他塑造出一個可以延續並宣傳自身作品的個性，他的作品（經常標記著他的商標）實則就是在宣傳他這個人。藝術家杜勒、杜勒自畫像以及宣傳者杜勒三者發揮著彼此強化的作用。

然而，杜勒也意識到另一件事。創造自我，塑造性格、個人公眾形象與經濟命運——杜勒從不懷疑這些事情是密不可分的——都來自對神的崇敬，並以個人、特別是擁有創意的個體視為神聖的觀點，取代以神為中心的宇宙觀。無論是這世間存在的任何魔力或誘惑，無論是來自上帝、大自然或兩者之間某種定義模糊的存在，最後都取決於這位懂得駕馭並善加利用這種能力的狡點天才。

§

　　因此,我們很容易得出這樣的結論——顯然杜勒也希望我們這麼以為——杜勒在這方面是一個獨特的天才,他本人與他塑造個人品牌的天賦在十五世紀的紐倫堡獨樹一格,並且也為文藝復興的世界帶來震撼。然而,事實卻不是那麼單純。杜勒在自我創新(self-invention)方面的才華,以及他將自己視為崇高自我創新者的認知都與他所處的變動社會密不可分。

　　畢竟杜勒是字面上最符合文藝復興定義的人。他是生活在繁榮商業城市中的藝術家,當時西歐各地的繁榮商業城市——至少對於某些相對幸運的階層來說(這是不變的但書),都在重新思考社會的可能樣貌,以及怎樣的新型人物可以在這樣的社會中開闢通往成功與輝煌的道路。十五及十六世紀的整個歐洲大陸,所有的藝術家、哲學家、學者及詩人都在全力應付這樣重大的文化、社會與經濟變化。

　　多數的這些變化都是小學讀過歐洲歷史課程的人熟知的事情,甚至聽起來多少有些陳腔濫調,像是約翰內斯・古騰堡(Johannes Gutenberg)於一四五〇年代發明印刷機,隨之帶來讀寫能力普及;又或是貿易及手工業的興起,以及歐洲文化生活的中心從教堂旁的農田轉移到新興繁榮城市;來自城市的中產階級商人的發展以及隨之而來的社會流動性;對希臘羅馬思想重新燃起興趣(至少是修道士之外的人),以及相應興起並俗稱為「人文主義」(humanistic)的樂觀世界觀,因為神學與哲學領域的人都不再像中世紀的思想那樣對世俗成就抱持懷疑的態度。儘管這些敘事聽起來有些古板(有時候甚至過分簡單),卻有助於在時代背景的脈絡中找到杜勒的角色定位。更重要的是,這些敘事能解釋為何自我成就的歷史是從這個時期開始的原因以及其形成

的方式，這個問題不僅是杜勒，而是一大群文藝復興時期的藝術家、哲學家、詩人及政治家要共同解決的問題，這個問題會為現代世界（甚至是其定義）帶來徹底的改變。

但這個問題是什麼呢？不要說解釋了，就說我們要如何理解像杜勒這樣的人呢？又或者更廣泛地說，我們要如何理解那些似乎無法融入當時死板的社會階級制度的人（而且通常是男性）呢？這種人的命運並非由出身或血統決定，反而來自其內蘊的某種神秘力量，甚至可能是帶有魔力的特質，我們從整體社會的角度該如何解釋這樣自我成就的人呢？

這個問題在社會流動性前所未有高漲的年代就顯得特別有意義。當時在歐洲繁榮的城邦中，尤其是在義大利半島（來自德國的杜勒在這裡算是個異類），都可以找到一些人，儘管可能不像杜勒那樣招搖，卻一樣要靠發揮創造力與智力才能跳脫出生時的社會階層。其中有些人是從農民變成工匠，或者是憑藉技能將自己推進到更高社會階層的工匠，有些甚至可以進入皇室或教皇的圈子之中。一名公證人與農家女的私生子李奧納多・達文西（Leonardo da Vinci）也能得到米蘭公爵與法國國王的贊助。金匠之子杜勒則受神聖羅馬帝國皇帝馬克西米連一世（Maximilian I）的委託作畫。眾多文藝復興時期最知名的義大利藝術家——除了達文西之外，包括建築師萊昂・巴蒂斯塔・阿伯提（Leon Battista Alberti）及畫家菲利普・利皮（Filippo Lippi）都是私生子出生——非合法婚生的人，因此沒有明確的社會地位。

這種跳脫出生階級的人也不僅出現在藝術領域而已。如學者一般聰明的波吉歐・布拉喬利尼（Poggio Bracciolini）也出生於一貧如洗的藥店家庭——他帶著五枚銀幣前往佛羅倫斯並被需要圖書館員或宮廷學者的富有贊助人「發掘」，接著憑藉自己的努力爬到祕書階層，成為有錢又有人脈的人物。布拉喬利尼於

一四五九年過世的時候已經是佛羅倫斯最有錢的人之一，他在五十六歲那年與一位十八歲的家族繼承人結婚。

這些屬於新興階級的人不僅是俗話中所說的「白手起家」（self-made），我們最常在提到「白手起家的億萬富翁」或「白手起家的企業家」時用上這個字，這些人沒有家財萬貫或特權作為後盾，卻也成功致富──儘管在多數情況下，他們的目標就是為了致富。但他們同時也是自我成就者。其個人創造力不僅賦予他們創作藝術（或詩歌、或哲學）的本事，也塑造了他們的公共形象並藉此改變他們的命運。自我成就總是可以一箭雙鵰：一來是在世上建構自我，二來是同時形塑這個自我的命運。

§

然而，這些自我成就者的崛起不僅是一個社會議題，同時也是與神學相關的議題。自我創造──正如杜勒大膽地以耶穌的形象描繪自己時所暗示的一樣──就是對過去根深蒂固的宗教宇宙觀提出挑戰，而這種中世紀基督教思想充斥了數百年。畢竟，所謂的創造──無論是大自然間、人世間、以及人類的生活與命運──不就是屬於上帝的根本特權嗎？

當然了，上帝在中世紀基督教徒的心中不僅創造了大自然，也創造並且維持著整個人類社會的運作。事實上，要區分兩者根本是難以想像的事情。自然世界與人類生活的世界被視為緊密結合的整體，而在這個整體之中，每個存在都有上帝賦予的位置及角色。生為動物、生為農民、生為國王──這一切都與上帝的榮耀產生呼應，這一切都由上帝所訂下的自然法則維繫著。舉例來說，十三世紀的哲學家聖多瑪斯・阿奎那（Thomas Aquinas）就認為人類的政府與藝術產出都有著一樣的特質，也就是兩者都是

自然法則的實現，他認為「次級推動者的力量來自第一推動者的力量」並表示「次級統治者從最高統治者那裡得到政府的規畫」，而「關於國家事務的計畫是從國王的命令傳遞給下級官員」。他也認為工藝是「從首席工匠流向協助他的下層工匠手中」，因為「但凡以正確的理由出現的一切法則，都是源自於永恆的法則」。[8]

其所表達的實際意義就是上帝也決定了人類生活的形態，包含階級、血統與地位。整體來說，中世紀的生活與法則中，人類並非獨立的個體，而是作為他們所出生的家庭、階級、社群與土地的成員之一。對於中世紀的人來說，任何形式的自我成就都是一種荒謬的主張。人類「受造奇妙可畏」，作為複雜整體的一部分，朝著一個超越任何個體能夠理解的神聖目的而努力。一個人無法創造自己，就像他不可能創造一隻青蛙、一朵花或一棵樹一樣。

§

那麼，究竟要怎麼解釋自我成就者這種不只是打破社會期望，甚至是推翻自然法則的人物呢？十五、十六世紀期間，無論是藝術家、學者，或是出身卑微的暴發戶，文藝復興關於自我成就者的論述都開始圍繞著相同的答案而形成，這個答案既保留著上帝維持宇宙秩序的期望，也同時為某種特殊的人保留位置。這樣的個體可以跨越社會秩序，又可以在上帝決定的慰藉模式社會中安然自得。不同的作家與思想家在描述這種人時所使用的術語也略有不同，像是「真正高貴的人」（true noble）、「美德的創造者」（maker of virtue），不過現今最常使用也最適切的術語就是天才（genius）。

文藝復興時期的一些人物，從佩脫拉克（Petrarch）到薄伽丘（Boccaccio），再到伊拉斯謨（Erasmus），他們使用天才一詞時就已經暗示著自我成就者所具備的兩種重要特質。首先，這個詞彙本身就意味著這種人擁有源自神聖或超自然的力量。最初拉丁文中的「格尼烏斯」（genius）指的是照顧或棲身在人類身上的守護神。換句話說，擁有格尼烏斯的人不僅是聰明或有才華而已，反而是被某種更偉大的力量守護著。

　　再者，天才這個字也意味著一個人與創意思維能力之間的連結，也就是杜勒急於捍衛的那種聰明才智（ingenium，或稱ingenuity）。無論讓杜勒、達文西或波吉歐・布拉喬利尼成為天才的力量是什麼，那都與人類力量所反映或模仿的神聖創造能力之間存在著某種關係。[9]

　　文藝復興時期的社會該如何讓這種新穎又有力的人物融入其中呢？答案就是透過特定的修辭手法讓這些天才在社會上擁有一個明確的位置，且不單單是以自我成就的個體，而是以作為上帝的特殊後裔存在，藉此聲稱擁有比來自塵世的父親更高貴且純潔的血統。那些超越在社會秩序之上的人也一樣必須被理解成是上帝安排萬物的世界中的一個延伸部分，而非是與其對立的存在。

　　文藝復興時期關於天才的佚事，無論是自詡為天才者，或是為他們歌功頌德的傳記作者所陳述的，往往也都依循著類似的模式。天才在象徵意義與修辭上都被描繪成當時類似希臘羅馬半神半人的形象：如海格力士（Hercules）或阿基里斯（Achilles）這種由天神與凡人女子結合而生的神話角色。也就是說，這些天才在社會上屬於地位更高的貴族。

　　天才的生父可能地位卑微，又或者像許多文藝復興時期的天才私生子那樣，根本沒有法定的父親。然而，從道德和精神層面來說，他們「真正」的父親必須被理解為一種神聖的存在。因此，

就像童話故事中某位農家子弟發現自己其實是在城堡出生之後被人偷走的王子一樣，天才的社會流動性就建立在被上帝超然權威所標記的假設之上。天才的成功並非超越或違背了社會秩序，而是因為他按照自己的超常本性行事並以此得到認可。

將天才比做半神半人成為文藝復興時期常見的一種修辭比喻。以描繪岡薩加（Gonzaga）宮廷生活的曼圖阿（Mantuan）畫家安德烈亞・曼特尼亞（Andrea Mantegna）就經常以拉丁文宣稱自己為「艾尼亞斯」（Aeneas）——《艾尼亞斯紀》（Aeneid）中著名的半神英雄人物。丹麥藝術家梅爾齊奧爾・洛克（Melchior Lorck）在一幅杜勒紀念肖像上添加了一段文字，稱讚杜勒為「羅馬智慧女神米娜瓦（Minerva）從自己胸口抱出來的人」。[10] 此外，這種修辭比喻也罕見地出現一個基督教的例子，就是紐倫堡雕塑家亞當・克拉夫特（Adam Kraft）非常喜歡將自己比喻為第二個亞當——即《聖經》中的那個亞當，甚至他忠貞的妻子為了取悅他，竟也開始稱自己為夏娃。[11] 儘管傳統上「第二個亞當」在概念上是用來描述耶穌基督的，但是克拉夫特就像杜勒一樣，也認為文藝復興時期的天才也有資格使用這個稱號。

這些世人認定為天才的早熟童年故事也往往誇大又荒謬，強化了這些人物的超凡天賦是一種超自然屬性的認知。如同嬰兒時期的海格力士在搖籃中殺死蛇的傳奇故事一樣，以誇大聞名的傳記作家喬爾喬・瓦薩里（Giorgio Vasari）表示天賦異稟的畫家李奧納多・達文西讓他的導師安德烈・德爾・韋羅基奧（Andrea del Verrocchio）折服，甚至因此決心放棄繪畫（瓦薩里也如法炮製了關於米開朗基羅與導師的故事）。義大利雕塑家羅倫佐・吉貝爾蒂（Lorenzo Ghiberti）於十五世紀時為十三世紀出身卑微的畫家喬托・迪・邦多內（Giotto di Bondone）撰寫傳記也遵循著類似的敘事：這位年輕的農家男孩在石板上畫的一隻羊讓較年長

的畫家契馬布埃（Cimabue）印象深刻，當下決定將男孩帶在身邊當學徒。這些敘述的核心都是在表達天才擁有生俱來的能力，而這種能力是完全無法傳授的。實際上，那些試圖教導這些男孩技能的常人導師往往都會被學生的天賦超越。天才絕對是人類無法藉由努力獲得的力量。

其實這些故事的作者並不是真的相信希臘羅馬諸神與人類之間有所聯繫，甚至根本不相信希臘羅馬諸神的存在。畢竟，我們現在討論的這個時代仍然是由基督教世界觀嚴格定義的時代。然而，文藝復興時期的基督教世界觀與早先中世紀的世界觀已經有所不同，也更加靈活。這種以上帝作為造物主的神學語言更經常出現在比喻自然或命運相關的敘述上——就像神一樣藉由直接賦予這些天才其所屬的力量來傳達神的意志。

文藝復興時期的天才有一點像是文藝復興的私生子，他們的背景神秘，無法輕易地融入現存的社會體系之中。在英國，莎士比亞劇作中最具魅力的反派之一就是《李爾王》（*King Lear*）中葛羅斯特伯爵的私生子艾德蒙（Edmund），這個角色也有著明確的相似性。他撻伐擁有合法身分的兄長因為他私生子的身分而貶低他的這種「習俗的瘟疫」（plague of custom），宣稱「自然啊，你是我的女神」（thou, Nature, art my goddess）而表示「為私生子們挺身而出。」[12] 無論是比喻或是其他來自神聖起源的描述都能夠解決與天才相關的一些問題。如果將天才理解成類似貴族的人物，文藝復興時期的思想家們就能夠將這些看似不尋常的人物歸納在由神的秩序所統治的世界之中。

§

文藝復興時期辯證與對話的主要特點之一，也就是傳統貴族

與新興天才貴族之間的關係，就反映了這個問題在當時的複雜性。文藝復興學者艾伯特・拉比爾二世（Albert Rabil Jr.）在其巨作中曾針對這個主題提出討論，關於何謂真正貴族的問題已經成為人文主義對話的主流。十五世紀這一百年間就至少有十一篇針對此議題的專文問世，每一篇都是舊貴族模式擁護者與新興貴族支持者之間的熱烈辯論。舉例來說，詩人布納科索・達・蒙特馬格諾（Buonaccorso da Montemagno）於一四二九年發表的〈論真正的高貴的對話〉（Dialogue on True Nobility）中就表示，出身低微的天才擁護者認為「高貴的評斷在於心靈；自然界，也就是世間萬物的女皇，賦予凡人平等的誕生，不是以世人祖先的遺產為基礎，而是以屬於神性的特有崇高地位為基礎。」[13] 蒙特馬格諾堅稱「高貴並非源自家族傳承，而是來自與生俱來的美德。」而他「對知識的渴望是自然而然存在的……因此，追求善的知識才不會辜負我的才能。」[14] 文章最後蒙特馬格諾並未完全回答這個問題，而討論也沒有留下任何定論──不過最後的發言權還是落在那些華麗現身的天才貴族身上。佛羅倫斯共和國執政官卡洛・馬蘇皮尼（Carlo Marsuppini）留下一首有關這個主題的詩歌，讚頌那些「雖然出身高貴，卻家世不明又饕餮不繼的貴族」。[15]

另一篇由出身低微的希臘主教，希俄斯的李奧納（Leonard of Chios）撰寫的文章中也可以看見類似的形象，而他也是個自我成就（self-made）的人。李奧納表示完美的人天生就「以智慧為母並以自由意志為父」而且擁有「以美德為根源而產生的高貴氣息，而其力量源自於自然界與生俱來的原則。」[16] 李奧納在評論希臘哲學家亞里斯多德關於幸福的特質包括「良好的出身」時，與他對談的人堅稱亞里斯多德指的不可能是貴族的血統，而是「賦有品德的出生，因為前者（血統）涉及血緣的腐敗，而後者則是最高貴的品格。」[17]

這些文本中值得一提的是，作者們必須在承認現狀（主要由血統定義貴族的世界）以及解釋新興階層如何在這樣的社會中找到位置之間取得平衡。「真正的高貴」和半神半人的語言意象都發揮了雙重目的功能。天才們之所以能夠自我成就，因為那正是上帝揀選他們去實現的任務。他們是特殊的少數，也是受寵的少數，而他們的自我創作（self-authorship）也是受到神聖意志的限制與束縛的。

　　一四四〇年，佛羅倫斯的新興貴族波吉歐・布拉喬利尼在其對話作品〈論真正的高貴〉（On True Nobility）中更具野心且明確地表明了天才階級的優越性。布拉喬利尼以「美德」描述我們之前討論過的天才特質，不過從他的文字脈絡中可以清楚地看見美德不僅意味著正確道德行為的能力，而且是蘊含在性格裡的「真正高貴」的特質，無論其出生條件如何。「美德，」布拉喬利尼寫道，「必須透過某種神聖力量與恩寵，以及命運中潛藏的動能才能掌握，無法透過父母的教導獲得。」[18] 換句話說，世俗的父母親在這樣神聖的傳承特質上是毫無用處的。正如布拉喬利尼堅稱的，「孩子們不會從父母那裡承襲到惡習與美德；美德和高貴都是個人的修為。」[19]

　　布拉喬利尼在這方面就比同時代的思想家更先進地指出了一個會持續支撐整個自我創造歷史的問題，也就是自我成就者的幸運與祝福單純是因為被專屬的神或客觀大自然在有序的世界之中選出的關係嗎？還是就像布拉喬利尼的陳述所指出的那樣，自身（selfhood）的創作者是透過自由選擇、念想、渴望與努力的結合才創造出他們的身分及命運？自我成就者是像海格力士或艾尼亞斯一樣隸屬於更強大的神性父權之下的半神之子嗎？還是像杜勒那幅知名自畫像中的基督一樣，呈現出自身全然輝煌又冒著危險的神聖形象？自我成就者是否具有超自然的神奇力量去實現上

帝為其安排的經濟與藝術目標,又或者,自我成就者的神奇力量就在於能夠自己選擇目標呢?

§

總體而言,文藝復興時期的著作中在處理自我創造與天才這個雙重議題時多半會傾向採用前述這種較為保守的觀點。天才就是種特殊的人類,只是這種人類是罕見的案例,可以算是一種支配社會秩序的普遍規則下的例外。

然而,文藝復興時期有一位人文主義者更具前瞻性,並且提出一種野心勃勃的自我創造方法,那就是喬瓦尼・皮科・德拉・米蘭多拉(Giovanni Pico della Mirandola),他所採用的方法也預示了之後更加明確又宏偉的自我成就模式。皮科是一位徹底離經叛道的人物,他將猶太教卡巴拉(kabbalah)思想、阿拉伯哲學、古典學習(Classical learning)及些許神秘學思想與基督教人文主義混合在一起。皮科不僅認為人類擁有自我創新的本事,也認為自我創新在道德上令人嚮往。此外,更重要的是,皮科在其當作一系列哲學演講引言的著作《論人的尊嚴》(*Oration on the Dignity of Man*)中,主張自我創造就是一種積極、且主動模仿上帝的行為,也正是這樣的特質讓我們得以為人。有能力可以決定我們是誰,決定我們在神聖宇宙中的位置,是上帝賦予我們的禮物。

皮科藉由重新講述《創世紀》的故事來證明自己的觀點。內容如同《聖經》中所描述的那樣,上帝依序創造了組成世界的各種元素。只是在皮科的版本中,創造是一件負擔很重的事情,上帝實際上也因此「用盡」了他思想的「種子」。於是,上帝決定不用任何種子來創造單一種生物,這樣一來創造出的生物將沒有

任何形式的繼承或承擔義務,那就是人類。皮科描述上帝創造了亞當,實際上就是在創造另一個神來接管世界。「亞當,」上帝說道,「我沒有賦予你任何固定的位置,沒有屬於你自己的形態,因此你可以根據自己的意願與偏好擁有你所選擇的任何地方、任何形態以及任何功能。神聖法則為其他所有生物都制定了固定的屬性。不過你不受任何法則束縛,你可以依據自己的意願,憑藉我賜予你的雙手決定自己的天性。」[20]

　　皮科始終沒有出版《論人的尊嚴》。他原本打算進行更長的計畫——向當代的哲學同儕提出整整九百條的神學命題——結果卻引起了爭議。其中七條命題被直接認定是異端觀點,另外六條也引起關注,皮科還因此逃離羅馬前往法國。不過,《論人的尊嚴》中所提到的觀點可能代表著文藝復興時期自我成就者最引人注目又最具顛覆性的觀點。皮科不僅讓「真正的貴族」或「品德的出生」以及其他與人類意志相關的機制納入上帝所安排的體系,他甚至說道人類必須自己決定這個體系。儘管他認為這確實是來自上帝賦予的,但他卻認為上帝在創造世界時已經耗盡所有能量,因此不見得會比人類成長的力量更加強大。皮科與杜勒的觀點一樣,認為自我塑造的力量含有對於推翻上帝本身的期許。

　　皮科與杜勒都預料到在自我創造的歷史中會不斷出現這樣的一種緊張關係:人類自我創造者與上帝之間、或至少是自我創造者與我們對上帝的觀念之間的關係。事實上,現代自我創造的思想第一次成熟的時期,也恰逢是歷史上人類對有組織的宗教機構及權威創造者——上帝——漸漸抱持懷疑態度的時期。在接下來的幾個世紀裡,自我創造的觀念就成功地成為了路西法(Lucifer)——推翻上帝的創造力並且奪取神權——並逐漸成為話題焦點,儘管當時人們對上帝的信仰以及建立在這種信仰之上的政治體系也正在逐漸衰退。雖然皮科和杜勒在文藝復興時期的

天才理論家中尤為極端，不過在神逐漸退場的時代，他們將自我成就者視為新的神的遠見將在他們死後仍繼續延續。

§

然而，在這個敘事的空白處還潛藏著一些尚未解決的問題，也就是關於真實性（authenticity）、真理（truth）與表演（performance）的問題。指稱某些人是天才，是被上帝揀選可以擁有跨越經濟地位的特殊命運之人，這當然沒有問題。然而，我們如何精準地判斷這些天才到底是誰，以及我們自己是否也可能成為天才呢？我們是否可以透過他們的行為、他們展現自我的方式以及他們在公共場合的行為來判斷呢？如果可以的話，那麼希望改善自己生活處境的人是否也可以模仿天才呢？如果那些願意「裝腔作勢直到成功」的人能夠成功地模仿天才，那麼神所揀選的自我成就者與那些決定拋棄上帝與自然法則並選擇自我的機會主義者之間的區別又是什麼呢？

從文藝復興時期到攝政時代（Regency era），從世紀末（Fin de siècle）劇院的舞台到美國鍍金時代的交易所，我們一旦發現對與「神聖的」自我成就者相關的文化狂熱時，也可能會看到對現今我們稱之為「自助」（self-help）同樣的痴狂：各式各樣文宣及指南，都在聲稱可以幫助一般人說服同輩，讓他們相信自己屬於被揀選的少數人。

然而，天才的定義也只是拼圖上的其中一塊罷了。許多文藝復興時期的作家在商議天才們確切的社會地位的同時，也在處理另一個問題：如何讓世人認為你是天才。在眾多類似的指南中最著名的就是巴爾達薩雷・卡斯蒂廖內（Baldassare Castiglione）於一五二八年撰寫的《廷臣論》（*The Courtier*）：這是供給希望

在像卡斯蒂廖內所處的烏比諾公國（duchy of Urbino）的貴族宮廷中服務的人所使用的指南書。這本書由一系列人物之間的對話組成，這些人物同時代表著文藝復興時期的各種觀點，內容有許多辯論，也包括關於真正貴族的本質，以及出身卑微卻擁有美德與才華的人是否與天生的貴族一樣是受歡迎的廷臣。然而，這本書中最重要的那些段落卻與人的出生條件無關，而是涉及另一種神秘且難以解釋的特質，也就是卡斯蒂廖內稱之為「雲淡風輕」（sprezzatura）的特質，英語中通常被翻譯為「輕鬆」（lightness）或「若無其事」（nonchalance）。

我們可以了解到「雲淡風輕」是身為廷臣最重要的特質之一。盧多維科伯爵（Count Ludovico）是與卡斯蒂廖內對話最多的人之一，他表示雲淡風輕「隱藏著心機，看起來就是不假思索又毫不費力的行為與言談。」[21] 喬托（Giotto）或嬰兒時期的達文西可能在過了幼童時代就可以展現出這種喻意豐富的天賦。卡斯蒂廖內建議我們這些其餘的人，無論做什麼都要讓旁人也覺得像是那些天賦異稟的人一樣輕而易舉。看起來太過努力在卡斯蒂廖內的宮廷內是不時髦的，那樣看起來就像參加當今時裝周的派對一樣，無疑擺明了自己不是上帝揀選的高貴私生子。

接下來盧多維科也明確地談到了有意為之的天才模仿行為。他堅稱「我們可以肯定的是，真正的技巧就得看起來不像技巧；比起小心翼翼，反而更需要隱藏。」他稱讚那些「非常優秀的演說家」，他們「努力讓每個人相信他們目不識丁，並且⋯⋯假裝他們的演說很簡單，就好像是從自然與真理中湧現出來的內容，而不是來自於學習和技巧。」[22] 說謊──至少是那種巧妙又無傷大雅的小謊──也是自我成就的一部分。想要變成自己期望中的那種人，我們就得先讓其他人相信我們不是自己假扮的那種人。

《廷臣論》也因此呈現了自我成就的最後一塊拼圖：自我意

識的發展作為一個需要培養的技術，既要向外對世界展現，也要從內在進行塑造。畢竟從外界的觀點來看，我們該如何區分真正的天才（即上帝或大自然揀選的人）與人造天才（擅長對公眾自我展示的人）呢？成功又有才華的自我成就者的形象即使在這樣的早期階段也受到無止盡的陰影所籠罩：精明的自我展示者有辦法讓人們相信他就是自己想要成為的那種人。

文藝復興時期如神一般高貴的神話——那些被大自然、上帝或命運揀選的幸運兒，因此也必須與一些更加憤世嫉俗的前景併行，也就是任何人都可能假裝自己是那些幸運兒中的一員。你也許不是瓦薩里曾經讚嘆過的達文西，「無論他想做什麼，對他來說都是輕而易舉」——但是，如果是要讓事情看起來很簡單，你至少可以在一段特定的時間內讓人有這種印象。[23]

《廷臣論》呼籲那些有志成為天才的人要主動關心自我修養（self-cultivation）的技巧。盧多維科伯爵鼓勵他的聽眾要去「觀察不同的人……並且從甲身上選擇一樣東西，也從乙身上選擇一樣東西。就如同蜜蜂在綠色原野上總是習慣從草叢裡的不同花朵中採蜜一樣，因此我們廷臣必須從所有看似擁有這種優雅特質的人身上偷走這種特質。」[24] 當然，天才本身是無法透過學習或教學獲得的，不過其結果——世俗的成功——卻可以。卡斯蒂廖內表示藉由細心的研究、精確的觀察以及「努力」這種最不時興的特質，成功是可以被複製的。

§

卡斯蒂廖內的《廷臣論》在當時相當受歡迎，而且不僅是在廷臣之間流行而已。這本書在一六〇〇年時已經驚人地在義大利再版了五十九次，而且還被翻譯成德語、拉丁語、西班牙

語、法語、英語以及波蘭語。[25] 然而，這並不是當時唯一一本文藝復興時期的成功指南，指出不管真相如何，人都要藉由偽裝及培養別人對你的看法才能成功。一五一三年，佛羅倫斯的政治家尼古洛・馬基維利（Niccolò Machiavelli）出版了《君王論》（*The Prince*）一書，這本寫給統治者的指南來自他在梅迪奇家族（Medici）中經歷動盪與分裂後的啟發，該家族曾是馬基維利的贊助者。

假設《廷臣論》擁護的是那種不經意又無傷大雅的謊言——一下掩飾努力，一下展現精心設計的姿態，那麼《君王論》倡導的就是一種徹頭徹尾的虛假之道。馬基維利嘲弄地表示，「關於人們，一言以蔽之，忘恩負義、反復無常、滿口謊言、臨陣脫逃又唯利是圖。當你對他們好的時候，他們就是你的人……但是當你面臨危險時，他們就會背叛你。」想要掌握權力的君主就必須不斷地向世人展現正確的形象，時而令人敬畏，時而令人感激與畏懼。他的道德觀（或缺乏道德觀）並不重要，重要的是他所願意扮演的角色：有時候君主應該「像狐狸一樣狡猾才能發現陷阱」，有時又要「像獅子一樣兇猛才能嚇走狼群」。[26]

我們在這裡已經離多瑪斯・阿奎那及中世紀教會其他神學家所設想的那種和諧與神聖安排的自然秩序相去甚遠。自然就馬基維利來說是殘酷且沒有意義的。君王的角色是從森林中隨意挑選出一種野獸，來為他的謀略行動找一個暫時的模型。馬基維利認為理想的君王特質並不是與生俱來的「天才」，而是他所稱的「德性」（virtù）——他的意思並非道德意義上的美德，而是「男子氣概」（virility）。君王應該要能夠隨心所欲地改變命運。

其他文藝復興時期的作家使用女性形象來描繪自然或命運，將其比作是保護天才的母親。然而，對於馬基維利來說，擁有德性之人應該以武力征服命運，他甚至以暴力的比喻來描述這種行

為。他堅稱「命運就像女人，想要讓她順服就必須毆打她、強迫她。過去的經驗也告訴我們，比起冷淡面對的男人，命運更常被使用暴力的男人所征服⋯⋯身為女人，命運更偏愛年輕男子，因為他們不拘小節又熱情，也因為他們更會放肆地掌握她。」[27]

馬基維利的引導，更甚於卡斯蒂廖內，甚至也超越了皮科的影響，宣告著文藝復興時期那些思想家們試圖維持的神聖法則下的世界觀的終結。我們在接下來的幾個世紀裡將看到神聖法則、自然法則以及社會秩序之間的關係出現根本上的重新定義。自我成就的人不再需要適應現存的體系，而是社會體系要去適應自我成就的人。

第二章
「擺脫權威的枷鎖」

"Shaking Off The Yoke Of Authority"

法國作家米歇爾・艾克姆・德・蒙田（Michel Eyquem de Montaigne）在十六世紀末時提出一個迫切需要答案的問題：他到底為什麼非得穿衣服不可？蒙田不怎麼喜歡遮蔽自己的身體，而他終其一生所發表的百餘篇隨筆中（這種文體幾乎可以說是他發明的）就經常提到他不管在寓意上或是實際上對「赤裸」的渴望。

　　《隨筆集》（ *Essais* ）成書於一五八〇年，蒙田在開篇的簡短序言中向讀者承諾他將保持絕對坦誠並展現真實的自己。與其以「酌字斟句」或嬌柔做作的文筆來取悅讀者，他保證「假如我仍處在（可能）以大自然原始法則運行的國度裡，自由自在，無拘無束，那我向你保證，我會樂意地描繪完整又赤裸的自己。」[1] 對於修辭華麗的蒙田而言，赤裸代表誠實與信賴，或許還帶有一絲違反常規的意味。

　　蒙田那些歡快自由的隨筆文章中，無論是關於知識本質或政治結構的主題，都會經常將主題帶入裸體與生理機能的討論上。舉例來說，蒙田就曾挖苦馬克西米連一世（Maximilian）「從不允許任何侍臣看見他如廁，甚至會像個虔誠的處女一樣偷偷地躲起來小便。」[2] 蒙田接著向讀者坦承「我呢⋯⋯生性害羞，除非是迫不得已或是強烈的感官刺激，我從不在別人面前表現傳統上不宜暴露的身體部位與行為。」[3] 蒙田也在另一篇隨筆中深思屬於男性器官「不羈的自由」。

　　不過最讓蒙田為之著迷的卻是衣服──以及人們看似隨意

的穿衣風格。在一篇名為〈論衣著習慣〉（On the Custom of Wearing Clothes）的隨筆中，他邀請讀者與他一起思考「近來被人類發現的那些民族，」他指的是當時人們口中說的征服新大陸，那些民族究竟是「因為氣候炎熱而赤身裸體⋯⋯還是赤裸本來就是人類的原始習俗？」[4] 他自己也驚訝地表示，即使在他的故鄉歐洲，各地的衣著風格也不盡相同。而且不管天氣如何，其他動物也都不穿衣服。

他的結論呢？就是我們已經因為所謂的文明而發展出一種後天習得的無助感。他表示「我們就像那些以人造光覆蓋了日光的人一樣，以外界的本領破壞了我們的本能。我們採用衣著習慣也摧毀了」我們赤裸行走的本能。最終，蒙田認為決定人們要穿什麼或是要不要穿衣服的並不是神聖秩序，也不是自然法則或理性規範，不過就是「習俗罷了」。[5]

蒙田又在另一篇討論限制奢侈法的隨筆中回到隨心所欲穿衣打扮的這個主題上。限制奢侈法是文藝復興時期在歐洲盛行的一系列法令規章，用意是依據社會地位規範人們應有的穿著。這些法律主要（但並不僅限於）限制新興中產階級拿出口袋裡的新財富去購買貴族專屬的服飾。舉例來說，雪貂或黑貂在英國是專屬於騎士及貴族的皮料，傳統上皮草就是與貴族的宗譜紋章聯繫在一起的。十六世紀的米蘭也禁止工匠及其他中產階級工人穿著絲綢服飾，而且只能佩戴價值不超過二十五斯庫多（scudi）的金項鏈。[6] 至於當時蒙田所處的法國，他表示「除了君王們，誰都不能食用大口鰜，天鵝絨或金絲線也是君王們專屬的衣料。」[7] 理論上而言，限制奢侈法的角色就是要維護社會體系中可見的秩序，如同我們在第一章討論過的那種可見的宇宙秩序。不論是貴族、商人與農夫在這種可見的秩序中都是可以清楚分辨的，我們一眼就能辨識每個人在這個社會中的角色。至少在理論上，我們

的外在表現揭示了自己真正的身分,那是一種紮根在社會地位與出生階級中的真理。

蒙田認為這一切都相當荒謬。他表示「奇怪的是,習俗是怎麼在這些無關緊要的事情上這麼快速又輕易地形塑,進而成為一種權威。」蒙田討論的不僅僅是對於某些階級的衣著限制,而是針對一種概念,這個概念將成為我們在日漸令人幻滅的世界中理解自我成就者的重要核心——習俗。

對於蒙田來說,習俗不只是無害的傳統,反倒是當我們不再將社會視為與自然世界或超自然世界密不可分時,我們僅剩的東西。習俗成了我們做事的原因——剪頭髮、穿衣服以及某些行為——不是因為我們應該這樣做,也不是上帝創造我們時所賦予的使命,而是我們做這些事情僅僅是因為依約成俗,這些行為背後並沒有什麼特別正當的理由。我們的社會生活以及生活中的各項規範,完全都是隨意的。

蒙田在其隨筆中一次又一次地提出同樣的問題:「我們應該如何區分自然法則與人類創造的法則呢?」[8]而他也反覆得到相同的結論——大多數看似真理或像是法則的事情,尤其是涉及到我們的社會生活與身分時,都不是與生俱來或是上帝賦予的,而是歷史發展中的偶然產物。蒙田意有所指地表示,那意味著我們擁有改變這一切的能力。

§

這種更加廣泛的現象,我且稱之為「習俗的除魅」(the disenchantment of custom),將會定義整體社會、哲學、科學與知識運動——通常包含在「啟蒙運動」之下,將形塑接下來幾個世紀的歐洲思想。從蒙田的時代一直到一七八九年的法國大革

命，西歐國家，尤其是法國及德國（儘管不只這兩國），將出現一場知識轉移的角力戰，斷然摒棄由上帝所安排的宇宙觀。

啟蒙運動涉及的層面相當廣泛且多樣，且最終引起許多重要的革命，不管是在思想上或是實質上，並席捲了整個歐洲大陸。啟蒙運動取代了天主教會在道德與政治上的權威性（這種權威當時已經因為新教改革成功而在歐洲各地受到挑戰），也更廣泛地取代了宗教制度的勢力。並促成了自然法（natural laws）等新政治概念的發展，隨之而來的就是維持這些權利所需的政治體系需求。這裡與我們的主題最有關係的就是，其標誌著人類及其命運在文化理解中出現的轉變。人類身為新哲學的主角，擁有塑造生活的能力以及權利。

啟蒙運動敘事中持續反覆出現的命題就是：一個人（或者至少是特定類別、階級與性別的人）必須擺脫一切習俗的束縛——包括出身與血統，甚至是宗教迷信與未經審視的社會風俗——因為這些束縛會造成人與自然狀態下的真實自我疏離。人類唯有在那種隱喻意義上的赤裸狀態中才能真正地做自己，獲得真正的自由。

歷史學者們有時候也會提到啟蒙運動是理性時代，他們認為這個時代的哲學家執著於用理性戰勝熱情或情感（這通常與啟蒙時代的承接者形成對比，也就是浪漫主義者）。這種評價（基於種種原因無法在此贅述）其實相當簡化。不過我們大可形容啟蒙運動這個時代的人，他們戰勝的如果不是熱情，那至少也戰勝了迷信。啟蒙時代的個人智識能力比社會集體（無論是國王、社群或是教會）中那些未經審視且偏執的推論更加強大、更加正確，總之就是更加優越。

德國哲學家伊曼努爾・康德（Immanuel Kant）在一七八四年發表的關於啟蒙究竟是什麼的論文中留下一個知名的定義：

「啟蒙就是人類從自我造成的不成熟狀態中獲得解脫。」[9]相較之下,當時未受啟蒙的人就被形容成像是蹣跚學步的幼兒一樣,只能被抓著「牽引帶」(leading strings)朝著父母的方向前進。同樣地,德尼・狄德羅(Denis Diderot)及讓・勒朗・達朗貝爾(Jean Le Rond d'Alembert)所著的《百科全書》(*Encyclopedia*)也在讚頌他們所見的「充滿光明」新時代的到來,許多聰明的哲學家們在這個時代終於可以「擺脫權威的枷鎖」。[10]傳統、風俗、習慣與偏見——對於啟蒙時代的思想家來說都是骯髒的詞彙。另一位哲學家尼古拉・德・孔多塞侯爵(Marquis de Condorcet),聲稱其(相當有企圖心)創作《人類精神進步史表綱要》(*Sketch for a Historical Picture of the Progress of the Human Mind*)的目的就是要「剔除所有偏見的真實本質」。[11]英國哲學家約翰・洛克(John Locke)驚訝地表示,「鮮有道德原則或美德規範可被言說或值得考量⋯⋯它們會在某些地方為整體人類社會的普遍風氣所忽視或譴責,而這些社會是以完全與其他社會相反的實用觀念與生活規則所治理的。」[12]

受啟蒙者與其他人不同,他認知到自己之所以出生在所處的虛構社會僅僅是一種偶然。他也可能出生在另一個完全不同的社會,甚至是另一個國家,不論是風俗與習慣都可能完全不同。

啟蒙時代抗拒習俗,最極端的情況就意味著完全拒絕國籍這一種概念,因為這個概念狹隘地令人難堪。舉例來說,十八世紀的法國哲學家狄德羅在寫給與他同期的蘇格蘭哲學家大衛・休謨(David Hume)的信中就肯定地表示,「你屬於任何國家,而且你永遠不會要求一個不幸的人提供他的教堂洗禮記錄」——也就是他的出生地資料。[13]狄德羅接著說道,「我以自己能像你一樣身為世界公民而感到自豪。」[14]換句話說,一個受到啟蒙的人就得是世界主義者,不拘泥於任何特定的生活方式。例如,德國

出生的法國詩人喬治—路易・德・貝爾（Georges-Louis de Bär）藉由一首讚美詩歌頌「我的祖國」表達了相同的想法，他內心熱愛的對象不是單一的國家，而是廣義上的全世界。「我別無選擇地來到這個乖癖的世界，」他這麼寫著「我於此，因此我是世界的公民。以四海為家，如同〔哲學家〕錫諾普的第歐根尼（Diogenes）一樣，我以滿懷的愛意來擁抱全人類。」[15]

其觀點認為，一旦我們曾經像個孩子一樣滿足於活在習俗的權威之下，接受國王、教會、國家與上帝的父權力量，那麼等到道德與智識成熟後就會要求我們切斷所有這些「牽引帶」去面對這個赤裸、無拘無束又孤獨的世界。

§

諸君可能不解，我為什麼要在一本主旨（至少部分涉及）為時髦花花公子與人為自我成就者的書中談論赤裸與真實性呢？畢竟，阿爾布雷希特・杜勒都已經在自畫像中精心描繪一頭油亮卷髮或穿著奢華皮草，那到底什麼才是真實的呢？還有像英國名流博・布魯梅爾（Beau Brummell）那一身僵硬的西裝、又或是奧斯卡・王爾德胸前的那朵綠色康乃馨，甚至是金・卡戴珊（Kim Kardashian）那看似異常的豐唇，究竟哪些是真實的呢？

然而，正是啟蒙時代這種對於清除習俗以追求真實、純粹且赤裸自我的痴狂才成就了後來的自我創造（self-creation）概念。我們可以，而且應該根據自己渴望的命運去塑造生活的這種觀念，唯有當我們認為世界不是一張精心編織的壁毯，不是所有人事物都有著精心選定的位置，而是一張準備接受重新創造的空白畫布時，這個觀念才具備智識上的合理性。這種認為個人渴望才是每個人最真實且最深層的部分，而且應該主導我們的生活與命

運的觀念正是啟蒙時代對習俗除魅的直接繼承方式。

當然，說到習俗，幾乎沒有什麼比天主教會的牽絆更成熟到適合被切斷。毫無疑問，近年來宗教團體在公眾形象方面幾乎沒有為自己爭取到什麼好處。教會的形象經過數百年來殘忍的宗教暴力後早已殘破不堪，而這些暴力大多是由現今稱為新教改革的教會內部分裂所引起的。一五四二年成立的宗教裁判所在過去帶來了酷刑與處決，這是羅馬教廷為了消弭新教威脅而設立的機構。這場天主教與新教徒之間的分歧幾乎讓所有歐洲國家無一倖免地捲入十七世紀地緣政治環境定義下的血腥宗教內戰；其中像是英國內戰（1642–1651 年）、哈布斯堡尼德蘭與西班牙帝國之間的八十年戰爭（1568–1648 年），以及德意志諸侯國間的三十年戰爭（1618–1648 年），其死亡人數高達五百七十五萬人，如果以當時世界上的人口比例來算，造成的死亡比第一次世界大戰還要更高。[16]

正如同所有的戰爭一樣，以上這幾場戰役不僅涉及政治及領土因素，同時也包含了意識形態因素。不過對於那些經歷過戰爭所帶來的毀滅或是目睹過戰後荒涼的人來說，宗教（至少是由天主教會所代表的階層制度的宗教）正是這一切的罪魁禍首。以至於哲學家伏爾泰（Voltaire）在一個世紀後嚴厲地批判基督教的弟兄：「這就是他們敢讓上帝降臨地球的原因——目的就是要讓歐洲陷入幾個世紀的腥風血雨之中！」[17]

然而，這並不代表啟蒙時代的哲學家們完全不相信上帝。許多人至少在表面上都還是基督徒，即使他們對神學的認知已經偏離教條主義或教義。其中有些人已經成為當時常見宗教趨勢的追隨者，也就是現今學者們稱之為自然神論（Deism）的信徒；其概念就是認為某種非個人的力量創造了世界，接著就讓世界自行運作，就像鐘錶匠人做好鐘錶並上了弦一樣。然而，

當時也有一群人像是法國哲學家朱利安‧奧弗雷‧拉‧美特利（Julien Offray de La Mettrie）及保爾─亨利‧提利（Paul-Henri Thiry）──以巴龍‧霍爾巴赫男爵（Baron d'Holbach）的名稱為人所知，他們完完全全就是無神論者並擁護純粹的唯物世界觀，認為上帝根本不存在，且人類生來沒有任何義務，除了像霍爾巴赫所說的：「以最完美的自由追求幸福。」[18]

無論啟蒙時代的任何一位作者對於某種至高無上存在的這個議題抱持什麼樣的看法，他們幾乎都在一件事情上達成共識：由神聖力量支持世界的信仰──特別是對那種階級分明的世界，所有人事物在那個世界中都適得其所，而國王與教皇可以宣稱他們高高在上的神聖角色──這種信念已經不復存在了。後啟蒙時代的世界將更接近馬基維利的世界，而不是阿奎那（Aquinas）的世界。

§

另一個歷史因素讓啟蒙時代的習俗除魅更加可信，也就是與非歐洲民族的接觸──通常是藉由殘暴的殖民行為──更加清楚地顯示「我們的做事方式」並非一種普世價值。從蒙田以下，整個啟蒙時代的書寫體裁都圍繞著對非歐洲領土的「原始」居民所抱持的純真與原始而展開，歐洲人認為這些原始居民的內在本質尚未被西方社會習俗腐化。一七二一年，哲學家兼法官的夏爾‧路易‧德‧塞孔達（Charles-Louis de Secondat）──現在更常被稱為孟德斯鳩（Montesquieu）──所著的《波斯人信札》中，描寫兩位虛構的波斯外交官從法國寫信回家，信中表示自己對新國家的迷信感到驚訝，他們很意外地發現歐洲人還有「另一個魔法師……其對國王心智的掌控能力就跟國王掌握臣民心智的能力

第二章　「擺脫權威的枷鎖」　── 47

一樣強大。」這位外交官說的當然就是教皇了，那個「能讓人相信三位一體，吃進嘴的麵包不是麵包，喝下肚的酒不是酒」的角色。[19] 類似對話也出現在大衛‧休謨的作品中，休謨讓演說者以虛構國家的居民的血腥習俗嚇唬他的朋友，最後才揭露這種習俗實際上來自一個號稱西方文明崇敬的創始者的所作所為──也就是古希臘人。這些作家堅稱，一個社會稱之為野蠻的事情，另一個社會可能習以為常。一個讓社會感到恐懼或受到壓抑的事物，另一個社會可能會毫不顧忌地展現出來。因此，他們含蓄地提問，那麼約束任何事情究竟是能帶來什麼好處？

當然了，我們也不能不提到法國哲學家尚─雅克‧盧梭（Jean-Jacques Rousseau），他開創了社會契約這個苦樂參半的概念；他認為那是（他想像中）無辜又自然的人獲得像是財產這種創立文明的好處，但卻會在此過程中失去了原始自然狀態下所享有的「自然的自由」（natural liberty）。盧梭認為人類的病痛與煩惱──「需求、貪婪、壓迫、渴望及自尊心」──不能歸咎於人類的天性，也不能歸咎於基督教原罪的教義。這些病痛與煩惱反而源自人類「在社會之中習得的觀念」，而社會才是罪魁禍首。[20] 盧梭提倡反求諸己並提醒啟蒙時代的人，自己的良知比所謂的理性更值得信賴。「我們太常為理性所欺，」盧梭寫道，「但是良知從來不會欺騙我們；良知是真正的明燈……遵循良知就是在遵循自然，無需擔心自己會誤入歧途。」[21]

盧梭對自然的看法與我們上一章討論的版本相當不一樣。對於卡斯蒂廖內、布納科索‧達‧蒙特馬格諾，甚至波吉歐‧布拉喬利尼而言，自然以及自然法則應被理解為創造、發展以及約束社會秩序的某種機制。舉例來說，當自然賦予一個天才某種卓越的才能時，也會為他在社會體系中安排一個相同卓越的地位。然而，這種存在於自然與社會之間的重要聯繫卻在啟蒙時代被打破

了。自然——人類真實性、人類真理以及人類真正生活方式的來源——開始與另一種不同的權威相提並論，也就是我們的感受。我們所經歷的、我們所感受到的以及我們所渴望的，都是在引導我們找到自我的根本真相。當我們赤裸著、割斷了束縛並克服了習俗，內心的聲音就成了最有用的嚮導。我們自己渴望的事物，而不是他人對我們的期望，就成了一種新的權威來源。

而在所有人類的渴望之中最重要的——在這一方面，啟蒙時代的作者們一致認為是性。

§

我們現在來說說另一個旅行者的故事，這次由法國哲學家狄德羅主講。狄德羅於一七七二年出版的《布干維爾遊記增補》（*Supplement to the Voyage of Bougainville*）以路易‧安托萬‧德‧布干維爾（Louis Antoine de Bougainville）的真實故事為基礎。布干維爾不僅在前一年造訪了大溪地，還將一位名為阿胡托魯（Ahutoru）的大溪地原住民帶回法國，隨後兩人也在巴黎晉身名流圈。然而，狄德羅似乎對於現實生活中布干維爾或阿胡托魯的經歷並不感興趣，而是將他們兩人的相遇重新構思成一位歐洲神父與他虛構為奧魯（Orou）的大溪地人之間的一系列對話。

我們很快地發現歐洲風俗讓奧魯感到相當震驚，尤其是那種「主宰所有人的自然天性竟然展開雙臂讓所有人享受純真的歡愉。」奧魯認為這是歐洲人迷信的一種假道學。[22] 神父告訴奧魯，性行為在歐洲只能在婚姻關係下進行，而且神父完全不得有性行為時，奧魯驚訝地回應：「你們的法律在我看來是違背了萬物的普遍秩序。坦白來說，禁止我們順應本性中那變化不定的衝動，而且要求我們保持某種程度上的一致性，究竟還有什麼比這個更

無知的事情呢？」[23]

性自由（sexual freedom）是較普遍的真實信條中的一部分，這個主題從啟蒙運動時代一直延續到龐克文化的崛起。一旦我們擺脫了社會權威的枷鎖，為什麼不心安理得地解放自己的性衝動呢？然而，性自由在這裡扮演著一個雙重的角色，這個角色會在自我成就的歷史中持續占有一席之地。性自由被讚譽為不羈的真實欲望表現，也暗示著一種政治聲明，其意味著該作家（或該表演者）在某種程度上比群眾奉行的中產階級習俗更加優越與不同，如果用現代詞彙來形容的話，這些群眾就是無知的盲從者，恪守著傳統又過時的性道德觀念。換句話說，性自由既是對真實的讚美，也是一種表演，同時也在提醒世人，某些人有戰勝自然的能力。

綜觀人類自我成就的歷史，我們一路上會看見許多將性解放或非規範型性取向的理念視作為一種政治聲明的自我成就者。這些人物中有許多人在現今被稱作酷兒（queer），也就是那些性別認同與性取向不符合異性戀及順性別標準的人，而其個人及私生活也反映著這個事實。然而，無論是我們現在會歸類在酷兒範疇的人，還是那些認為自己是異性戀的人，這些人當中也有許多人在他們的公眾形象中使用非傳統性取向的語言、修辭和形象來表達自己在人類及其日常世界中有著更廣泛的見解。其所陳述的是人的欲望比社會及習俗所告訴我們的可接受的生活方式與繁衍模式更加複雜，也更具吸引力。從博・布魯梅爾設計的那種嬌柔做作的無性戀形象，再到傑基・柯提斯自由奔放的性別扭曲（gender-bending），從法國十九世紀末（fin de siècle）浪蕩子的美學雙性性格，再到一九六〇年代的自由戀愛群體（free-love communes），自我成就的故事也成了利用性取向（特別是在異性戀、一夫一妻制、順性別主流之外的性取向）來向世人展現自

我成就者在某種程度上凌駕規範或規則的故事。

除了啟蒙運動那些更精於理論的哲學論述外，那個時代也見證了另一種自由思想的崛起，用法語來說，稱為「放蕩主義」（libertine）文學——反教權主義的色情小說。這些故事的篇章將人們對天主教會的失敗及偽善與不同的性幻想畫面交替呈現，這在十七至十八世紀的法國蔚然成為一種小型行業。諸如一六〇〇年出版的《女子學校》（L'Ecole des filles）、一七四〇年出版的《維納斯》（Vénus physique）以及一七四一年的《多姆・布格爾修道院門衛的故事》（Histoire de dom Bougre, portier de chartreux）等作品。法國政府曾經試圖禁止這類書籍的發行，卻未能成功。法國的國家審查員數量在一六五八年至一七八九年間也從一開始的四人增加到一百七十八人。[24] 然而，卻無法遏抑放蕩主義小說的發展。對於啟蒙時代的思想家而言，體制權威的瓦解及個人解放的頌揚之間有著密不可分的關係。

不過此處還涉及一件迫切、甚至更重要的事情，而且可能比性本身更具顛覆性。這個觀念認為無論是我們對性、功名、創意自我表達或金錢的欲望，不僅是一個關於正當或可接受的問題，而且也積極地構成我們身為人類的本質。至少在現代歐洲歷史中，主流知識文化是首次開始頌揚這樣的理念，即我們內心所渴求的也許不是由罪惡所引起的，也不是對更高目標的一種干擾，而是從一開始就是目標的關鍵所在。

然而，啟蒙時代鮮少有作家可以像當代最具爭議的人物——薩德侯爵（Marquis de Sade）——那樣深刻地掌握習俗除魅、自我聖化以及慾望力量之間的關聯。唐納蒂安・阿爾豐斯・弗朗索瓦・德・薩德（Donatien Alphonse François de Sade）出身貴族世家，後來因其放蕩不羈的（而且往往是徹底犯法的）性行為而惡名昭著，其中包括強姦、下毒，以及為了滿足性飢渴而對妓女及

僕人進行的綁架與一系列的虐待，現今也以他的名字為這種性飢渴命名為「虐待狂」（sadism）。薩德因各種罪行而入獄的那段期間創作了多部知名的現代色情小說，書中那些冗長又經常難以閱讀的幻想不只描述了各種不同的合意性關係，也包括強姦、戀糞癖、酷刑及謀殺。

薩德的小說，像是一七九一年的《瑞斯丁娜，或喻美德的不幸》（*Justine*）、《茱麗葉，或喻邪惡的喜樂》（*Juliette*，1797–1801）以及一七八五年問世卻未完成的《索多瑪一二〇天》（*120 Days of Sodom*），這幾部作品像當時的其他放蕩主義小說一樣將反教權及反體制的爭辯與對性自由的讚揚結合在一起。薩德在這個觀點上深受同時代哲學家朱利安・奧弗雷・拉・美特利（Julien Offray de La Mettrie）與霍爾巴赫男爵在無神論與反道德唯物主義的影響。薩德稱許霍爾巴赫男爵的作品為「真正且無庸置疑地成為我信奉的哲學基礎。」[25]

然而，薩德筆下那些放蕩主義文學的角色遠超乎霍爾巴赫或拉・美特利的想像。歡快地強姦、虐待與謀殺是性滿足與自我表達的一種形式：那是強大自我對抗無意義的世界及其限制的勝利。他們為了罪惡而在罪惡中愉悅。對他們來說，邪惡是對不復存在卻自稱上帝的責難。《茱麗葉，或喻邪惡的喜樂》中的一個角色表示，「我唯一感到遺憾的是，根本沒有任何神是真的存在的，」因為這意味著他「失去了可以更加明確地侮辱神的樂趣。」[26] 薩德筆下其他的角色也補充道「讓我們內心燃燒的並不是那些被放蕩意圖鎖定的對象，而是邪惡的觀念本身⋯⋯因此，由於邪惡，而且僅以邪惡之名，那才會讓人硬起來。」[27]

邪惡對薩德而言是在歡快地反駁根本不存在的上帝，也在歡快地否認人類生活中任何的神聖秩序。人類的存在，薩德堅稱，根本沒有意義。《瑞斯丁娜，或喻美德的不幸》的故事講述一

位貞潔女子因其善行而直接導致自己遭受一系列性汙辱與暴力虐待的故事。這個故事是薩德針對英國小說家塞繆爾・理查森（Samuel Richardson）於一七四〇年的作品《帕梅拉，或美德的回報》（*Pamela; or, Virtue Rewarded*）所作的戲謔改編。理查森版本的故事中，守貞的女主角正直地反抗雇主的不正當行徑後，最終教化了雇主並嫁給他為妻。（《瑞斯丁娜》的副標題「美德的不幸」擺明就是在模仿。）道德本身對薩德來說毫無意義。唯一正當的道德權威就是我們的內在欲望，不論我們內心渴望的是什麼。「我們的道德感是與生俱來的，」一七七七年薩德在獄中寫信給他飽受折磨的妻子芮妮・佩拉吉（Renée Pelagie）的信中如此表明。也就是說，道德本就是屬於我們的一部分。「我們沒有辦法再養成任何特定的品味，就像生來扭曲者也無法變得正直，天生的紅髮也無法變成黑髮。」[28]

其他啟蒙時代的作家們都將自然視為某種權威的來源——與習俗的不合法權威形成對比——並賦予人類一種有意義的是非觀念，不過對於薩德而言，自然是一個本質不穩定的範疇。他認為唯一自然的事情，就是隨心所欲地行事——而且不需要顧及道德。

時至今日，多數人對薩德的印象就是一個離經叛道的人物，現代自由概念的先驅，以及那些鄙視壓迫與壓抑狀態的作家、藝術家與個人主義者的守護者。十九世紀詩人紀堯姆・阿波里奈爾（Guillaume Apollinaire）便讚美這位侯爵是「史上最自由的靈魂。」[29]

一九六三年，瑞典作家彼得・魏斯（Peter Weiss）在其劇作《馬拉／薩德》（*Marat/Sade*）中描述薩德晚年因被診斷為「放蕩癲狂」（libertine dementia）（或許可以視作是啟蒙時代「富流感」（affluenza）的先驅）從監獄被轉進夏朗頓（Charenton）

第二章 「擺脫權威的枷鎖」　　53

精神病院後就過著安逸的生活，並且還在那裡演出自己的戲劇作品——作品中這位侯爵是一位危險卻極具吸引力的真相揭露者。無獨有偶，二〇〇〇年由傑佛瑞・洛許（Geoffrey Rush）主演的電影《鵝毛筆》（*Quills*）也暗示薩德被判入獄是因為他寫出離經叛道的作品以及他在法國大革命的煽動過程中扮演著重要的角色。（事實上，薩德多次被判入獄的案由中，只有最後一次是因為作品入獄，其他的則是因為各式各樣的性虐待、強姦與襲擊罪名。當薩德聲稱自己在巴士底監獄中引起了暴動後，此舉也為他在革命後短暫地重新塑造了「公民薩德」（Citoyen Sade）這樣身兼地方推事與民主主義者的榮譽形象。然而，他在監獄內引發暴動的原因是因為他認為獄方沒有給他提供特殊待遇而憤憤不平。）[30] 薩德的傳記作者貢扎格・聖布里（Gonzague Saint Bris）在二〇一五年的某次採訪中驚嘆地揭露這位侯爵在一九六八年法國學生革命運動時所造成的影響。他表示：「我看到所有的標語上都寫著『禁止禁止！』和『隨心所欲！』，我才恍然大悟，我們的革命口號實際上來自薩德。」[31]

儘管近年來薩德被重新塑造成像搖滾明星一樣的地位，而且還被冠上現代世界的創造者，但這樣的說法終究是言過其實，就算薩德可能會像杜勒一樣認同這樣的分類。不過，比起啟蒙時代的同儕們，薩德確實為後世人們的一種觀點建立了舞台：比起外部權威，人類更加依靠自己的欲望，讓自己在無神的世界中成為近乎於神的存在。薩德也明白，真正的自由意味著一個自我定義的過程。放蕩者們不僅是隨心所欲而已。他們明確地將這種隨心所欲視為一種自我表達的形式，這就像現代搖滾歌手奧茲・奧斯本（Ozzy Osbourne）在一場重金屬音樂會上咬掉蝙蝠的頭一樣。他們透過行為創造了他們的身分。

然而，我們在薩德的作品中還發現另一種緊張的關係，將不

合時宜地追隨著那些後繼的自我成就者。如果有些人能夠成為自我成就者並將命運掌握在自己手裡，無論是因為上帝恩寵或是個人努力、還是智識啟發或其他種種原因，那麼，這些人與其他那些無法或不願這樣做的人之間的關係是什麼呢？打從創世紀開始，自我創造的條件就是需要另一類的人存在——讓那群死氣沉沉又愚昧的大眾來見證這樣的奇觀。杜勒需要崇拜他的觀眾，而薩德需要受害者。

畢竟，天才的貴族階級並沒有辦法開放權限給所有人。薩德將人類分為兩種類型。放蕩主義者既聰明又狡猾，所以能夠在進化的階梯上爭取最高的位置。他們的獵物則是那些備受踩躪的男男女女，有時甚至是兒童。薩德的《索多瑪一二〇天》中有個知名的片段，劇中的角色都變成了物品，人類身體變成了人形椅子、人形桌子以及人形吊燈。

那麼放蕩主義者與其獵物的區別何在呢？對薩德來說，答案在於放蕩主義者有意透過離經叛道的行為讓自己高高在上。變態行為——有意識的算計來讓他人感到震驚，目的是要區分自己與粗俗平庸的群眾——是他們展現自己如何與眾不同的手段。

薩德提醒我們，自我成就具有解放的潛質。自我成就可以幫助我們超越那些我們打從出生就經常面對的限制或壓抑環境。不過，他也提醒我們自我成就的陰暗面。如果我們接受有些人具備天生的能力或堅定的意志去改變境遇，那麼我們如何避免得出這樣一個結論，即最理想狀態下的自我成就就是要試圖推翻有些人單純比其他人優越的觀念呢？

這不僅是關於薩德而已。綜觀自我成就的歷史，離經叛道——那些我們能夠展現自己更為優越又與社會規範與習俗（無論是道德、美學還是性關係上的）與眾不同的能力——將成為自我成就者展現身分並讓自己與眾不同的方式。回想穿著亮麗的搖

滾明星大衛・鮑伊（David Bowie）在柏林賣弄納粹形象的舉動，或安迪・沃荷以殘酷的車禍照片創作藝術的行為。

§

薩德並不是啟蒙時期唯一一位對人類自由、人類創造力以及人類殘酷能力之間的關係感興趣的理論家。我們可以在老朋友德尼・狄德羅所寫的一篇對話小說中找到另一個顯得沒那麼殘暴（但或許同樣令人不安的）例子，該小說名為《拉摩的姪兒》（*Rameau's Nephew*）。這部小說於一七六〇年代初期完成，接著又在十年後重新修訂。《拉摩的姪兒》以虛構人物進行，講述名為「我」的匿名敘述者與一位迷人、道德令人可畏的浮誇男子「他」之間的對話，後者據說是著名音樂家尚─菲利普・拉摩（Jean-Philippe Rameau）的姪子。

比起薩德筆下的諸多角色，這位姪子至少不是那種放蕩不羈的人。他手下的死亡人數肯定沒有那麼多，不過他的世界觀卻幾乎一樣令人毛骨悚然。這位姪兒是一位不得志的音樂天才，不過卻是一位傑出的演員，他已經能夠掌握虛偽與欺騙的手法，他可以恣意改變自己的人設來取悅及操縱那些他賴以為生的富有貴族。他是帶有薩德風格的卡斯蒂廖內宮廷侍臣。姪兒持續改變自己的外貌，敘述者表示「沒有什麼比他自己更不像他自己了。」[32] 姪兒並不會隱藏美德，他告訴敘述者「美德自身令人景仰，而景仰卻不怎麼有趣。」他反而讓自己變成類似小丑的娛樂角色，如此一來，那些有錢的贊助者就會繼續邀請他參加晚宴。「此外，如果我天生不是那樣的人，」他接著表示「那麼最簡單的方式就是表現出那個樣子。」姪兒就是如此虛偽造作，他很清楚自己就是在迎合觀眾所需而表演。然而，很重要的一點，他同

時又是完全真實的，因為他不依循任何外部的道德原則而生活，而僅是在迎合個人私利的條件下活著。他是「一群富有小偷中的一名快樂的小偷。」[33] 畢竟，如果其他人都是小偷，那當小偷又有什麼不可以的呢？從某個角度來看，他說謊又欺騙他人，不過從另一個角度來看，他就是在好好地過他的日子。

這位姪兒就與那些文藝復興時期的前人一樣對天才的概念癡迷不已。他嫉妒已故叔父的音樂才華，坦承如果他能將拉摩前輩的作品據為己有而不被發現的話，「我會毫不猶豫地繼續做自己，同時也扮演他。」[34] 不過這位姪子卻不想成為創作偉大作品的天才，甚至也不是為了獲得物質上的成功才在社會階級中汲汲營營。敘述者表示這位姪兒反而「迫切地想要成為一般人。」他想要晉身天才的特權階級，不過單純只是為了這個身分本身，成為那種能夠將自己與他人區隔的獨特又具原創性的人，而不是那種——極為糟糕——的「物種」（espèce），這個帶有科學意味的法文字代表著「類型」或「物種」，姪兒認為這個字「代表著平庸與終極的恥辱。」[35] 這位姪子也像薩德筆下那些放蕩的人物一樣，認為世界是由兩類人所組成的：原創且如神般的天才，以及沒有特殊尊嚴的智人，僅僅是動物而已。

這位姪子也像薩德筆下那些放蕩人物一樣，執著於僭越道德秩序的既定界限並將其視為建立自身原創性的一種手段。他帶著肯定的語氣向講述者描述關於一位知名叛教者的故事，這位叛教者顯然正在接受西班牙宗教裁判所的調查，他結識了一位富有的猶太人，而對方也很有可能成為宗教裁判所的受害者。這位叛教者說服那位富有的猶太人，表示他們兩人都身處危險，於是判教者建議他們應該要收拾財產並一起逃離這個國家。然而，姪兒告訴講述者，其實這位叛教者偷走了這位猶太人的財物並搭船逃到安全的地方，但是他在此之前已經向宗教裁判所告發了這位猶太

人,而接下來這位猶太人就會被嚴刑拷打並處死。

對於這位姪兒來說,這並不是什麼背棄道德的故事,反而是一位真實、有獨創性的人的存在證據:一個懂得透過操縱世界來證明自我優越的人。「人們唾棄小奸小惡,」姪兒若有所思地表示「但對於犯下重罪的人,他們卻止不住內心某種程度的崇拜。」這位姪子告訴講述者,他想要的是「從你這裡得到認可,證明至少我的墮落也是種獨創。」[36]

§

這種「原創」的概念——藉由切斷「牽引帶」的束縛並選擇自己命運進而與眾不同的特質——將成為自我成就者的神話核心,既適用於敘述資本主義的企業家,也適用於敘述自我塑造的藝術家。

自我成就者不再只是與上帝意志或自然秩序不同,反而是藉由選擇自己命運的這個事實,積極塑造自己並且有意識地背棄風俗習慣與環境才換得這種新的特殊地位。比起社會或上帝的期望,自我成就者的內心渴望才是其唯一遵循的法律。自我成就者主宰自身的世界。然而,這種主宰也一樣要付出代價。自我成就者冒險想要擺脫的不僅是權威或習俗的束縛,也包含了與他人切割的風險。自我成就者越是覺得自己特殊或與眾不同,越是覺得自己的智識與創造力是其與庸俗道德觀及習俗的不同之處,他就越不會重視周遭人的經歷,尤其是那些觀點與自己無法產生共鳴的人。

現今時代的自我成就者不可能像薩德或拉摩姪兒那樣極端,但是他們與啟蒙時代前輩的共同之處就是在抽象層面上頌揚人類自由的意願,同時將其他(應該是較低劣的)人類視作是人類自

由的最大威脅。同樣地，當今關於自我成就的論述往往都將世界二分為追求刺激的自由個體以及無趣且平庸的群眾。無論是針對性、道德、審美還是其他方面的挑戰，依然都還是向世界展示自己所屬類別最具吸引力的方式之一。

第三章
「對世界的嘲諷」

"A Sneer For The World"

一場倫敦討論度最高的派對氣勢正旺。派對的舉辦日期？一八一三年七月。地點在哪裡？這座城市最高級的場所之一：梅費爾（Mayfair）的阿蓋爾街會所（Argyll Street Rooms）。這地方非常高級，以至於某位興奮的法國旅客表示，「那些地位崇高的鄉紳的妻女只要一抵達倫敦，就會將所有自覺高尚的美德與家族世襲的驕傲都拋諸腦後，個個似乎都焦急地想要不惜一切代價換取會員資格。」[1]

　　參加這個派對的人都是倫敦最引人注目的社交圈成員。他們都是一些年輕貴族以及被稱為「上流圈」（the ton）的那些時髦男女。他們聚集在阿蓋爾、阿爾馬克（Almack's）或懷特（White's）這些與世隔絕的會所中飲酒、跳舞並談論八卦。最重要的是，每個人都想在此找到門當戶對的結婚對象。這類聚會有嚴格的審核機制。就以阿蓋爾的入會費來說，一位紳士的費用是十個基尼（英國舊金幣，約合現在的五百美元），已婚女士則是十二個基尼，而對於最渴望加入上流圈的母親及其未婚女兒來說，家庭會員費是十六個基尼。[2]如同今日那些渴望加入蘇活會所（Soho House）或龐德會所（Zero Bond）等高檔私人俱樂部的人一樣，想要加入的人都必須先經過主委會的嚴格審核。他們不僅會審查申請者的身家、血統及銀行帳戶，還會評估某種詭秘的事情，也就是難以描述的「風雅時髦」（bon ton）特質。

　　「bon ton」在字面上是「禮節」的意思，而這個用詞在攝政時代（Regency era，1811–1820）的英國有著更加複雜的涵義，

介於優雅、風度、品味與魅力之間,「風雅時髦」(bon ton)的魅力就像義大利文藝復興時期的「雲淡風輕」(sprezzatura)那樣,持有這些特質的人專屬於某種特殊精英階層。他們不僅是名副其實的貴族世家成員,更重要的是,他們也擁有上流的風格與品味。任何在攝政時代擁有「風雅時髦」特質的人就像早期好萊塢掌握「it」特質(詳見第八章)的人一樣擁有一種超越出身或不計過往行為的個人力量。這種力量並非來自上帝、也不是來自一個人的家庭、國家、或任何私人俱樂部,而是來自於一個人及其向世界展示自己的能力。

這場七月派對的主辦人們在「風雅時髦」方面占盡優勢。這個小圈子中最顯赫的四位成員分別是阿爾瓦利勳爵(Lord Alvanley)、亨利・皮爾龐特(Henry Pierrepont)、亨利・米爾德梅(Henry Mildmay)以及喬治・布魯默爾(George Brummell),四人都因為衣著品味以及優雅舉止聞名全城。他們在一場牌局上贏得為數不小的財富後,便共同決定利用這筆錢來籌辦一場格外盛大的活動,目的就是要娛樂他們的社交圈並吸引關注。

派對一開始似乎相當成功,每個房間都如意料中的奢華。一本當時的旅遊指南形容阿蓋爾會所是「倫敦最富麗堂皇又最寬敞舒適的休閒娛樂場所。」[3] 主人們的穿著打扮也一樣無懈可擊。男士的晚宴穿著時尚在一八一三年時已經從巴洛克流行及假髮轉向簡約及合身剪裁的風格,這正是上流圈子所引領的變化。然而,當晚的時尚風格選擇卻相當的諷刺。主辦人們穿著兩個世紀前的精緻古裝,扮演起十七世紀的男僕,手上還拿著一座沉重的分枝大燭台。[4]

接著,一位不速之客現身了。

普林尼(Prinny),這是他在朋友圈中的外號,本來不在這

次舞會最初的邀請名單之上。他與過去的摯友布魯默爾，也就是主辦者中最惡名昭彰的那一位，發生過太多次的齟齬。然而，普林尼明確地表達自己想要參加的意願，於是便施壓主辦人勉為其難地發給他一張邀請函。

普林尼逕自走向主辦人們。他是一個矮胖笨拙的人，而且往往會過度盛裝打扮，以至於同時代的人都尖酸刻薄地以「庸俗」來形容他。普林尼既不是在場最時髦的人，也不是最受歡迎的人。[5] 現身時全場平淡無奇的反應並沒有讓他屈服，他先是按照當時的禮儀恭敬地對著阿爾瓦利勳爵行鞠躬禮，接著向兩位亨利問好並與他們逐一握手致意。最後，他來到了布魯默爾面前。當時有人如此描述這個場景，「就好像〔普林尼〕根本不認識他，也不知道他為什麼出現在那裡一樣……不聞不問地從他面前走過。」[6]

然而，布魯默爾也不是省油的燈，沒想要放過這傲慢的舉動。「阿爾瓦利，」他以其著名的冷淡拖腔大聲地問著「你那胖子朋友是誰？」

一句話令全場鴉雀無聲。

任何人以這種口氣對普林尼說話都是無法想像的，普林尼的全名是喬治‧奧古斯塔斯‧弗雷德里克王子（Prince George Augustus Frederick），也是威爾斯攝政王。由於當時他的父親喬治三世已經病重（George III），普林尼實際上已經是整個大英帝國的統治者（後來喬治三世於一八二〇年去世後，普林尼便繼位成為喬治四世）。然而，更讓人難以想像的是，對這場交際場合上社會地位最高的人物出言不遜者，他既不是皇室成員，也不是貴族，而只是一介平民。

喬治‧布萊恩‧布魯默爾（George Bryan Brummell），以他那過度美化的綽號「博‧布魯默爾」（Beau Brummell）為世人

所知，他的父親其實就是一般公僕。更糟糕的是，他的祖父以前經營過一間聲名狼藉的寄宿所。當然了，布魯默爾是從力爭上游的父親那裡繼承了一些遺產，不過這筆錢（相當於今天的兩百五十萬英鎊）放在當時倫敦新興的精英標準中，實在算不上什麼驚人的數字。然而，當時他的社會地位確實算是不錯了。布魯默爾在上流寄宿學校伊頓（Eton）公學短暫引起一段醜聞後，接著進入牛津大學奧里爾（Oriel）學院就讀，王子可能是在訪問伊頓公學時見過布魯默爾並留下深刻印象，因此同意出手相助，讓布魯默爾加入了一支以嗜酒為樂的富裕騎兵團，實際上就是一群普林尼在上流社會的跟班。然而，讓布魯默爾晉升倫敦社交圈頂流的並不是他的出身背景或財富。財富與地位並不是他過去與威爾斯王子建立緊密友誼的條件（他曾是王子結婚時的伴郎），也不是讓他成為——用當代人的話說——上流圈的「最高領導人」這樣一個決定「流行」或「過時」並立下「規則」之人的條件。布魯默爾「激發了」倫敦社交圈奢華無度的風氣，讓「一切顧忌都顯得荒謬、提拔社交圈的新手，」而最重要的是他「四處行使著至高無上的支配權。」[7]

布魯默爾擁有的「風雅時髦」正是普林尼欠缺的。儘管布魯默爾沒有從那個不幸的晚宴中全身而退——他終究是失去普林尼的青睞，再加上他終生嗜賭與鋪張浪費的治裝開銷所帶來的財務問題，最終注定了他將在法國度過經濟上的流亡生涯。不過在某些方面來說，普林尼的下場可能還更慘。當然，他還是登基成為了喬治四世國王，但卻不曾感受到內心渴望能夠藉由皇冠帶來的世人崇拜。一種新型態的貴族階層——即「上流圈」（ton）——就在他的眼前誕生。布魯默爾在倫敦交誼廳與私人俱樂部中開創的那種名流文化，不以出身、血統甚至是技能為基礎，而是單純依靠個人魅力，不僅威脅到普林尼的卓越地位，甚至取而代之。

「我一點也不在乎平民百姓的看法，」普林尼經常感嘆「但我在乎那些花花公子們的眼光。」[8] 而這些花花公子們則相當樂於嘲弄那些貴族。

一八一二年，攝政王與布魯默爾最後一次決裂之前，另一位上流圈的愛爾蘭作家托馬斯・摩爾（Thomas Moore）以普林尼的口吻創作了一首諷刺詩，這首詩充分展現了布魯默爾的名聲有多麼大的影響力。摩爾筆下的普林尼抗議地表示，自己從來就沒有生氣：

> 亦不願有凡人命運乖舛——
> 除了（我現在憶起的）博・布魯默爾，
> 在極純的盛怒下，去年他威脅與我一刀兩斷，
> 且讓老國王的時代復辟。[9]

諷刺歸諷刺，博・布魯默爾既沒有興趣，也沒有實質能力可以改變政局。不過他了解攝政時期英格蘭社會正在發生的劇變，並且知道如何從中受益，更廣義地說，中產階級中的自我成就者正在整個歐洲的工業化城市中崛起，而新的思維方式也隨之而來，針對貴族階級、權勢以及自我塑造生活的潛力。

布魯默爾就像卡斯蒂廖內、馬基維利以及拉摩那位聲名狼藉的姪子等前人一樣，了解在這條新的權力康莊大道上，認知能力是關鍵核心所在，尤其是對天時地利人和的認知。這個認知是兼具智慧與勇氣之人才能學會如何形塑的能力。布魯默爾也同時清楚自我創造的核心中那種從異常的「雲淡風輕」（sprezzatura）所衍生出的矛盾：嬌柔做作至少要看起來真實。你必須努力達成，然後又同時假裝自己是不費吹灰之力就能有所成就的天選之人。換句話說，就是「弄假直到成真」。

布魯默爾的公共形象核心，正如我們即將看到的，是他那種帶著傲慢又冷漠的態度。他那種無動於衷的冷漠表示，縱使是威爾斯親王的冷落也無法穿透他身上的情緒盔甲。真正想要創造全新的自我，就必須擁有如神一般的情感抽離──不管是對權貴或他人，甚至對王子都一樣的超然。

　　布魯默爾擁有許多不同的美稱。據說向來不怎麼低調的浪漫主義詩人拜倫勳爵（Lord Byron）曾經表示布魯默爾是十九世紀最偉大的人物。[10]（拿破崙則居次，而拜倫自己排第三。）小說家兼插畫家麥克斯・畢爾邦（Max Beerbohm）稱他為「現代服飾之父」。[11] 年代較近的傳記作家伊恩・凱利（Ian Kelly）稱布魯默爾是第一位「真正的現代名流」。[12] 無庸置疑的是，布魯默爾是最早認知到一個人可以靠個人公共形象賺錢的人之一，這種方式也就是我們現在所說的贊助，利用自身的崇高地位來引領品味，進而讓自己變得富有。許多裁縫都會提供布魯默爾幾乎無上限的賒款額度，有時甚至免費提供，因為他們知道布魯默爾穿上這些東西就是最好的宣傳。確實如此，布魯默爾不僅可以說是早期的名流，甚至根本就是這世上最早擁有公眾影響力的人物之一。他的公共形象人盡皆知，他的品味可以引起效仿熱潮，而他的個人喜惡成為了倫敦的流行時尚。布魯默爾因為做自己而聞名，而他能讓那些想要成為布魯默爾的人為產品買單。

　　只要布魯默爾讓人看到他穿上某樣東西，那件東西隔天就會在全倫敦銷售一空。舉例來說，他只要戴上海狸皮毛製的帽子，北美的海狸數量就會在一夜之間驟減。[13] 關於公眾對布魯默爾各個生活層面的時尚追捧故事俯拾皆是，尤其是他的穿著。仰慕者們都蜂擁至布魯默爾位在切斯特菲爾德（Chesterfield）街的住所，花幾個小時觀賞他細心沐浴、刮鬍子並穿衣服的過程。布魯默爾「私人的」晨間例行活動是支持者們最嚮往的事情，他們迫

切地想要知道博・布魯默爾是如何成為博・布魯默爾的，好讓自己得以將他的美感應用在生活之中。像是拿粗毛刷去角質，接著牛奶浴，然後在一只精心挑選的銀碗中吐痰。畢竟，像布魯默爾這麼有品位的人是不可能屈尊使用普通陶土碗來接痰的。接著，好戲上場了，布魯默爾在老僕人協助下一絲不苟地打好了領帶。這位老僕人會在下樓時故意從訪客們面前走過，好讓眾人看見他掛在手臂上滿滿的「失敗品」──打得不合格的領帶，由於不再硬挺如新，只能丟棄。

　　布魯默爾名聲鼎盛的期間，即使是出身顯赫的倫敦貴族也要博得他的青睞才能進入像阿蓋爾街會所或懷特這樣的頂級俱樂部，而且還要戰戰兢兢地面對布魯默爾那必定會像天花一樣迅速傳遍倫敦大街小巷的犀利言辭。（貝德福德公爵曾經詢問布魯默爾對他身上那件新大衣有何看法，結果卻得到苛薄的回應：「你管這玩意兒叫大衣？」自此公爵再也無法擺脫那天留下的陰影。）[14]

§

　　然而，布魯默爾也像杜勒或薩德一樣，第一眼看起來並不是那麼富含原創力。相反地，布魯默爾的才華在於他能夠引導並操弄那個時代的緊張局勢，進而壟斷那種新興的「風雅時髦」概念。

　　正如「天才」曾經是文藝復興時期自我成就者的流行用語一樣，「風雅時髦」同樣為人類勾勒出一個特殊的類別，這種人縱使瞧不起王子也能全身而退。貴族血統出身固然很好，但是「風雅時髦」的人則是擁有某種更加神秘特質的貴族，這種特質即是風格（style）。

　　攝政時期的「風雅時髦」與文藝復興時期的「天才」不同之

處在於，後者至少在表面上是能夠定義的，其涉及了某方面的技能，像是藝術才華或是足智多謀，然後藉此創造出能被他人看見、使用或是欣賞的作品。相較之下，「風雅時髦」則完全是自我參照的，就類似珍・奧斯丁（Jane Austen）時代「因為出名，所以出名」（being famous for being famous）的意思。那不是靠著出身高貴就可以獲得的特質。然而，重要的是，那也不是藉由擁有大量財富（無論是繼承或是自己賺取）就可以獲得的。當時有一則關於阿爾馬克俱樂部的描述表示，「商人之子們從沒想過可以進入這個至聖所……四分之三的貴族也只是在外面徒勞地敲門。」[15] 就連威靈頓公爵也曾因遲到八分鐘而被擋在晚宴門外。一名護衛隊隊長因申請加入阿爾馬克俱樂部遭到拒絕，竟然勃然大怒地向資格審查委員會某位女贊助人的丈夫發起決鬥。[16] 與此同時，創作諷刺詩描述普林尼「極純的盛怒」的愛爾蘭詩人摩爾，儘管身無分文，但卻憑藉自身的機智進入了「風雅時髦」的圈子。

當時的人以混合著皇家與神聖意象的語言描述這些「風雅時髦」的人士，形容他們是「那個最崇高且專制的秘密會社……時尚的統治者，品味的仲裁者，上流圈子的領袖，也是禮教規範的制定者，他們在倫敦『社交世界』中的主權統治地位建立在最堅實的基礎上，他們的裁決是法律，不得上訴。」[17]

若要理解「風雅時髦」及其在攝政時代生活中扮演著何等難以理解的角色，那我們就必須更廣泛地了解發生在攝政時期的倫敦以及歐洲後工業革命時期的那些社會動盪背景。倫敦在攝政時代的特徵就是文化與經濟上的變革，尤其是資金大量地從新的來源湧入，這兩大現代資金支柱就是殖民主義及資本主義。假如啟蒙時代的智識發展在理論上為神聖宇宙的階級觀念帶來挑戰，那麼工業革命則是在實踐中使其動搖。

財富的新型態受到工業與國際貿易的支持，進而對舊有農耕

社會中的貴族體系帶來威脅。貿易，特別是奢侈品進出口，儼然已經成為倫敦的命脈。從一七〇〇年到一七九五年間，進入倫敦港的船隻數量從六千九百艘增加到一萬四千八百艘，而進入該城市的貨物總價值也同時增加了三倍以上。[18] 就像成立於一六〇〇年的東印度公司（East India Company），這樣的貿易公司為有野心抱負的商人或水手提供了潛在的致富途徑，或者至少是為那些願意對殖民地中不太能上檯面的交易睜一眼閉一眼的人。東印度公司在一七一〇年時每年大概航行十二次，而這個數字到一七九三年時已經翻了四倍，高達五十三次。[19]

此外，進出口奢侈品所產生的財富也創造出一個新興的潛力買家階級來消費這些輸入的產品。從高級奢侈的服飾到異國香料，這些曾經被視作貴族階層專屬的物品，如今只要兜裡有足夠的基尼幣，那麼走進一家高端商店就能輕鬆取得。

當然，關於這個時期有一個特別諷刺的地方在於，這些在英國象徵著社會流動性遐想的產品，往往都是透過殖民掠奪獲得的，而像糖這類產品（舉例來說）則是奴隸的勞動生產成果。然而，從一般倫敦人短淺的觀點來看，這樣的貿易繁榮代表著社會進步的潛力。你可以像芬喬奇（Fenchurch）街的亞伯拉罕‧紐曼（Abram Newman）那樣做生意，從一個穩當的中產階級批發雜貨商做起，投資一家專營咖啡、巧克力與茶葉再出口的高風險合夥公司，然後成為倫敦最有錢的人之一。直到紐曼於一七九九年去世時，他已經累積了六十萬英鎊的家產，大概是布魯默爾所繼承財產的二十倍。[20]

另一種貫穿倫敦社會的神秘動力就是資本——與個人出身背景無關。至少在這方面，資本在表面上是人人平等。「走進倫敦皇家交易所（Royal Stock Exchange），」啟蒙時代哲學家伏爾泰（Voltaire）驚嘆地表示「來自各國的代表都為了世人的利益聚集

在一起。猶太人、穆斯林與基督徒在這個地方討價還價，彷彿他們都隸屬同一個宗教，只有破產者才是離經叛道的異教徒。」[21]

§

倫敦作為奢侈品貿易首都的地位使兩件重要的事情有機會發生。首先，人們現在能夠以前所未有的程度在社會階層中攀升。此外，也很重要的是，人們可以藉由喝的東西（咖啡）、加進去咖啡的東西（糖），以及最重要的「穿著」來突顯這種社會變化。

不過就在幾個世紀以前，訂製服飾仍是極少數人專屬的特權。通過時尚來塑造自我形象在當時幾乎是皇室貴族的專屬權利，這些精英分子以及上帝揀選的人們，他們的身體是神聖意志的展現，他們的面貌還可以被用來作為政治宣傳的工具。我們舉個例子，像是伊麗莎白一世就非常擅長塑造並傳播自己「童貞女王」（Virgin Queen）的形象，其順應天命而當上統治者的地位使她能夠超越固有的性別藩籬。無獨有偶，杜勒的贊助人，神聖羅馬帝國（來自哈布斯堡家族的）皇帝馬克西米連一世也相當刻意地在公眾面前展現中世紀的騎士精神。他訂製了許多精美又昂貴的盔甲，數量多到他不得不再買下另一間獨立的住所來存放這些盔甲。[22]

當然，還有法國的太陽王路易十四，其服裝的華麗程度讓一位當代人驚嘆地描述他「就像詩人筆下那種搖身轉化成神的人一樣。」[23] 路易十四不僅穿著華麗，甚至還利用時尚作為控制整個宮廷的手段。他準確地預料到那些將時間（與金錢）都花費在努力追上最新時尚的宮廷貴族是無暇引起政治叛亂的。宮廷貴族不分男女都被要求購買並穿著與自己地位相當的特定華服，每一種服飾在凡爾賽宮中都有精確對應的位階。

換句話說，服裝在那幾個世紀以來一直是表達某種特殊權力的手段，這種權力根植於以國王（或女王）為中心的特定宇宙觀中。神聖的威權在皇宮貴族之間流淌著，那就是被賦予著以半神般出現的權利。

　　然而，這種宇宙觀的另一個核心概念就是，每個階層的人都有屬於自己的適宜服飾。「真實性」或「自我表達」在當時根本是不可能被討論的話題，而透過衣著或其他方式最能表達的真實性就是一個人在社會中的假想地位。與自身階級不合宜的穿著會被視為不誠實的行為，理當遭受社會譴責，而在有正式限制奢侈法規的時代，則會被處以罰款。畢竟，當時的社會是建構在這種基本契約之上，也就是外在的可見世界反映著內在的基本真理。舉例來說，伊莉莎白時代的劇作家羅伯特・格林（Robert Greene）就曾更加廣泛地批評虛榮行徑，他譴責的不是「衣著本身，而是惡習，不是不得體的穿著，而是不配這樣穿的人。」[24]

　　那些顛覆內在與外在之間這種階層連結的人在其他方面被視作是反常的人，尤其是在性別和性取向有關的議題上——我們已經在薩德的著作中見過這樣的連結。特別是那些穿著不得體的男人就往往被認為是陰柔的，甚至很可能是同性戀。一位文藝復興時期的建言者就引用傳統觀點中與同性戀相關的指涉告誡宮廷貴族們，「衣著不應過於華麗或採用浮誇的裝飾，以免被人說像穿著蓋尼米德（Ganymede）的褲子。」[25]

　　然而，當時空進入布魯默爾所處的英國時，過去這種對世界的認知便已崩塌。啟蒙運動中的智識運動已經掏空過去這種有序世界的觀念。服裝打扮的選擇也像其他事情一樣被認為不過就是習俗中一些不愉快的偶然（猶記過去蒙田對赤身裸體的願望）。一個人可以憑藉出身背景擁有任何上帝賦予或為某種特定目的創造的現實感已經全然消失了。畢竟，我們處在這個社會流動性日

益增長的世界裡，出生的階級地位與我們最後所能成就之間的關聯性也越來越小。

因此，正如布魯默爾與許多同時代的花花公子們所意識到的一樣，所謂的真實存在必須是我們為自己創作與傳達的東西。布魯默爾也意識到，穿著打扮不再是內在真相的外在表現，而是展示這種新真實存在的機會。布魯默爾的做作可以說是新真實性存在的證據，而布魯默爾讓自己的外在自我符合其心目中如神一般的形象。

布魯默爾的標誌性風格——既非雍容華貴的打扮或光彩奪目的裝飾，而是簡約，甚至有些極簡主義的風格——幾乎在一夕之間蔚為倫敦的時尚主流。這種風格甚至比國王本人笨拙的穿著選擇更受青睞。據說有位男爵特別愛講述自己去倫敦著名裁縫店史懷哲及戴維地德森（Schweitzer and Davidson）那裡訂製服裝的經歷，有次他問裁縫師現在最流行的布料是哪一種？裁縫師一開始有些猶豫不決地回答：「王子用的是特級布料，而布魯默爾先生則採用巴斯（Bath）衣料。」隨後，他明確表示：「布魯默爾先生的更受歡迎一些。」[26] 普林尼是未來的英國國王，不過布魯默爾卻是「花花公子世界的國王」，一位當代人士這麼表示，而這才是最重要的。[27]

布魯默爾明白時尚的力量不僅是社會地位，更可以創造與表達個人特質。廣義來說，攝政時代的英國可以藉由穿什麼以及怎麼穿來表達一個人的政治立場。

回顧一七九五年的髮粉稅事件，這場與服飾相關的爭議讓倫敦分裂成兩派。當時的首相小威廉‧皮特（William Pitt）打算籌集政府資金來支持拿破崙戰爭的開銷，為此他決定對髮粉徵收新稅，而這種髮粉是當時富人與新興中產階級裝扮上的必需品，因為當時人們仍然戴著需要以香粉護理的假髮。皮特以髮粉來自

玉米澱粉作為徵稅的名義，因為在農業與政治動盪的時期，這種髮粉可能會造成寶貴糧食資源的浪費。儘管髮粉本身就已經課稅了，但是皮特新增的髮粉額外稅相當於每年一個基尼幣，大約是倫敦一般勞工兩周的工資。[28]

當然，徵這筆稅並不會對倫敦那些最富有的人造成過重的負擔，他們可以負擔天天使用髮粉的費用。不過對於那些力爭上游的中產階級——習慣在周日與節日才使用髮粉的工匠、勞工與商人，他們承受著要面子的特殊壓力，而這筆稅額確實是一種負擔。

不管有沒有使用髮粉的習慣，這件商品幾乎就在一夕之間不只是成為一種財富象徵，也成為一個人在政治光譜中的定位以及對拿破崙戰爭的表態方式。多數保守黨成員都是支持對外戰爭（而且通常有著貴族背景），這些人會繼續使用髮粉。而改革派的維新黨人，不論他們能不能負擔得起這筆稅，全部停止使用髮粉，理由是他們的假髮會沾滿「人血」[29]（事實上，髮粉通常是以玉米不可食用的部分製成的，不過很少人公開討論這件事）。很快地，倫敦的大街小巷就開始充斥著「使用髮粉」與「不使用髮粉」的爭論。每個人的立場就像字面上的意義一樣，直接「戴」在了頭上。

媒體當然大肆報導了此事件，其中還出現一首改編哈姆雷特著名獨白來反映當時情境的諷刺詩，表示「戴（假髮）／還是不戴（假髮），」這是當天值得考慮的問題。一則名為〈抗爭的豬〉（*The Rival Pigs*）的漫畫版描繪了「基尼豬」（guinea pigs）——愛打扮的時髦受害者及「身無基尼」（幣）的豬的衝突，而後者負擔不起這筆費用。[30]

這時在上流圈子出現了解決之道。某天，風流倜儻的第七代貝里莫爾（Barrymore）伯爵理查・巴里（Richard Barry）與他的

兩位兄弟頂著短髮公開亮相。也就是說，這種髮型完全不需要使用髮粉。突然之間，不管一個人有沒有使用髮粉，不管一個人對拿破崙戰爭的政治立場為何，這些問題一下子都無關緊要了。那些花花公子們的表態比任何來自政府宣傳或媒體報導都更加具有影響力。短髮就此成了新時尚。

§

這種溫和的抽離感，也就是對庸庸碌碌的政治生活的超然態度，從巴里到布魯默爾，本是上流圈哲學中不可或缺的部分。這對於「風雅時髦」本身多少有些矛盾的概念來說，也是相當重要的一部分，因為風雅時髦在本質上從來也不完全是民主或反動的。風雅時髦肯定在某種意義上有著均衡社會的功能，對於改編普林尼詩句的詩人托馬斯・摩爾這樣的貧窮才子，或是像布魯默爾這樣的中產階級新貴來說，這就是他們走進難以滲透的權力走廊的機會。然而，這同時也是一種階級的社會壁壘。其創造出一種比真正貴族階級更加嚴格且排他的社交場景。假設風雅時髦是一種難以言喻，甚至可以說是超自然、一種有或者沒有就是一拍兩瞪眼的力量，那麼這個小圈子裡的成員一方面可以批准並接納特定的自我成就者，一方面又能夠輕易地將其他人擋在阿爾馬克會所的門外——例如那些更花裡胡哨的「商人之子」。儘管自我成就者在某種程度上被接納了，但風雅時髦本質上就是寡頭政治的世界，不是人人平等的世界。而花花公子們以權威統治這個世界。

然而，掌握風雅時髦所帶來的遐想並不只是在於排除其他地位較低的人，同時也關乎著對於自我的某種掌控——或者，更確切地說，就是為了變成受尊崇的半神半人而斷開部分的人性。

風雅時髦，就像前面提到的「雲淡風輕」以及拉摩之姪對原創的觀點一樣，帶著一種「事不關己」的姿態。風雅時髦的人在最理想的狀態下不只要切斷習俗的牽絆，也要擺脫情感依附的枷鎖，然後以一種超然的優越感去看待這個世界。畢竟，布魯默爾之所以出名，也是因為（或者至少是表現出）他百般聊賴的樣子。一八四五年，巴爾貝・多爾維利（Jules Barbey d'Aurevilly）在布魯默爾死後五年出版的布魯默爾傳記中稱讚他成功擺脫了風流愛情關係的「奴役」。（時至今日，我們對布魯默爾的性向或私生活所知甚少。撇除少數幾個曖昧關係——其中一段似乎就是造成他感染梅毒而死——布魯默爾似乎與任何性別的人都未曾發展出戀愛或者性關係。當代的傳記作家們在提到他時都一致地描述他既冷漠又性冷感。）「愛⋯⋯最終就是⋯⋯成為一個人欲望的奴隸，」巴爾貝・多爾維利這麼表示，「最溫柔擁抱著你的雙臂終究是一條鎖鏈。」相較之下，布魯默爾的「成功就是他漠不關心的傲慢行為。」[31]

　　上流圈的時尚核心在於這個圈子的微妙特質，而這種特質只有少數精英能夠在看似微小的細節中辨識其所蘊含的卓越工藝，進而才能欣賞這種微妙特質。布魯默爾打趣地說：「如果約翰牛（John Bull，普通人的代稱）回頭看你，那就表示你的衣著並不得體。」[32] 布魯默爾以及整個攝政時期上流圈的風格特色就是高尚與幾何學般的簡約。這種風格就如同風雅時髦本身一樣，激起了一種與世隔絕的感覺。雖然布魯默爾的冷漠欠缺我們前面在討論薩德的放蕩者或拉摩之姪時所見到的那種對邪惡的迷戀，但布魯默爾式的花花公子與其啟蒙時期的前輩們都共享著一種概念，也就是自我創造需要劃清自我創造者與那些無法或不願以同等創造力塑造自己的不幸之人之間的關係。原創就必須與群體分離。（至少部分的）自我定義是來自斷絕不正當的影響。

這種悖論——貴族與民主之間關於內在優越性與社會流動性之間的拉扯——將定義未來幾個世紀中的自我成就，也將促進兩種截然不同的自我成就敘事發展：一是主要以歐洲為中心的貴族式敘事，另一種則是以美國為中心的民主式敘事。正如我們接下來將看到的，這兩種模式終將在二十世紀及二十一世紀中交會，而兩者看起來將不再像一開始那樣迥然不同。

　　然而，兩者之間的差異是側重點在哪裡的問題。自我成就者與非自我成就者不同的那種神秘特質究竟是與生俱來的嗎？（像是天才或風雅時髦）真的與出生時的實際環境無關嗎？還是那是一種可以選擇要不要擁有的特質呢？那是可以通過充分努力與奮鬥而獲得的特質嗎？

　　總而言之，貴族模式認為自我創造是一種天生的現象，就算資本主義的陰影無處不在，也不能簡單歸結成是白手起家式的經濟成功。（儘管博·布魯默爾可能是貴族類型中的自我創造者典範，但他之所以能有機會結識並讓普林尼對他留下深刻印象，也是因為他力爭上游的父親有能力送他去伊頓中學這樣的貴族寄宿學校就學。早在裁縫師們答應讓布魯默爾賒帳之前，他也是得從相當可觀的繼承財產中拿錢支付最初那幾套訂製服的費用。）這類型的自我創造者通常都認為自己（或者至少宣稱如此）在與日益增加的社會流動性及現代社會變遷中鬥爭，並且反而試圖想要恢復一種將所有天選的自我創造者藉由繼承單一且優越的花花公子遺緒聯結在一起的「真正的」或「精神上的」（如果不是基於血統）貴族；花花公子（dandy）這個詞彙的使用也在當時開始普及。

　　我們可以在法國作家歐諾黑·德·巴爾札克（Honoré de Balzac）於一八三〇年發表的手冊型小說《優雅生活論》（*Treatise on Elegant Living*）中找到十九世紀初期針對這種自我創造者的代

第三章　「對世界的嘲諷」　—— 77

表性宣言。這部作品寫於布魯默爾去世的前十年（不過他當時已經失勢），巴爾扎克虛構出了一群法國花花公子拜訪被流放且已年老力衰的布魯默爾的故事。與其他當時作家（像是巴爾貝・多爾維利）相比，巴爾扎克在使用「花花公子」一詞時多半帶著貶義，意指那些汲汲營營想要表現優雅的人。然而，巴爾扎克在描述其心目中最理想的「優雅身世」時卻與巴爾貝・多爾維利描述花花公子的方式極其相似。

這些法國上流社會的年輕成員希望布魯默爾可以幫助他們一起為回國後的準「上流社會人士」制定一套類似美學的「法國民法典」（Napoleonic Code），不過巴爾扎克筆下的布魯默爾卻拒絕了。他告訴他們，優雅永遠無法被編纂成法令規章，因為真正的風格從來不是平等的。「不是所有人穿上靴子或套上一條褲子後就看起來一模一樣了，」布魯默爾堅稱「難道就不會有人是跛腳或畸形的，或是出身卑賤的嗎？」[33]這些花花公子，也就是「優雅生活的人們」，他們就是任何國家的「天生貴族。」[34]

巴爾扎克悲傷地緬懷過去那個以上帝為中心又階級分明的中世紀宇宙觀，他認為這種宇宙觀已不復存在。「那兩本羊皮紙書（即聖經）不再代表一切，當去公共澡堂洗澡的百萬富翁之子與才華橫溢之人所享有的權利與伯爵之子相同時，我們除了內在價值之外，就沒有其他區別彼此的方式了。」[35]巴爾扎克——特別是巴爾扎克筆下的布魯默爾——將優雅之人視為滿足人類尋找某種秩序以及辨別特殊人物的固有人類需求的體現。具備風格的貴族政治是在日益民主化的世界中重新確立階級的一種手段。

巴爾扎克筆下的「優雅之人」（elegant man）不只是時髦的人而已。這個優雅之人反而是一個能夠復甦過去那種藉由奢侈法強力捍衛的古老宇宙觀之人。這種人的外在打扮精確地表達了他們內在的真實本質，同時也揭示了他人所欠缺之物。巴爾扎克在

談到優雅的自我表達時讚許地表示,「外在生活是一種有秩序的系統,這個系統精確地代表著一個人,就像蝸牛的顏色會在蝸牛殼上反覆出現一樣。」[36] 畢竟,巴爾扎克提出一個問題,「如果衣著不能完全真正地代表一個人、代表一個人的政治觀點、代表一個人的存在證明、代表一個被刻畫成象形文字的人,那為何衣著總是最具說服力的風格呢?」[37] 我們在此也看見了存在於真實性與虛構性之間的拉扯。藉由風格化的方式精心挑選自己的穿著打扮,花花公子也精確地表達著關於自己的某種重要特質:他的優雅與優越。

這樣的人透過將生活創造成一種公開的表達形式,以精心挑選的衣著及言談舉止創造出優雅的形象,這種形象恢復了階級、秩序以及神聖的概念,這也是巴爾扎克認為當今世界極其需要的。然而,與此同時,這種有秩序的體系並非源自神或神聖化的社會秩序,僅僅是來自於優雅之人本身的欲望。換句話說,我們生活在一個神聖有序的世界,但是神不住在天堂裡,而是在自我創造者的心中。

巴爾扎克對優雅之人的描述也反映著貴族階級的自我成就者在歐洲觀點中的矛盾之處。巴爾扎克抗拒商業及金錢交易帶來的社會流動性,儘管他可能也從中受益,就如同布魯默爾與真的「德」(de)巴爾扎克那樣——巴爾扎克的父親生在一個貧窮的工匠家庭,後將姓氏從巴爾沙(Balssa)改成聽起來更高貴的巴爾扎克(Balzac),而歐諾黑(Honoré)本名後也加上了象徵貴族的助詞(全名 Honoré de Balzac)。優雅之人的貴族風範是與生俱來且無法剝奪的特質,但儘管如此,也可能在某種程度上是能夠習得的。儘管在小說中,布魯默爾這個角色任性又高傲,但是巴爾扎克筆下的那些花花公子最終還是完成了一本充滿實用格言的手冊。

§

我們可以在攝政時期的英國發現諸多跡象顯示，貴族階級的花花公子風範也是可以習得的，或者至少那些夠聰明的人有辦法掌握門道並加以效尤。無論是上流社會的成員，還是更廣泛一點又不那麼崇高的中產階級知識分子都迷上了這種稱為「紈褲文學小說」（the dandy novel）的時尚書籍類型。這些故事往往都以類似布魯默爾的花花公子為主角，再加上潤色過的其他著名上流社會成員襯托。這些小說幾乎都由出版商亨利・科爾本（Henry Colburn）發行，因為他採用了一個近乎完美的商業模式。科爾本會雇用一些拮据的上流社會成員或自稱為上流社會成員的人並讓他們匿名撰寫書籍，然後再雇用公司旗下的其他作家為這些小說撰寫正面的書評並刊載在他經營的各種上流社會認可的報章期刊上。這些小說幾乎都是以一名花花公子作為主人翁，而其發表的優雅格言足以讓讀者們細細品味與學習。例如羅伯特・普盧默・沃德（Robert Plumer Ward）的《崔曼：或，優雅之人》（*Tremaine: Or, the Man of Refinement*）；戈爾夫人（Mrs. Gore）的《塞西爾：或，花花公子的旅程》（*Cecil: Or, the Adventures of a Coxcomb*），該書中的主人翁，花花公子傑克・哈里斯（Jack Harris）以其「傲慢無禮」備受讚許，因為這個特質讓他擁有貴族「可以貶低他人的機智。」[38] 此外，還有愛德華・布爾沃・李頓（Edward Bulwer Lytton）的《佩爾漢姆》（*Pelham*），講述著想要成為花花公子的人應有的詳細生活規範。書中表示「衣著不是要求合身就好，而是要能夠裝扮你。我們不是要去複製天生的特質，而是以風格加以提升。」[39] 比起上面提到的書籍，《佩爾漢姆》中那些馬基維利式（Machiavellian）的裝模作樣其實也沒有好到哪裡去。書中提到「深謀遠慮的算計才能成為穿搭完美

之人。不論是去見大臣或情婦，或是貪婪的叔父，穿衣打扮都應該有所不同。」[40] 時尚不僅是表達關於自我的某種基本真實面貌——無論是社會地位，還是巴爾札克所說的天生優越感——也關乎著如何巧妙地將自我轉變成自己想要成為的那個人。

然而，比起亨利・科爾本最具爭議的出版物之一《維維安・格雷》（*Vivian Grey*），鮮少有紈褲類型的小說可以那樣精確地捕捉到貴族階級在自我創造時的算計。這本小說於一八二六年出版，作者是一位匿名的「高級時尚人士」，科爾本向讀者保證這個作者的地位「屬於一流社交圈之人。」[41] 這本小說相當成功，至少在一開始就受到科爾本出版品通常會得到的廣泛盛讚，無論是來自時尚圈，還是那些喜歡幻想自己總有一天能成為其中一員的中產階級讀者都一樣。上流圈的期刊雜誌也大加讚揚，《星室法庭》（*Star Chamber*）為書中角色提供推測的「線索」，幫助讀者猜測該角色對應的現實世界人物。整個倫敦開始議論紛紛，大家都想知道這位傑出的作者究竟是誰。

至於維維安・格雷這個角色則不只是事不關己或脫離世俗的花花公子而已，反而是積極又愉快地鄙視道德的花花公子。格雷就像布魯默爾與拉摩姪子那樣，清楚知道「個人卓越是進入上流社會的唯一通行證」，這才是花花公子風格的真正祕密。[42] 現今的社會，格雷得出一個結論：「一個人要不是擁有血統，就是擁有百萬資產，再不然就得是個天才。」[43]

然而，這種天才並不僅是在繪畫或是學習拉丁語或希臘語上有所才能，反而是一種自我發明的天賦，再加上那種在只在乎外貌的社會中加以操弄的意願，不論其是否合乎道德規範。格雷心中唯一的疑問就是：「明天會出現怎樣的敵人呢？」[44] 紈褲主義者那種睥睨姿態可以在格雷身上得到最充分的體現。書中描述他的生活座右銘是：「微笑留給朋友，冷笑留給世界，這就是治理

人類的方式。」[45] 格雷走進政界並展開各種策畫與陰謀，儘管最終他的努力並沒有獲得成功，卻足以讓倫敦的知識分子為他著迷。

這個情況至少在作者身分揭露之前是這樣的。該小說出版後幾天，上流圈就震驚地得知《維維安・格雷》的作者根本不是他們圈中的一員，反而是一位中產階級的猶太人——正如《布萊克伍德雜誌》（*Blackwood*）那位氣憤的作家報導的那樣，根本就是「默默無名之人，沒有人在乎他的死活。」這位猶太人進入小說創作這行就是為了償還債務。整個倫敦立刻開始譴責這位欺騙他們的作者。他們堅稱這個作家在搞陰謀，他肯定是通過某種方式進入了上流圈，目的就是要在這些新結識的朋友圈中竊取小道消息，甚至是取得他人的私密文件。一位典型的反猶評論家甚至提議，下一本在倫敦暢銷的小說會叫做《江洋大盜：或是取得朋友私人日記的方式》（*The Complete Picklock: Or, How to Gain Access to the Private Diaries of Your Friends*），而作者的名字就叫以實瑪利（Ishmaelite）的所羅門・普里格（Solomon Prig）。（譯註：普里格這個姓是小偷的意思。）[46]

該書的作者班傑明・迪斯雷利（Benjamin Disraeli）為自己的作品辯護並表示「我在《維維安・格雷》的故事中闡述了自己積極又真實的野心。」當然，其中存在著一些略為不同之處。書中維維安・格雷因為個人優先的利益而決定不去伊頓公學，然而現實生活中的迪斯雷利卻因猶太血統被拒絕錄取。不過迪斯雷利對自我發明的熱情，無論是從穿著打扮或個人謀略來看，都將成為格雷自己的反照。「我希望能夠實踐自己所寫的內容。」[47] 迪斯雷利這麼表示。

《維維安・格雷》出版後不久，迪斯雷利就幾乎被全倫敦的主要俱樂部拒之門外。他再也不能進入懷特俱樂部——這是布魯

默爾最喜愛的會所之一──迪斯雷利曾將這個榮譽比作獲得皇家嘉德勳章一樣尊貴。最後，他決定放棄小說寫作，轉而投身於政治。

一八七四年，他成為英國首相。

普林尼這樣的角色逐漸退出世界的舞台。隨著十九世紀的發展，即使是高傲的上流圈也失去了部分的社會影響力。越來越多像是迪斯雷利這樣的人，就算不是維維安・格雷本人，他們也願意透過自我呈現來獲取利益。他們知道，風雅時髦不是天生的，而是後天打造的。

第四章
「工作！工作！！工作！！！」

"Work! Work!! Work!!!"

一八五九年十月的某個星期二晚上，美國最知名的演說家之一即將上台發表他從業五十多年來最經典的其中一段演講。

演講場地是在費城的國家市場大廳（National Market Hall），座無虛席是無庸置疑的。演講者弗雷德里克‧道格拉斯（Frederick Douglass）是美國十九世紀蓬勃發展的巡迴演講活動中的常客，而巡迴演講是當時最受歡迎的一種娛樂型態。整個東岸的民眾為了他蜂擁而至，全部聚集在市政廳及教堂地下室裡，準備聆聽道格拉斯的演說。他經常在台上講述自己動人的人生故事，而他出版的第一本自傳（總共出了三本）也在發行的前五年內銷售超過三萬冊，許多評論家們都讚譽其為「美國出版史上最激勵人心的作品。」[1] 在其他演說中，道格拉斯通常會以戲劇化的誇張風格討論當時在政治與道德上的議題。

當晚的演說是屬於後者，主題是道格拉斯十分關心的「自我成就者」。這種人（道格拉斯認為自己也是）的出身卑微，「沒有任何條件上的支援，」不過卻依然「獲得知識、專長、權力以及地位，」而最重要的是，他們「建立了值得讓人尊重的品格。」[2]

道格拉斯對著全神貫注的聽眾們說，「如果這些人已經走了很遠的路，那他們走過的也是自己開拓的道路；如果他們已經爬得很高了，那麼爬的也是自己打造的梯子。」[3] 這些人正是美國（此時建國甚至還未滿一百年）建國的意義，他們是《獨立宣言》

中人類在平等,以及生命、自由與追求幸福夢想的真正受益者。這些人是美國實驗已經成功的鐵證。

　　道格拉斯繼續說道,反觀舊時代的歐洲,家族的財富與地位就是評價一個人的依據。然而,新時代的美國卻並非如此。他表示「美國社會理所當然地省去調查一個人的家世背景來決定此人的人生評分及該受到什麼程度的尊重。」[4] 就算是偉人與賢者的後代子孫,在這塊應許之地上,也是得要靠自己獲得名正言順的地位,至少在比喻上來說是如此。道格拉斯以最著名的美國姓氏為例來告訴聽眾,如果這些家世顯赫的後代子孫們想要「獲得普遍授予其顯赫父輩的尊敬和崇拜,就必須證明自己是名符其實的克萊(Clay)、韋伯斯特(Webster)及林肯(Lincoln)。」[5]

　　道格拉斯不認為這些自我成就者具備任何讓他們翻轉命運並扶搖而上的特別天賦。道格拉斯堅稱,天才只是一種轉移焦點的手段。畢竟「那些所謂的天才經常都是在路旁或廢墟中被發現的,其墜落的高度越是深,故事就越是悲慘與驚人。」[6] 同樣地,某些人的成就也不能單純地以運氣或是天時地利人和來解釋。道格拉斯嘲諷地表示,抱持這種觀點的人就是在「將一個人與他的豐功偉業切割開來⋯⋯讓他失去雄心壯志。」[7]

　　道格拉斯認為自我成就者與其他人類的區別可以用一個字概括。「這個字,」他重複說了幾次來強調「就是工作!工作!!工作!!!工作!!!!」[8] 工作就是積極地、謹慎地、刻意地栽培自己,也是自我創造者能在美國燦爛崛起的原因,「無論來自什麼種族或膚色。」他強烈地表示,那就是他們成功的關鍵。

　　道格拉斯的故事,在他的描述中,是一個典型美國自我成就者的堅強敘事。道格拉斯於一八一八年出生在馬里蘭州的一處種植園,出生就是私人奴隸,他從未見過他的父親。(道格拉斯推測自己應該是其法定主人亞倫・安東尼(Aaron Anthony)的親

生兒子,種植園主強暴奴隸是南北戰爭前長期存在的事實。)他早年經歷的生活就像當時許多被奴役的美國黑人一樣殘酷。道格拉斯的招牌演說手法之一就是向觀眾展示他背上因為鞭打留下的疤痕,這是他口中所謂透過「特殊制度」所取得的「文憑」,這個制度讓他深刻理解美國種族如何地不平等。[9]

然而,他偷偷地從閱讀《哥倫比亞演說家》(*Columbian Orator*)學會閱讀與寫作,那是當時相當流行的一系列教育書籍,目的是在鼓勵有志者成為像西塞羅(Cicero)這種經典演說家一樣的偉人。

直到一八三三年的某天,這個日期不管在道格拉斯的自傳或演說中都被他奉為人生的轉折點。這天「他胸中殘留的自由餘燼又再度熊熊地燃起。」[10] 當時道格拉斯的法定主人湯瑪斯・奧爾德(Thomas Auld)將他出租給愛德華・科維(Edward Covey)這個以暴力「馴化」奴隸而惡名昭彰的人。科維就像對待手下其他奴隸一樣的方式對待道格拉斯,動不動就拿鞭子毆打他。直到有一天,道格拉斯起身反抗並取得了勝利。「那次反擊之後,我就變了,」他寫道「在那之前我什麼也不是,而現在我是一個人了。這⋯⋯激發我重新追求自由人生的決心。」畢竟,道格拉斯接著說,「一個沒有力量的人,本身就缺乏人性的基本尊嚴。無助的人沒有辦法獲得⋯⋯人性。」[11]

道格拉斯重新發掘對自己內在尊嚴的信念,此舉也激勵他開始追求不受束縛的自由生活。一八三八年九月,道格拉斯假扮成一名不受奴役的黑人水手,跳上一艘蒸汽船並向北逃亡。他為自己選擇了一個新的姓氏——「道格拉斯」(Douglass)是蘇格蘭小說家華特・史考特爵士(Sir Walter Scott)筆下敘事詩《湖中女子》(*The Lady of the Lake*)中的一個角色,他用這個姓氏取代原本在種植園時的姓氏。他一開始在馬薩諸塞州的貝德福德

（Bedford）擔任計日工人，相當自豪自己終於加入以工作換取酬勞的工薪行列。隨後，他在新貝德福德（New Bedford）的一次反奴隸會議上被廢奴主義者威廉・勞埃德・加里森（William Lloyd Garrison）的助手「發掘」。不久之後，加里森以每年四百五十美元的可觀薪水僱用他，讓他向整個新英格蘭的廢奴主義者群眾講述自己從奴隸邁向自由的心路歷程。

道格拉斯以「自我成就者」（Self-Made Men）為主題的演說，大致上來說就與其著作一樣，既是呼籲廢除美國奴隸制度的號角，也是對長期默許奴隸制度的美國信心喊話。他在作品中宣告，美國至少在很快的將來，「無論是高加索白人或印第安人，無論是盎格魯—撒克遜人或盎格魯—非洲人，」任何地方的任何人都能成為「自我成就者」崛起。[12]

儘管我們知道道格拉斯是一位傑出又受歡迎的演說家，但是我們並不知道這場在十月某個晚間的「自我成就者」演說觀眾評價如何。女權運動領袖伊麗莎白・凱迪・斯坦頓（Elizabeth Cady Stanton）曾於一八四二年在波士頓聆聽道格拉斯的演講，她回憶道他「就像是個非洲國王一樣站在台上，深知自身擁有的威嚴與力量，身材魁梧，慷慨激昂。」[13]

不過當晚道格拉斯可能還要顧及其他事情。正當道格拉斯在費城讚頌美國人人平等的應許時，另一位昔日友人兼戰友，也就是身為白人的廢奴主義者約翰・布朗（John Brown）卻選擇徹底放棄美國夢。布朗堅信美國已經被奴隸制度徹底腐化，因此他打算在阿帕拉契山脈建立一個沒有奴隸制度的新國家，而且願意以犧牲生命——也包含殺戮來達成目的。兩個晚上之前，布朗與二十一名盟友（多數都是逃亡的奴隸）襲擊了維吉尼亞州哈珀斯費里（Harpers Ferry）的美軍軍火庫，進而引起為期兩天的圍攻。道格拉斯發表演說的當天早上，布朗及剩下的六名同夥（五人逃

跑，其餘皆被殲滅）被一支美國海軍陸戰隊逮捕。他們在年底前都會因叛國罪遭到處決。

道格拉斯在那場突襲的前兩周曾與布朗會面，後者邀請他一同加入突襲行動，不過道格拉斯拒絕了。道格拉斯生在奴隸體制之中，他曾經親身經歷奴隸制度的恐怖，也曾見識許多道貌岸然的自由派美國人對黑人同胞的集體漠視，這些人對外倡導人類平等，卻同時包容奴隸制度，有的人甚至家裡也還有奴隸。然而，道格拉斯仍然相信，像他們這樣的人想要實現真正的平等與自由就必須透過美國，而不是無視美國。他一直堅定地相信美國夢，即使與其他夥伴分道揚鑣也保持這樣的信念。此時，道格拉斯已經與加里森漸行漸遠，部分原因就是加里森想要繞過現有的政治體系達到目的，不願意協助推動廢奴立法。

然而，道格拉斯與布朗會面這件事也讓他捲入紛爭，而他的共犯嫌疑至少持續了一段時間。法院甚至已經發出拘捕令，因此道格拉斯在演說結束之後就立即逃回紐約州羅徹斯特的家中，接著越過邊境進入加拿大。接下來一年半的時間裡，道格拉斯大部分時間都是滯留在國外，他在英國各地巡迴演講。一直到了一八六〇年春天，因為他的女兒安妮過世，道格拉斯才返回美國，而此時哈珀斯費里事件所引發的政治風波也已經平息。

道格拉斯在他餘生的日子裡仍然繼續表達自己對美國的信心，儘管他經常抨擊美國的虛偽，但是他認為美國也許就是地球上唯一一個能讓自我成就者有機會擺脫出身枷鎖的地方。他在接下來的三十年裡發表無數次「自我成就者」演說。一八九三年，他最後一次發表演說時，正是他去世的前兩年，同時也是解放奴隸宣言（Emancipation Proclamation）發表後的三十年，演說中他主張所有像他這樣生於奴隸制度的人，終將獲得自由。

§

　　如果說博・布魯默爾代表歐洲貴族模式的自我成就巔峰,那麼弗雷德里克・道格拉斯則是用其一生與作品體現了美國民主平等的自我成就。「自我成就者」(self-made men)一詞並非道格拉斯首創,該詞最早是在一八三二年由美國政治家亨利・克萊(Henry Clay)在美國參議院的一次演說中提出的,而他一生都與這個用詞密不可分。

　　道格拉斯認為,自我成就並非文藝復興時期那些思想家以為的特權,唯有天賦異稟之人獨享。道格拉斯反而堅信自我成就是任何人都能夠實現的事情,只要他們願意努力工作就可以。自我是一片需要耕種的開闊土地,而自我成就者要學會藉由精神與體力來細心培育,假如他想要擁有掌控命運的能力。

　　真正的高尚特質只會在工作意願中發現。事實上,道格拉斯在某個版本的「自我成就者」演說中直接引用蘇格蘭詩人羅伯特・尼科爾(Robert Nicoll)名為〈真正的高尚〉(True Nobility)的一首詩,內容除了呼應蒙特馬格諾(Montemagno)和布拉喬利尼(Bracciolini)的文藝復興對話,也將觀點向前推進了一步。

倘若存男子氣概於心,
便可謂其出身高尚。
且不問君來自何方,
亦不過問年少時光;
倘若山清水秀,
便無謂來自何方。[14]

對道格拉斯以及美國普遍的民主傳統而言，自我成就具備重要的道德基礎，那不僅僅是一個人為了自我提升而選擇去做的事情，而是一種政治與倫理的需求，也是使人類自由合法化的條件。正如道格拉斯所言，這世上這麼多姓克萊、韋伯斯特與林肯的人都必須為了證明自己虎父無犬子而努力。所有的美國人也都是如此，無論黑人或白人都受到召喚開始修養自我，以證明他們有資格參與這個危險的新興現象——民主。

道格拉斯對他的聽眾說，「作為一個沒有過去的民族，眼下也幾乎一無所有，但我們卻擁有無限璀璨的未來……我們的道德風氣充滿著希望與勇氣的鼓舞。每個人都有機會。就算當不了總統，至少可以功成名就。就這一點而言，美國不僅是常理中的例外，也是全世界的社會奇蹟。」[15]

道格拉斯藐視他眼中的傳統歐洲式社會階級，這種階級以「君權神授的政府及……（羅馬天主教的）教義；伴隨著明確定義及嚴格僵化的階級劃分」[16]為特徵。然而，道格拉斯在針對世界運行方式的描述中卻仍可見到一絲宗教色彩。根據道格拉斯的觀點，上帝或許沒有預先決定社會秩序，不過還是在辛勤工作與正面的成果之間安排了一種關聯性。道格拉斯的內心世界是一個相當公平的世界，那是一個依據正確道德原則運行的和平世界。道格拉斯堅稱智者「明白上帝的律法是完美又不能改變的。他明白正確的生活方式才能維持健康；正確使用藥物才能治癒疾病；耕作土地便能生產糧食；學習才能獲取知識；儲蓄才能累積財富；迎面而戰才能獲得勝利。對他來說，不幸的人是懶惰的，勤奮工作的人才是幸運之人。」[17]也許習俗、環境、出生都缺乏了神聖力量的加持，但是對道格拉斯來說，辛勤工作的道德特質依然令人嚮往。

§

然而，道格拉斯心中對自我成就的願景融合著其對自我修養的道德需求、宇宙公平性的信念，以及將辛勤工作視為驅動原則的觀點，這個願景並不是獨一無二的。道格拉斯反而是在有意識地延續並拓展後啟蒙運動時期的自由主義政治傳統。美國建國近一個世紀以來，其思想一直在與這項傳統進行對話。

當然了，自由主義的政治歷史非常悠久與複雜，我們無法在此討論。然而，就我們討論自由主義時的目的來說，我們所討論的是一種敘事，主要（但非僅限）環繞著啟蒙時期的英國與蘇格蘭哲學家，他們認為促進人類自由是人類繁榮的必要條件，因此得要付出智識上的努力。舉例來說，我們從這個傳統中發現了人權的概念，也就是所有人都擁有不可剝奪的權利，正如英國政治理論家約翰·洛克（John Locke）所言，這些權利包括生命、自由與財產。所有人類（至少所有男性）都應該被視作獨立的個體，不僅限於某個階級或宗族的成員，每個人的基本價值都與他人相同。任何正直良善的政治體系皆須考量並發揮這個真理，保護並維持這些不可剝奪的人權。美國的建國者將制定憲法視為一種將這樣正直良善體系奉為圭臬的嘗試。生命、自由與財產的理念最終在《獨立宣言》中以生命、自由及追求幸福來呈現，其基本概念一致。「我們認為這些是不證自明的真理，所有人生而平等，造物主賦予每個人某些不可剝奪的權利。」[18]

美國自由主義論述的中心思想就是典型的啟蒙思維，認為人類在某種意義上已經超越了童稚時期。家長式的權威領導對過去時代的人們來說可能合情合理，不過現今人們已經擺脫了這樣的束縛，也都有足夠的能力管理自己。美國的建國者們對於自己身為這場實驗的一分子都有著高度的認知，而實驗的成功將會證實

他們對於人類平等的信念是正確的。舉例來說，一七八七年，美國開國元勳亞歷山大・漢彌爾頓（Alexander Hamilton）在撰寫美國早期最有影響力（之一）的政治檔案《聯邦黨人文集》（*Federalist Papers*）時就在開篇驚嘆地表示，「這份檔案似乎就是為了這個國家的人民而保存的⋯⋯為了解決一個重要問題，即人類社會是否有能力藉由反思及選擇來建立良好的政府，還是人類注定只能在災禍與武力的被動情況下制定政治憲章。」[19] 漢彌爾頓深知，全世界的目光都在關注著美國。舊時代的歐洲正在觀察這個新共和國是否能夠成功。

同年，政治家（美國開國元勳之一）詹姆斯・威爾遜（James Wilson）試圖說服賓夕法尼亞州議會（美國制憲會議）採納大眾今日所知的美利堅合眾國憲法並讚揚「美國向世界展示這樣前所未見的場景──有教養又和平、自發且深思熟慮的過渡方式⋯⋯這僅僅是提高政府知識與增進社會及人類幸福的漸進步驟。」[20]

換句話說，歷史就是人類發展越來越成熟的故事。等到人類成年之後就能夠擺脫對教會及王權的依賴，轉而實現自我治理所許諾的未來。

不過，一個自治的國家就需要自治的個體。一個賦予人民權力的政治秩序只有在人民有能力在必要時扛起責任才能得以維持。事實上，這個邏輯就是自由需要某種形態上的自我控制。無法控制自己的人便是生存在某種道德的奴役之下，許多自由主義思想都會不斷地提到這種形象。此外，當然還有政治上的奴役，也就是遭受外部力量的暴政統治。舉例來說，效忠英國王室的紐約保皇黨人在一七七○年代面對日益高漲的革命情緒時，總是彼此警告要避免「成為內部暴政的奴隸。」[21] 然而也有人會成為自身欲望的奴役，這是自我被更低下的本能所束縛。那並不是美國種植園的黑奴制度，而是當時任職國會議員的亞伯拉罕・林肯

於一八四二年的禁酒演說（Temperance Address）中所譴責的奴役，該演說還比《解放奴隸宣言》早了二十多年。對林肯來說，根除酗酒這種侵害人類自由意志的惡習代表了「打破一種更強勢的束縛；從一種更惡劣的奴役中獲得解放；推翻一個更加殘酷的暴君。」[22] 唯有藉由全國性的嚴格禁酒計畫，林肯告訴聽眾「勝利……才會實現——即是這世上既沒有奴隸，也沒有酒鬼的時候。」[23]

這樣的說詞在當時美國普遍存在的奴隸制度背景之下或許顯得相當麻木不仁。然而，令人驚訝的是，那正是道格拉斯對於政治理解相當重要的一部分。對道格拉斯來說，奴隸制度是一種十惡不赦的道德禍害，但是這種道德禍害卻有一部分是源於奴隸主被自己的劣根性所奴役的關係。這些奴隸主人與奴隸一樣都有義務通過自我修養來追求美德。道格拉斯在一八四五年的演說「酗酒與奴隸制」（Intemperance and Slavery）中斷言「如果我們可以讓這個世界保持清醒，那我們就不會有奴隸（財產）制度。」[24] 他堅稱，美國人接受奴隸制度是一種酩酊狀態的表現，而這種表現可以藉由謹慎的自制（self-mastery）克服。「只要奴隸主能夠清醒片刻……我們就可以形成足夠強大的公共意識來打破主奴關係。」[25]

道格拉斯此處的樂觀主義根植於一個基本假設：人類在本質上是向善的。人類通過自我反省這樣的道德行為，再加上智識與體力上的付出及勞動等方式，就可以改善自己。這樣的自我修養就會形成更加自由與平等的社會，而奴隸制度將在這樣的社會中被徹底廢除。他堅信，一種形式的奴役就會招致另一種形式的奴役。

§

然而,既然有眾多哲學家與政治家是秉持良善信念的自由主義者,他們一心一意致力於人類自由與獨立治理的理想,那麼美國的奴隸制度又怎麼會如此蓬勃地發展呢?確實如此,儘管歐洲大部分地區在十七及十八世紀都實行奴隸制度,但其中罪惡最嚴重的兩個國家無非就是英國與美國,只是當時的人們對於這樣矛盾又諷刺的現象並不自知。蘇格蘭哲學家約翰·密勒(John Millar)於一七七九年指出,「我們可以觀察到那些高調談論政治自由的人們……竟毫無顧忌地將大批同類逼到如此境地,不僅剝奪他們的財產,甚至剝奪他們所有的權利,真是蔚為奇觀。」[26] 英國散文家山繆·詹森(Samuel Johnson)更是直言:「那些高呼自由的人為什麼都是奴役黑奴的人呢?」[27]

　　這個問題的答案不只能揭露美國奴隸制度的現實面,也能揭穿自我成就在美國願景中的陰暗面,那是持續潛藏在美國人自我創造敘事中的一股暗流。答案的第一部分便是智識(intellectual)。人類自由被認定為是道德上的勝利,而且是藉由某些行動與態度才能獲得,只是這些行動和態度與殖民者而非被殖民者的關係更加密切。自由主義傳統的核心是「開墾／修養」(cultivation)的雙重形象。人類尊嚴與對土地的索取及轉化(以及隨之而來的自我與內在心靈的轉化)密不可分。讓人類在智識上以及啟蒙的成年期與那些「野蠻人」有所區別的(如同盧梭、蒙田及狄德羅那般)正是其控制天性的能力。

　　自由主義政治傳統的奠基文獻之一,即約翰·洛克於一六九〇年出版的《政府論》(Second Treatise of Government),他在書中表示私有財產合法化是一種人類智慧的果實。洛克請讀者思考,私有財產與天生擁有的東西之間有什麼差別?而他的答案是:人類勞動。「一個人從橡樹下撿橡實來吃,或是從樹上採蘋果,自然就是將這些果實占為己有……其所付出的勞動讓這些果

實與公有物有所區別：勞動讓這些果實多了自然以外的特質——自然是萬物的共同母親，因此這些果實就成了一個人的私有財產。」[28]

　　土地開墾，更廣義來說，人類意志與創造力對大自然的運用已經成為考量人類條件的主要機制。地主耕種自己的土地已經成為人類文明化的典範。地主也無可避免地會與未開化或野蠻人形成對比，後者被視為沒有能力控制土地的人，只能仰賴自然的豐饒維生。洛克於一六六九年還參與了起草《卡羅萊納基本憲法》（*Fundamental Constitutions of Carolina*），該憲法賦予所有公民對自家「黑人奴隸的絕對權威。」[29]自由主義關於人權的語言在這個方面往往是矛盾的，一方面堅持平等，另一方面卻將人類尊嚴定位成某些人才可以做到的特殊概念。那些不符合人類規範的人，反而被理解為道德上尚未成年的孩子，仍然需要成年者在文明方面的權威指導。因此，像是英國哲學兼政治家約翰・史都華・彌爾（John Stuart Mill）這樣倡導個人自由理念的人，儘管受僱於像東印度公司以經營殖民地事業營利的企業，他依舊在一八七四年堅決地表示，所謂的野蠻人在智識上過於不成熟，因此無法遵守社會契約。「不能指望這些人會遵守任何規則，」他表示，因此「那些蠻荒國家還沒有超越此階段，而這個被外國人征服並統治的階段，對他們來說是有好處的。」[30]

　　即使是道格拉斯本人也在「自我成就者」演說中將勤奮且崇尚開墾土地的美國與懶散且天生富饒的非洲進行了對比。道格拉斯表示：「非洲的棕櫚樹下，人們不費吹灰之力就能解決食物、衣服與居住的問題。對他們來說，那裡的一切都是大自然所賦予的，自己什麼也不需要付出。因此，結論就是非洲的榮耀歸功於大自然中的棕櫚樹——而不是非洲的子民。」[31]

　　換句話說，民主體制下的自我成就敘事因此相當依賴普世道

德責任與自我創造（與殖民征服及自然支配理念密切相關），與對那些無法或不願這樣做的人不言明的排斥之間的緊張關係。畢竟，至少在理論上，每一個願意努力工作並取得財產（特別是土地）的人都有機會達成自我創造。因此，那些無法辦到的人勢必在某種程度上應得到自己在社會中較為弱勢的地位。自我成就在民主制度的願景帶來了一個令人不安的必然結果，而這個結果也成為了現代自我創造敘事的基礎：無法自我成就者理當受到譴責。正如薩德侯爵和布魯默爾的貴族傳統一樣，看似更加民主的自我創造敘事也將這個世界清楚地二分為堅定的自我成就者與野蠻且不成熟的孩子。只是貴族傳統對於這樣的區隔並沒有任何道德上的權重，人們只有特殊與不特殊之別——而民主傳統則將自我成就賦予了道德觀。每個人都要形塑自己的命運，如果辦不到，那就意味著你的人生失敗了。

§

儘管自由主義的思想傳統經常依附於這些關於「開墾」以及「文明人—野蠻人」的二元對立形象，不過美國開國元老們對奴隸制度的寬容態度卻很難以這樣二元對立的說法一蓋而論。很少有自由主義的思想家公開為奴隸制度辯護。即便是曾經協助確立奴隸制度合法性的洛克，也只有捍衛他認為正當的特定奴隸形式，也就是在公平戰鬥中落敗的戰俘。

然而，許多哲學家與政治家支持奴隸制度的原因在理智上聽起來遠沒有那麼深奧：單純只是因為奴隸制度在經濟層面帶來的便利。英國的奴隸制度使得來自殖民地的奢侈品，諸如巧克力與糖能夠進口到英國。美國的奴隸制度則是這個年輕共和國的重要經濟命脈之一，這個制度確保廉價棉花等奢侈品得以穩定地

供應內需。英國上流圈中那些胸懷大志的成員可以藉由購買越來越貴的服飾來實現自我表現，而且無須費心顧慮其背後的奴隸勞動。美國也是如此，如果有現成且買得起的奢侈品以及不需要支付工資的人力來照料家園與土地，那麼中產階級的生活方式就會更容易實現。因此，即使美國開國元老派翠克・亨利（Patrick Henry）曾經公開譴責奴隸制度「與人性相抵觸⋯⋯與《聖經》教義不一致並且破壞自由，」但隨後卻承認自己家中也擁有奴隸。他的說詞又是什麼呢？「生活中沒有奴隸會帶來諸多不便。」[32] 當時在大西洋彼岸的英國約有一百萬的奴役人口，而一首一七八八年的諷刺詩就在嘲諷擁有奴隸者的虛偽及貪婪。

> 我承認，奴隸交易令人震驚⋯⋯
> 我非常同情他們，但我必須保持沉默，
> 畢竟生活怎麼可以沒有糖與蘭姆酒呢？
> 尤其是糖，需求之高，
> 什麼？難不成要放棄甜點、咖啡與茶？[33]

　　貴族階層的自我成就觀念經常明確定義出一個下層階級，也就是那些沒有幸運被上天選中的人們。這些人就是薩德筆下那些放蕩者可以肆無忌憚地強姦及殺害的對象。換個較不極端的層面來說，這些人就是「約翰牛」（John Bull），也就是布魯默爾用來襯托其精妙風格的那些市井小民。

　　然而，民主制度中的自我成就願景，也就是認為人只要勤奮工作就可以過上中產階級生活的觀念，其中往往也潛藏著一個下層階級，也就是那些被奴役的人。他們的勞動讓中產階級負擔得起奢侈品，然而許多自由主義的敘事（當然道格拉斯除外）卻常常將這些人排除在外。

因此，自我修養在美國建國後的第一個世紀也開始具有雙重含義，這兩種敘事已經相互交織。首先是道德自我修養的想法，正直善良的公民必須學會控制自己，特別是為了參與這種新政治實驗而控制自己的衝動。其次是自我成就以作為加入自在生活的中產階級為理想，藉由努力工作來獲得特定的物質享受，進而展示與中產階級相關的外在標誌。畢竟，美國夢就是出身低賤的人可以透過充足的努力晉身為紳士，那麼這些人現在就得學會紳士的行為舉止。一旦你要憑藉自己的努力成功，常言道，那就得演什麼像什麼。

§

美國早期的出版業是由一幫（如今可以稱之為）自我改善（self-improvement）書籍的小規模產業所主導：旨在引導讀者們進入紳士的世界。這些書本質上就是沒有王子的《臣廷論》以及沒有貴族的《維維安‧格雷》。這些書說明了美德生活的方式，以及同樣重要的，向他人展示這種美德的方式。

那些渴望想要自我成就的美國讀者其實有許多選擇。他們可以瀏覽比較體面的「禮儀書籍」（courtesy books），例如一七一五年出版的《良好禮儀訓練》（The School of Good Manners），該書旨在幫助美國讀者（尤其是孩子們）模仿英國上層階級的社交規範。這些書中的一些建議都涉及外在的能指，像是參加晚宴的行為舉止。（「不可在餐桌上啃骨頭，要拿刀剔除肉。」）[34] 其他則是道德上的箴言，旨在培養對工作該持有的正確品行與態度。（《良好禮儀訓練》嚴正地告訴孩子們「從事合法、簡短且不頻繁的娛樂活動，」鼓勵他們「思考死亡、審判與永生。」）[35] 喬治‧華盛頓（George Washington）年輕時甚

至出版了這樣的一本書,名為《文明規範與社交禮儀》(*Rules of Civility and Decent Behavior in Company and Conversation*),這本書改編自文藝復興時期一本關於自制力的法文書,無論是美學上(「說話時不要太靠近,以免唾沫噴到對方臉上」),還是在道德上(「努力讓胸懷裡那被稱為良知的神聖火光繼續燃燒。」)[36]皆有著墨。

任何胸懷抱負的美國人也可以閱讀那些以世俗聖徒傳記形式描繪的勤勞又有品德的自我成就者書籍,這種描述方式過去只適用於基督教的聖徒,旨在激勵讀者過上一樣自律的生活。例如超驗主義哲學家拉爾夫・沃爾多・愛默生(Ralph Waldo Emerson)於一八五〇年所著的《代表人物》(*Representative Men*),其中包括柏拉圖、蒙田以及拿破崙等人的傳記式描述。作家查爾斯・西摩(Charles Seymour)於一八五八年的著作《自我成就者》(*Self-Made Men*)中舉出六十二個傳記式描述為例,重點更加明確地以美國人物為主。自我成就者的代表人物包括前總統安德魯・傑克森(Andrew Jackson)與政治家丹尼爾・韋伯斯特(Daniel Webster)。這些傳記描述通常遵循著一成不變的模式:出身低微的人努力工作、學習並且在生活的各個層面有所節制,最終成功取得體面的社會地位。

就連《湯姆叔叔的小屋》(*Uncle Tom's Cabin*)的作者——支持廢奴的作家哈里特・比徹・斯托(Harriet Beecher Stowe)也出版了兩本聖徒式的傳記作品——一八六八年的《我們時代的人》(*Men of Our Times*)與一八七二年的《當代自我成就者的生活與事蹟》(*The Lives and Deeds of Our Self-Made Men*);後者主要描寫了弗雷德里克・道格拉斯與亞伯拉罕・林肯的輝煌人生。當時林肯的故事早已蔚為美國神話——家境貧困的林肯出生於肯塔基州的一間小木屋,生活就是「像我們一樣每天從早工作到天黑,

然後夜裡在木屋中的燭火下勤學到深夜。」[37]重要的是，雖然書中的這些男人之中，多數取得了一定的經濟成就，不過卻幾乎很少有人是企業家，也沒有變得非常富有，至少比起下個世紀在鍍金時代崛起的那些強盜資本家與其他自我成就的百萬富翁來說並不算非常富有。美國南北戰爭前的自我成就者都以中產階級為目標。他們因為節制與品德得到對等的回報，但是絕非過度的回報。他們示範的並不是貪婪的樣貌，而是哈里特・比徹・斯托所描寫的「節儉、克己自重、自立與不屈不撓的勤奮。」這些人的目標就是要「明辨是非，端正行為。」[38]財富從來不是他們追求的目標，而是有序世界中品行端正的道德回饋。此外，勞動在這個世界中有著近乎神聖的意義。唯有藉由品行端正的勞動付出，企圖自我成就的人才能同時擺脫窮困與默默無名的原生條件。而更為重要的是，臻至完全的仁慈並完成上帝所賦予的使命。畢竟，對土地與自我的耕耘才是區隔文明成熟的人類與未開化野蠻人類的方式，不是嗎？

　　對於「修養」的理解不僅限於道德內涵，也帶有靈性上的色彩。修身養性不僅是為了成為一位好公民，也是為了與神聖的使命達成一致。上帝——儘管與過去基督教教義中的上帝有所不同，卻仍是一種神聖的存在——用當代的說法來說，就是期望每個人都可以成為最好的自己。

　　我們可以從哈佛大學出身的威廉・埃勒里・錢寧（William Ellery Channing）牧師在一八三八年的演講「自我陶冶」（Self-Culture）中看到這種將自我修養視為靈性上不可或缺的觀點。錢寧是位一神論者（Unitarian），這個教派屬於新教改革運動中發展出來的一個較不正統的傳統基督教分支，當時在英美兩地尤為盛行。對於錢寧這樣的一神論者來說，傳統基督教關於原罪以及由此衍生的人類墮落是極其不合時宜的觀念。錢寧相信人類可以

在此生達到盡善盡美,而那其實就是他們的神聖使命。錢寧堅稱:「自我陶冶是可能的,因為我們可以進入自己的內心並探索自己。我們還擁有更高尚的力量,讓我們奉行、立定目標並形塑自我⋯⋯我們要將目光鎖定在盡善盡美之上,幾乎所有事情都要朝著這個目標加速前進。」[39] 如同前人喬瓦尼・皮科・德拉・米蘭多拉(Giovanni Pico della Mirandola)一樣,錢寧認為自我修養正是為何我們生而為人。「放眼人類需要探索的一切事物之中,最重要的⋯⋯就是探索內在的自我形塑力量⋯⋯這種力量比推動外在宇宙的力量更加神聖。」[40]

這裡也一樣,自我成就與神性語言之間密不可分。我們的生活中,不論神聖的、超自然的,還是靈性的事物都可以藉由審視自身的力量與潛能而得到開發。

§

這些書籍與文本是美國人的自我成就在民主化發展中的一部分。對於剛起步的人來說,這些書籍的文字幫助他們在美國意識中建立品行端正的自我成就者敘事。不過,這些書籍與文字也有其他的目的,那就是將自我成就塑造成一種在根本上屬於個人的努力與付出,任何個體都必須獨自閱讀並內化這些自我幫助的書籍與指南。美國的自我成就者敘事核心在於「無父的假設」(assumption of fatherlessness),無論是實際的(像是道格拉斯的情況),或是隱喻的。每個人在美國都是自己的父親。這些書籍透過直接激發讀者身為公民的美德,無須任何權威居中(無論是宗教或是家族人物),這些書籍都在向美國讀者闡述自我創造在本質上就是一個私人的命題,不用社交影響力就可以獲得。我們在愛默生的《代表人物》中了解到,「男孩以為這世上有一位

可以將智慧販賣給他的老師⋯⋯（但是）與我們從內在發現的天性相比，那些從他人那裡得到的幫助都只是呆板又無情的。」[41] 同樣地，錢寧也提醒他的聽眾們，自我修養也往往涉及拒絕或遠離旁人的有害影響。「另一種重要的自我陶冶方式，」他堅稱「就是擺脫人類意見與楷模的力量，除非是我們經過深思熟慮後才認可的事情。」[42] 唯有存在於內心的良知才具有權威性。我們的感受及渴望都是構成我們自身的真實要素。人類的想法——即使在啟蒙哲學家的著作中也同樣如此——是可以丟進垃圾桶中的習俗。

　　這些作者認為自我陶冶也是自我表達的一種形式。我們藉由陶冶自己的內在世界向世界展示真正的自我，從本能的奴役與他人意見的束縛中解放了自己。正如愛默生所說的，「我們每個人的內心都擁有卓越道德與智識的所有元素；亦即，如果你表現出自我，你將獲得並展現出完美的性格。」[43] 自我成就者並不是無中生有地創造自己，而是學會了維持原本就存在的東西，通過屏除惡習及培養美德來達成目標。

§

　　然而，美國關於自我成就的出版品中卻鮮少能有接近另一位美國自我創造者典範所展現的樂觀程度，那就是集作家、哲學家及美國開國元勳為一身的班傑明・富蘭克林（Benjamin Franklin）。富蘭克林認為道德的自我陶冶與中產階級的勤勉是密不可分的。誠如他在一七九一年的自傳中所述，人的一生就是「邁向道德完善的計畫，艱鉅又需要勇氣。」[44] 他在《富蘭克林自傳》（*Autobiography*）以及其他更實用的著作中，像是定期更新的《窮理查的年鑑》（*Poor Richard's Almanack*），富蘭克林都

強調自我控制對於道德與經濟利益的重要性。舉例來說，我們知道他精心安排自己的時間，每天醒著的每一個時段都標記著特定的目標，以期自己可以充分地利用時間。他詳細地描述自己的作法，如何「製作了一本小書，其中的每一頁都會分配到一種美德。」[45]就富蘭克林而言，這些美德就是節制、沉默、秩序、決心、節儉、勤勞、真誠、公正、適度、清潔、平靜、貞潔與謙虛。

富蘭克林在書中繼續說明，「我在每一頁以紅墨水劃線，一共分成七行，每一行都代表一星期中的一天……接著又劃了十三條橫線並在每條線的起點標上每種美德的第一個字母，然後在每條線相對應的那行中，我就會用一個小黑點標記著每天反省自己時發現的任何關於那項品德的缺失。」[46]富蘭克林認為美德不僅與達成經濟成就的勤勞密不可分，我們甚至可以像製作損益表一樣具體地計算美德。富蘭克林注重的美德──節制、簡樸生活（他的名言就是「早睡早起就是通往健康、富有與智慧的道路」）、花費節儉──正好為讀者提供了通往中產階級舒適生活的途徑。美德是簡單易懂的機制，類似於現代人說的生活訣竅。妥善安排生活，充分利用每一分每一秒，這樣不僅可以在道德上有所成就，也能在事業上有所成就，外在生活的成就反映著內心陶冶的價值。「想要獲得內心渴望的美德，」富蘭克林曾寫信給一位朋友表示，「這是一門藝術……假如想當畫家……那就必須學習這門藝術的原理，學習所有工作技巧並養成正確使用各種工具的習慣……我的美德也有專屬的工具，而且得學習使用工具的規矩。」[47]

富蘭克林不是基督徒。儘管他在目標中提及想要「效仿耶穌與蘇格拉底」的渴望，但是他和錢寧一樣對基督教中那些較為深奧的教義抱持著懷疑的態度。事實上，他與許多啟蒙時代的哲學家一樣相信自然神論，也就是相信造物主是一個模糊的非人神

祇，創造了世界之後就任其自行運轉。人類，尤其是那些懂得運用自身力量的人類，就肩負起改造世界的責任。富蘭克林與許多同時代的人一樣，相信人類最具神性的地方就是擁有運用創造的能力。這種內在品德與物質財富同時發生的巧合就是一種合宜的加分效果。我們塑造生活的能力就成了新政治哲學與新神學的基礎，這個概念主宰著自我修養能幫助我們成為本應成為的存在。自我成就是一種創造行為，同時也是一種表達行為。這是向世界展示真實自我的機會，進而實現屬於我們的成就。從這個角度來看，自我成就的民主化願景就類似於今日所謂的「自我實現」（self-actualization）：自我實現的概念就是我們不僅是渴望成為最真實、最優秀且最成功的自己，而且這也是我們生在這個星球上的使命。

　　關於自我成就的一種新思維基礎已經奠定，這種模式將道德價值與帶來產出的勤勉及財務成就聯繫在一起。那些願意努力工作並胼手胝足的人不僅可以改變自己的處境，而且應該功成名就。自我成就的民主化模式在某種程度上既是一種解放，也是一種牢籠。理論上來說，中產階級仕紳的生活是任何人（自由的男性）願意修養自我都可以達成的，不過一種新敘事也隨著那些未能自我成就的人而產生：他們因為太懶惰、太軟弱或是太愚蠢而無法成功。畢竟，如果弗雷德里克・道格拉斯提倡的自我成就是人人平等的，那麼任何無法自我成就的人就是未能兌現美國夢的失敗者。

　　這種對成功的道德化解讀將在下一個世紀變本加厲。鍍金時代將會把民主化的自我成就夢想轉化成對資本主義企業家的狂熱。道德的遮羞布幾乎被拋在腦後，而財富才是神聖的存在。

第五章
「光芒如洪水般湧入」

"Light Came In As A Flood"

一八七八年的秋天,湯瑪斯·阿爾瓦·愛迪生(Thomas Alva Edison)碰到了一個難題。當時他還沒有發明出燈泡——或者是說,還不算完全成功。他確實發明了一種燈泡,不過那種燈泡沒亮幾分鐘就熄滅了。愛迪生還找不到調節燈泡內部燈絲溫度的方法,這也意味著白熾燈一旦亮了之後就會立刻過熱,接著燈絲就會迅速熔化。

可惜愛迪生已經沒有時間了。當時在北美洲與歐洲,像他這樣的發明家們都競相開發各自使用電的發明並搶著申請專利。不假時日就會有人成功掌握電力的奧秘。當時愛迪生也知道英國化學家約瑟夫·斯萬(Joseph Swan)正在研發一款相當有競爭力的燈泡,而兩位來自加拿大的發明家亨利·伍德沃德(Henry Woodward)及馬修·埃文斯(Mathew Evans)也早在五年前就為一項功效較低的設計申請了專利。

然而,愛迪生在那年秋天還面臨著另一個迫在眉睫的期限,也就是即將登門拜訪的記者群。他早在九月份就向媒體保證自己最新發明的白熾燈泡已經完成了。「我已經完成了,」他向《紐約太陽報》(New York Sun)的記者阿莫斯·卡明斯(Amos Cummings)保證並誇口表示「所有人都會非常意外,然後反問自己為什麼從來沒有想到過這個點子——竟然就這麼簡單。」[1] 他甚至都已經開始銷售宣傳著「這種燈光的亮度與實惠價格問世之後,」(他向卡明斯保證,只需要『幾個星期』就夠了)美國將迎來另一場科學革命。當時常見於美國街道與家庭中那種昂貴

又低效能的「碳化氫氣體照明」的煤氣燈將會「被淘汰」，電燈將取而代之。

電力對於鍍金時代的人們而言，不僅是一種科技而已。電力是一種神祕、令人激動的無形且近乎魔幻的力量，已經成為一項科學大發現與人類進步軌跡的同義詞。正如當時一本指南書所描述的那樣，電是「微妙且活耀的潮流」，其不僅是光的來源，也是生命的泉源。另一位作家則讚嘆地表示「一旦符合電力條件，那麼只要輕輕轉動一把鑰匙，富有生命力的僕人便會栩栩如生地出現在我們眼前。」[2]

如果電力是種魔法，那麼愛迪生就是這個領域的首席魔法師，至少媒體是這麼形容他的。提到他在新澤西州的實驗室時，他就會被稱為「（加州）門洛公園的魔術師」或是「科學界的拿破崙」、「門洛公園的天才」以及「新澤西州的哥倫布」。幾乎無庸置疑地，他就是美國最偉大的發明家。但他也是美國最精明的自我推銷者之一，因為他私底下懂得與自己信賴的記者們維持關係，而這些記者就會撰寫出讚美他的報導，儘管這些報導並非完全可靠。

一年前，愛迪生發明了留聲機並造成轟動，但他並不滿足於此，還立即向記者們承諾，自己每年都會推出「至少和留聲機一樣好的發明。」[3]無數粉絲熱切地想要知道並更新他們最喜愛的「魔術師」的後續動向，此舉促使報紙發行量大幅增加，持續支持著這樣的敘事。

隨著愛迪生允諾的發明展示的期限逼近，當時關於新發明即將發布的消息已經在倫敦引發了某種程度上的金融危機，因為市場上對愛迪生近期發明的預測使得煤氣股價暴跌。愛迪生的一位友人敦促他盡快在英國成立一家電力公司，以便好好利用《太陽報》、《紐約先驅報》以及其他報章雜誌提供的「免費廣告，那

是不管怎樣都無法用錢買到的鋪天蓋地式宣傳。」[4]

愛迪生的發明也許尚未完備，不過愛迪生本人卻已經準備好了。一如既往，這位發明家早已擬定好了一個計劃。他通知記者，他們每個人都會個別在門洛公園實驗室中受到參觀接待，觀賞簡短的新型燈泡性能展示。他們可以在現場讚嘆愛迪生的豐功偉業，然後愛迪生就會迅速地將他們帶離現場，這樣他們就看不到燈泡熄滅了。愛迪生便可保有那狡猾天才的名聲。

這個計劃奏效了。媒體也一如往常地輕易上鉤，大肆讚美著「那光芒：清晰、冷冽又美麗。」對比當時最常見的那種光線強烈的電弧燈，「這種燈光完全不會刺眼。」他們驚嘆地表示「你反而可以透過這種燈光看見手掌上的血管，甚至指甲上的斑點和線條也都在那光芒中看得一清二楚。」媒體宣稱這項發明「無懈可擊」。[5]而愛迪生則是巧妙地維持著這場騙局，甚至告訴另一位到訪的記者，實驗室中那盞展示的燈泡將會「幾乎永遠地」燃燒。[6]

最終，愛迪生當然還是完成了這項十九世紀最具象徵性的發明。一八七九年的跨年夜，時間距離上次的媒體展示會已經一年多了，愛迪生舉辦了另一場更大規模的公開展示，這次燈泡沒有熄滅。（秘訣是什麼？碳絲，愛迪生在當年十月才發現。）這時候愛迪生的各項展示以及不斷令人讚嘆的智慧成果已成為媒體上定期出現的話題。一名已經感到厭煩的新聞記者抱怨，「我一點都不懷疑（愛迪生）在接下來的二十年內，每半年都能夠帶著新奇的話題再次完全解決電燈的問題。」[7]愛迪生賭贏了，他巧妙地結合了帶著善意謊言的真正技術創新以及自己與媒體之間的密切關係，他不僅駕馭了電力，也駕馭了另一種無形的力量：名氣。

愛迪生很清楚在鍍金時代的成就取決於努力以及精心管理大眾的期待。當然了，他發明了留聲機，不過當一些訪客問他

最想透過這項新發明聽到哪一位歷史人物的聲音時,他卻出人意料地提到過去的法國政治新星拿破崙。那些訪客們顯然期望他的答案會是耶穌基督,但他解釋道:「因為,我喜歡行動家(hustler)。」[8]

§

自我成就的故事在美國南北戰爭年代一直是美國夢的象徵:努力工作,靠自己的力量擺脫過時(以及歐洲)世界在習俗、傳統與階級上的束縛。

如同我們先前所見,這種敘事不僅隱含著道德觀,甚至還有一整套形而上的世界觀。自我成就是人類應該完成的基本目標,而且同樣重要的是,實現這基本目標將換來今世在物質上的成就。

自我成就者從十九世紀末開始就不再只是那種高尚又節儉的公民了,反而被視為成功的資本企業家,他們既懂得如何支配金錢,也能夠自由運作資金。自我成就者越來越像是大亨或企業家。他們很可能是某個產業的巨頭,如出生在蘇格蘭鄉村貧困家庭的鋼鐵大亨安德魯・卡內基(Andrew Carnegie),又或者是出生於紐約木材商人家庭的億萬富翁石油大亨約翰・D・洛克菲勒(John D. Rockefeller)。又或者,也可能像是羅蘭・H・梅西(Rowland H. Macy)、亞歷山大・特爾尼・史都華(Alexander T. Stewart)和約翰・沃納梅克(John Wanamaker)這些藉著在備受歡迎的百貨公司及乾貨商店兜售奢侈品給新興富人而致富的自我成就者。

財富成了自我成就者理所當然的目標,而不是那種更廣泛的高尚美德生活中偶然附帶的好處。與此同時,越來越多人將貧窮

視為自我成就者失敗後的必然結果,那是道德敗壞的應有懲罰。那些無法在這種眼花撩亂的新經濟體系中成功並實現財富的人,就成了要對自身悲慘命運負責的人。紐約牧師亨利・沃德・比徹(Henry Ward Beecher)在一次很有代表性的布道會上這麼表示:「這片土地上沒有人因貧窮而受苦,除非那不僅是個人的過失——而是種罪過。」[9]

這種將工作與道德連結的觀念最終引發了另一種現象:基於科學原則與宗教原則的兼容並蓄而將財富差距重新想像為一種形而上的現實。這也代表著部分的偽科學,以及模糊的宗教精神,還有許多運動——例如社會達爾文主義的熱潮,以及稱為「新思維」(New Thought)的自助運動的誕生——都企圖解釋那個時代的財富不均為自然法則的必然結果,而這些自然法則在某種程度上是上天註定的。

假如我們在啟蒙時代看見了習俗的除魅,也就是傳統社會秩序不再有形而上或神聖的實體支撐,那麼我們在美國鍍金時代看到的就是某種程度上的習俗復興,儘管形式上略有改變。每個人的人生樣貌都反映著其與上帝、天意、自然,或者其他神秘且潛藏能量來源之間的關係,這種能量是人類生命的主宰,也是人類存在的驅動力。

作為中世紀世界觀的資本主義鏡像,鍍金時代的自我成就(白手起家)的神話中認為,富人即使不是上帝的選民,仍然更值得獲得上天的恩賜,因為他們擁有願意努力工作與保持積極想法的美德。越來越多人認為這種來自上天的力量是一種可開採的資源,而不只是一種個人現象——也就是上帝會挑選某些天才作為指定的「私生子」的那種觀念。自我成就的力量被描繪成一種神秘且看不見的能量在全世界流動著,有進取心的聰明年輕人就可以學會如何掌控並運用這股力量。

換個角度來看，這股力量不論看起來或聽起來，都很像電力本身。

§

說起大眾的想像，至少科學發現與宗教真理之間的界線很容易變得模糊。人們對電力的了解甚少，起碼對那些報章雜誌的一般讀者來說是這樣的——電力是美學與道德上的一種魔力來源。那是一種脈動的力量，無形地流入人類的存在。像湯瑪斯‧愛迪生這樣聰明進取的人，便在這個發現技術的輝煌時代學會了運用這種力量去達成個人目的。納撒尼爾‧霍桑（Nathaniel Hawthorne）於一八五八年的中篇小說《帶有七個尖角閣的房子》（*The House of the Seven Gables*）中寫道：「物質世界藉由電力形成一條巨大的神經：呼吸之間便可脈動數千英里。」[10] 傳記作家亨利‧亞當斯（Henry Adams）也在一九一〇年回憶起年輕時見到電力發動機的那段經歷，他將那段經歷描述為一次惴惴不安的宗教覺醒。他描述自己感受到電力發電機「就像是一股道德的力量，就像早期基督徒對十字架的感受那樣。」亞當斯繼續寫道「這座星球過時的……日常運轉不再讓人印象深刻，反而不及這個不到手臂長的巨大輪子的運轉……在結束之前，人們開始對著發電機祈禱，這種遺傳的本能教會人類在沉默又無盡的力量面前表達崇敬。」[11] 電力發電機成了人類潛能的具象化存在——原創性轉化成脈動的可能性。對於亞當斯而言，那既是一種「神祕的力量！」也是一位「溫柔的朋友」；既是「專橫的主宰！」也是一種「堅韌的力量！」[12]

電力逐漸在全美各地有形或無形地成為支撐人類技術發展的基本能量。舉例來說，伊利諾州埃文斯頓的商人俱樂部在一八九

〇年改以電燈作為照明時,該俱樂部還特意舉辦了一場盛大的「進步慶典」以慶祝人類精神力量駕馭大自然的力量。該活動的高潮就是演奏哀歌悼念舊世界(以逐漸熄滅的煤氣燈作為象徵),隨之而來的是在歡快的遊行中首次點亮三百盞電燈。[13] 同時,紐約百老匯推出《精益求精》(*Excelsior*)來慶祝百老匯劇院首次採用電燈照明,劇中演繹黑暗與光明的對決,表達「知識與無知在文明進步過程中的持續鬥爭。」[14] 另外,在一九〇一年的泛美博覽會(Pan-American Exposition)上,主辦單位打造了一座「彩虹之城」(Rainbow City)慶祝過去一個世紀的技術發展。他們鼓勵與會者走過「勝利之橋」(Bridge of Triumph)和「豐饒之泉」(Fountain of Abundance),最後抵達該博覽會的中心——那是一座巨大的「電塔」,塔尖上矗立著「光之女神」(Goddess of Light)的金色雕像,那是一種將電力轉化成神聖力量的視覺表現。

然而,這樣的人類發展願景卻存在陰暗的一面。類似電力慶典的主辦方都會帶有諷刺意味地展示那些被認為缺乏原創性的民族。非白人、非西方的民族都會被當作道具,象徵著逐漸消失的舊世界秩序。這種慶典都在強調世界上有兩種人,一是成功的自我成就者,這些人實現了戰勝本性並以技術掌控自由的夢想,另一類人則停留在幼稚的依存狀態中。自我修養(self-cultivation),廣義上來說是本性的修養,也成為人類開化與否的重點。

這樣的區分往往帶有鮮明的種族色彩。通往「光之女神」的路上,美國黑人(或可說是非白人民族)正在「彩虹之城」上演著一齣戲謔劇。一行一百五十人的「南方黑人」(Southern Darkies)表演「種植園歌舞」,而「摩爾人城堡」(Moorish Palace)則讓觀眾欣賞穿著裸露服飾的女性隨著所謂的「東方音樂」旋轉起舞。更顯而易見的例子則是一八九三年舉行的芝加哥

世博會，展區「榮譽之庭」（Court of Honor）裡充滿讚頌電力、農業、製造業及其他展現人類力量的建築物，而周圍則是各項諷刺原始野蠻文化的展覽，這些展覽都著重在展示並嘲弄非洲人、阿拉伯人及美國原住民所代表的「原始文化」。《芝加哥論壇報》（Chicago Tribune）驚嘆地表示，「這裡為任何對科學有興趣的人提供了絕佳的機會，與會者可以順著進化的螺旋，一路從發展最進步的人類階段回溯至那充滿獸性的源頭。」[15] 這段文字的用意相當明確——若不學會駕馭電力、掌握技術並成為歷史上的行為者，就將成為過去原始階段的遺跡，最終被遺忘。

與此同時，毫無科學根據的自救類型書籍也開始採用科學性的語言——包括電力及相關術語，像是以「磁性」來推銷那些聲稱能夠治療疾病的產品和方法。例如，格爾肖姆・赫夫（Gershom Huff）在一八五三年出版的《電生理學》（Electro-Physiology）中堅稱，多數疾病皆源自大部分美國人已經喪失了原始的強健體魄，並成了歐洲頹廢風氣的「低下模仿者。」[16] 赫夫堅信治療方法就是妥當地平衡體內的「電流體」——那是人體內一種「賦予生命力」的神祕控制能量。[17] 同樣，約翰・博維・多茲（John Bovee Dods）在一八五〇年出版的《電氣心理學哲學》（The Philosophy of Electrical Psychology）中表示電力是一種結合身心靈的力量。多茲提出了「電氣心理狀態」（electro-psychological state），表示人在這種狀態下會被懂得駕馭這股力量的人催眠。[18]

這並非代表著多數鍍金時代的美國人真的以為電力是一種神聖的力量或魔法。然而，電力就與其他技術與科學發展一樣成為一種更廣泛的語彙，用來描述一種將文明進步與個人自力更生（尤其是關於財富與貧窮的問題）以及神聖正義的模糊概念聯結在一起的世界觀。這個世界以某種方式運作著，為的是確保特定

的那些人,那些應該得到回饋的人,一定可以位在社會的頂端。鍍金時代的美國世界觀是相當一致的——工作最努力的那些人就一定會獲得成功。

這不僅是一種道德觀點而已,也是一種科學觀點。更確切地說,這是一種混合科學(有時也存在著偽科學)與靈性的觀點,運用一些模糊卻聽起來極具權威的語言,像是關於能量、磁性與生命的說法來表示人類生活(甚至更廣泛的自然世界)是受到神秘外部力量所支配的,而人的心智不僅能夠理解這些力量,也能夠駕馭這些力量。由於從自身內部尋找並在外部世界獲得成功,兩者之間就會變得更加密不可分。

這種新型的混合世界觀的成功,也會因為美國離傳統基督教世界觀及上帝越來越遠(以及兩者之間如何相互作用)而更加強化。儘管大多數美國人依然樂意介紹自己是基督徒,甚至仍然會去教堂參加禮拜,但是他們的世界觀在最新科學發展中所受到的影響已經超過教會布道所聽到的內容。此外,布道會的訊息也在改變。在整個十九世紀中,許多基督教教會(特別是新教教會)都在積極尋求與眼前現代科學發明之間的一種和解方式。在歐洲,像是大衛・施特勞斯(David Strauss)與亞伯特・史懷哲(Albert Schweitzer)這樣的神學家都在試圖揭開「歷史上的耶穌」面貌,也就是那個被迷信神話層層包裹下的普通凡人。在美國,類似一神論這樣的宗教運動則積極地想要保留住基督教的道德核心,並同時摒棄最令人不安的超自然主張。像在前一章「自我修養」演講中提到過的威廉・埃勒里・錢寧(William Ellery Channing)與亨利・沃德・比徹,像他們這樣的牧師則會利用自己的講道時間來呼籲傳統基督教結合人類精神相關的新進步思想。

§

亨利・亞當斯在自己的回憶錄中回顧鍍金時代最令他困惑的事情便是「宗教的消失。」[19]十九世紀後期，亞當斯回憶著，「宗教本能已消失無蹤，且無法復甦⋯⋯最有智慧的神職人員在最符合道德的條件下領導著最有智慧的社會⋯⋯如此徹底地解決世界上所有的問題，以至於在面對過去或未來時不再感到焦慮，這似乎是⋯⋯最不可思議的社會現象。」[20]

然而，正如亞當斯本人回憶的那樣，這並不意味著鍍金時代的美國人對宗教生活的問題不感興趣——這一切的意義何在？這一切的用意何在？那未知的存在究竟是什麼？那流動於人類社會與自然界的力量又是什麼？新的科學發明經常被精神化的語言重塑後，成為思考及談論支配人類生活的模糊力量的背後機制。

這些新發現之中最著名的就是查爾斯・達爾文（Charles Darwin）發表的動物進化理論。達爾文於一八五九年在英國出版了《物種起源》（On the Origin of Species），這本書對於某些物種如何進化為其他物種所提出的見解不僅在科學界引起革命，也違背了達爾文本人的意願，預示著人類經驗本身理解方式的一場革命——人類是不斷朝著進步與完美發展的征服者，不適合的下層階級注定望塵莫及。「適者生存」——這句話其實並沒有出現在《物種起源》的初版中（儘管達爾文終究採用了這個說詞）——成為了世人理解人類生活全貌的濾鏡。

創造出這句話的英國哲學家兼生物學家赫伯特・斯賓賽（Herbert Spencer）認為適者生存不只是動物進化的科學事實，更重要的是，適者生存就是人類社會中的不變法則。斯賓賽奠基了社會達爾文主義等一系列的理論，這套理論對達爾文進化論的理解相當簡單，基本上就是認為人類的生活就是在競爭有限的資

源。那些有能力累積財富並在過程中擊敗其他競爭者的人就可以將基因傳承給更加成功的後代子孫,而這終將是廣泛歷史進程的一部分,最終人類將進化成最理想的自我。斯賓賽堅稱,「最完美與最完整幸福的建立才是進化的唯一終點。」[21]

然而,斯賓賽心中設想的那種「幸福」並不是每個人都有辦法達成的。斯賓賽鄙視那些他認為的不適者——這些人被自然遺棄,或者因為太病弱、太愚蠢或太懶惰,以至於無法達成他認定的強者所應得的成就。最終,斯賓賽預測這些弱者將會消滅——無論是因為疾病、營養不良或是犯罪,這些他都不在乎——這樣一來就能為基因優越的繼承者讓出一條路。斯賓賽寫道,「自然界的運行與付出」就是為了「擺脫」這些弱者,「清除這些人,為更好的人騰出位置。」[22] 維多利亞時代的一些社會革新主義者意識到十九世紀倫敦的貧富差距,於是主張進行社會改革來改善弱勢者的悲慘生活條件。不過斯賓賽卻反對這些呼籲,他認為這不僅沒有必要,而且還是種邪惡的企圖,因為這將阻礙自然法則的洪流。斯賓賽認為讓這些窮人或病人存活下去是將人類的環境維持在一種人為的弱勢狀態。相反地,「如果他們有能力存活下來……那麼他們活下來就是件好事。如果他們沒有能力存活下去,那麼也死不足惜。」[23]

斯賓賽的世界觀既科學(或至少是偽科學),也是靈性的。他對宗教的理解——他以「不可知者」(the Unknowable)這樣模糊的詞語來形容——當然不正統,不過卻為他極力捍衛的自然秩序賦予了一種道德的含意。假如自然法則認定「適者生存」就是基本的人類(存在)條件,那麼人為干涉便是一種道德上的錯誤。凡是世上存在的任何道德或正義都必須建立在自然安排或是「不可知者」都能立足的基礎之上。斯賓賽認為這樣的安排終會將人類的潛能發揮到極致。自然與文明之間並不是對立的關係,

就像啟蒙時代洛克或盧梭的敘事中所見的那樣。自然與文明反倒是一體的，人類的社會生活就是自然法則的延伸。

我們在這裡看見了中世紀社會階層中習俗所扮演角色的重新想像。啟蒙時代的作家們全盤否定習俗，而且也否定了社會地位有任何自然或固定的因素。不過社會達爾文主義者，或者更廣泛的說是那些「鍍金時代」資本主義的倡導著們，卻在重新建立自然法則（這一概念在多瑪斯・阿奎那提出的神學「自然法則」與科學描述主義之間占有著不太和諧的中間地帶）與人類社會成果之間的關係。人類生活中似乎存在著某種力量，目的是要確保努力勤奮的人可以取得經濟上的成就，而好吃懶作的人只能維持貧困的生活。進一步來說，這種力量具有道德與末世論的目的：這種對人類生活的發展願景中，每個個體都是一條更長鏈條中的一環。斯賓賽將文明比作「胚胎發展或花朵綻放」。換句話說，文明是有目的的存在。

當時斯賓賽的理論在英國相當受到歡迎。從一八六〇年代到二十世紀初，他的著作銷量近四十萬冊。[24]一位當代的作家表示，「一八七〇年至一八九〇年間，應該沒有其他哲學家像斯賓賽那樣如此受歡迎了。」[25]斯賓賽所引起的公眾反應也讓達爾文本人感到意外，甚至有些震驚。達爾文帶有諷刺地表示自己曾在曼徹斯特的當地報紙上看到一篇文章，內容聲稱「我證明了『權威即公理』，因此拿破崙是對的，每個欺詐的商人也是對的。」[26]

美國作家們也很快地跟進並鼓吹社會達爾文主義，視其為解釋鍍金時代社會不平等的一種簡便方式。其中最具影響力的倡導者之一便是耶魯大學出身的政治學家威廉・格雷厄姆・薩姆納（William Graham Sumner）。他在一八八一年發表的〈社會學〉（Sociology）一文中利用社會達爾文主義的觀點來支持不受限制且狗咬狗的資本主義。經濟競爭——與非人類的生物為食

物、水源或地盤而競爭的情況無異——也是最適者生存的淘汰方式。薩姆納進一步表示，唯一的道德法則便是駕馭本性的法則，人類在進化過程中追求自身利益，直到自然（淘汰）的成果。他否定自然對人類提出任何道德要求的觀點並認為人類只需要勤奮地工作即可。相反地，薩姆納堅信——其所使用的語言與三百多年前馬基維利充滿性暗示的描述呼應——「自然是完全中立的。自然會屈服於最有力且最堅決地攻擊她的人。自然可以駕馭也可鍛造。因此，自然的獎勵必將賜給最適者，完全無須顧及其他考量。」[27]

那些獎勵是什麼？冰冷的現金。對薩姆納而言，金錢是宇宙的神聖能量轉化而成的明確量化資本。他也在其他地方強調，「百萬富翁是物競天擇的產物。」相反地，任何對窮人的援助都是不自然的「不適者生存。」[28]

薩姆納認為，追求個人財富不僅合乎道德，也是必要的。累積財富是一個人與自然法則保持一致的方式之一。薩姆納反思著，「偶爾讓孩子們聆聽講道，告訴他們致富並非邪惡之事，比鄰人更富有也不是邪惡之事，這樣的教誨其實也不為過。」[29]

薩姆納並不是唯一一個結合宗教教義與追求財富這種新興狂熱的人。神職人員亨利・沃德・比徹是斯賓賽的忠實信徒，他在周日禮拜講壇上宣揚社會達爾文主義並堅信，從本質上來說，上帝就是希望人類可以變得富有。比徹並不特別在意上帝或聖經的具體教義內容。他和許多宣教者一樣，將自己視為一個自由又現代的推動力並對布魯克林普利茅斯公理會的會眾說：「現在的束縛已經沒有過去那麼緊了。」[30]比徹信奉的基督教並不是過去那一成不變、守舊且保守的過時基督教，他也像啟蒙時代的先驅者們一樣，嘲弄那樣的宗教信仰是一種「迷信」。他認為「智識的宗教」可與新興的進化論融合並伴隨著這樣的新視野去實現人類

的至善至美——歷史是「有機物質及動物」進展到「道德、智識與公民」，最終「與上帝本身交融合一」的緩慢進程。[31] 一切的創造都是在邁向這最終的成就。無論是動物世界的達爾文主義或社會的達爾文主義，這個理論無疑是種「仁慈的智慧……從原始走向成熟，從崎嶇走向平順，從壞變好，從好變得更好，再走向最好。」[32] 只要不過分擔心那些在人類的進步過程中被拋之在後的人，那麼人類就是在不斷地進步。

比徹也提及關於辛勤工作與個人繁榮這種新「科學—靈性」語言中的一個常見因素。這世上的神聖能量——智識的電流，也就是自然的強大法則——並非藉由向天上祈求，而是向內在探索自我才能獲得。上帝或神聖知識並不在聖經之中，也不是通過聆聽牧師的教誨或遵循任何一套外在規定就可以獲得，畢竟這些都是相當容易被捨棄的習俗形式。相反地，神聖的真理卻可以通過檢視自我而得。比徹提及早期理論家如拉爾夫・沃爾多・愛默生的觀點並堅信「我們不能只透過宣言來認識上帝」，簡單地重複來自外界的知識是行不通的。「神聖意向的基本特質必須先在我們的內心發展，接著我們就會逐漸認識神聖本質的應用。」[33]

在自我成就的過程中，無論怎麼高估這種內在轉變的重要性都不為過。不僅是最真實自我的一部分，甚至是最神聖的部分都可以通過內省而獲得，而不是依賴外界的習俗或支配。藉由遵循一個人內心最深處的本能便可以駕馭適者生存的自然法則，特別是那些關於個人滿足與自我充實的本能。追求財富在資本主義體系中是一種神聖的行為，是一種自我表達的方式，那些希望成為最適者生存的人能藉此完全地展現他們的人性。換句話說，生而為人的目的就是努力競爭。因此，我們的競爭本能就是我們體內神聖能量的印證。

自我成就在民主制度下的道德要素，誠如道格拉斯與錢寧所

提倡的公民美德，在此成為完美的典範——無論付出什麼代價，每個人都有充實自己的道德責任。

§

對他們來說，百萬富翁們也相當樂意於將這種新的繁榮信仰視為一種福音。許多鍍金時代的強盜大亨都大加讚賞這樣的現代啟示。曾經是美國首富的約翰・D・洛克菲勒（John D. Rockefeller）也是固定參加教會聚會的信徒，而且還是伊利街浸信會傳道會（Erie Street Baptist Mission Church）的主日學教師，他經常以宗教的觀點為自己的財富辯護。洛克菲勒在一次主日學講堂中簡要地告訴那些年輕且容易受影響的年輕人們，「大型企業的成長不過就是適者生存的表現」，因此完全適合在教會中討論，他還表示基督徒必須摒棄心中對貧窮者的敏感態度。畢竟，他堅信「美國紅玫瑰（American Beauty）是藉由犧牲早期成長在周圍的花苞才能為觀賞者帶來喜悅的光輝與香氣。」他急忙地補充表示，「這不是一種邪惡的觀點，」而是「自然與上帝法則的運作成果。」[34]

無獨有偶，另一位鍍金時代最成功的自我成就者安德魯・卡內基（Andrew Carnegie）也將自己的驚人財富視為遵循自然法則的應得回報。卡內基在自傳中描述第一次閱讀赫伯特・斯賓賽關於社會達爾文主義的書籍時，書中的語言幾乎就像是宗教皈依一樣。「光芒如洪水般湧入，」卡內基回憶著「一切都因此變得清晰了。我不僅擺脫了神學及超自然的束縛，還發現了進化的真理。」這個真理就是像卡內基這樣的人就是注定要變得富有。「人類並不是為了自我墮落而被創造出來的，」卡內基激昂地表示「而人類邁向完美的道路是沒有盡頭的。人類始終面對著那道

光芒。」[35]

然而，不只是這些幸運的百萬富翁認為自己的成功是因為遵循那隱晦的自然法則而獲取的回報。打從一八六〇年代開始，自助書籍與講座的產業開始蓬勃發展，聲稱可以協助渴望成功的普羅大眾與其內在的神聖力量形成連結，從而獲致健康，以及更重要的是，實現財富。在受到超驗主義者如拉爾夫・沃爾多・愛默生的影響下，一種被稱為「新思維」的意識形態（有時也被稱為「心靈療法」）率先在一八六〇年代的新英格蘭方興未艾，當時一位名叫費內斯・昆比（Phineas Quimby）的鐘錶匠決心嘗試信仰治療（faith healing）。

美國東岸到了一九六〇年代時已經出現許多潛在的治療者。他們都急切地想要駕馭不同類型的靈性―科學能量――回想一下前面說的「電生理學」――目的就是要達成實際的成效。昆比一開始是十八世紀德國醫生法蘭茲・梅斯梅爾（Franz Mesmer）的信徒，而梅斯梅爾的催眠術的基礎就是認為所有人類都擁有一種「動物般的磁性」，這是一種能夠被傳送與操控的磁性。不過最讓昆比感到挫折的問題是：不是所有患者的病情都能藉此得到改善。事實上，有些患者在接受治療之後依然沒有任何進展。他從中得出什麼結論呢？有些患者單純根本不想要病情得到改善。

昆比很快便迷上了積極思考可以帶來實際效果的想法。他的技巧，即「新思維」，也就是強調通過挖掘「內在的基督」來釋放內在的神聖力量，進而讓患者利用這股力量來治癒自己。換句話說，人類不用成神，他們已經是神了，而他們只是需要認識到這一點。這種邏輯與現今許多靈性自助書籍中提到的「吸引力法則」（law of attraction）或「顯化」（manifestation）的概念如出一轍。這種觀念認為內心的渴望可以幫助我們與宇宙能量形成連結，而只要駕馭這股能量就可以幫助我們實現生活中的目標。

「新思維」在出現後的頭幾十年一直被當成一種健康療法。受到昆比啟發的早期追隨者瑪麗・貝克・艾迪（Mary Baker Eddy）創立了一個融合「新思維」與基督教的混合教派──基督科學教會（Church of Christ, Scientist），並利用「新思維」的方法來治療身體疾病。然而，到了十九世紀後期，「新思維」已與資本主義的思想融合並將心靈治療的方法應用在填滿荷包。

　　打從十九世紀末開始，市面上陸續出現數百本「新思維」的書籍，這些書籍都有著相同的核心主張──人可以通過思想致富。只要藉由正向思考去學會內省並駕馭內在的神聖潛能，人人都可以是準卡內基與準洛克菲勒，不僅能夠招財納富，也可以證明自己是最適生存者。人類要對自己的財運負責，而他們只需要發掘內在的能量。

　　部分得益於十九世紀末出版業的發展，這些書籍──如約翰・菲斯克（John Fiske）於一八七四年出版的《宇宙哲學大綱》（*Outlines of Cosmic Philosophy*）與一八八四年的《人類的命運》（*The Destiny of Man*），亨利・德拉蒙德（Henry Drummond）於一八八三年出版的《靈性世界中的自然法則》（*Natural Law in the Spiritual World*）及一八九四年的《文明的躍昇》（*The Ascent of Man*），萊曼・阿博特（Lyman Abbott）於一八九七年出版的《進化論者的神學》（*The Theology of an Evolutionist*）以及威廉・沃克・阿特金森（William Walker Atkinson）於一九〇〇年出版的《商業與日常生活中的思考力量》（*Thought-Force in Business and Everyday Life*）；以上僅是少數例子，族繁不及備載，不過這些書籍都推崇一個相同的敘事──社會達爾文主義是可以被破解的（用現代術語來說），只需要專注便可達成。

　　詹姆斯・艾倫（James Allen）於一九〇三年出版的《意念的力量》（*As a Man Thinketh*）中堅定地表示，「唯有自己選擇的

思維方式才能限制一個人的思想，」並進而向讀者保證「生活中的外在條件總是與每個人的內在狀態和諧共處。」[36] 疾病與貧窮都不是因為剝削勞工、也不是因為盜竊工資（無薪加班），而且也與二十世紀初美國貧民窟的惡劣環境或其他任何形式的社會不平等無關，僅僅只是因為不想要改善現狀而已。正如社會達爾文主義者相信弱肉強食一樣，「新思維」的支持者也堅信那些在經濟不平等中受苦的人是咎由自取。新思維作家查爾斯・菲爾莫爾（Charles Fillmore）解釋，「我們之所以感到匱乏是因為我們沒有好好利用心靈去與超心靈之間建立正確的聯繫。」[37] 正如薩姆納和斯賓賽一樣，這些作家也否定社會改革者的付出，譴責這些人在鼓勵怠惰並阻礙自立。舉例來說，《世界萬事皆好》（*All's Right with the World*）的作者查爾斯・本傑明・紐康（Charles Benjamin Newcomb）就譴責「錯誤仁慈下的專制」以及「關於他人福祉的愚蠢憂慮。」[38] 畢竟，他寫道，「人生在世沒有人會成為他人的『受害者』，除非上帝不再掌管一切。」[39]

總而言之，這些書籍融合了科學與靈性的語言並建立內在自我與外在世界的聯繫，這就是那神秘的「個人磁性」所帶來的結果，正如威廉・沃克・艾金森（William Walker Atkinson）所言，這是一種「從人類身上散發出來的吸引力。」[40] 對艾金森以及廣大的新思維大師們而言，這種磁性介於真正的電流與描述性的個人魅力之間，是「從人類思想投射出的微妙思維波動。」艾金森告訴讀者，這些思想者所投射出的思維猶如「微妙的電流，宛如一道光芒傳遞著，」並且無可避免地「帶著強大力量去執行任務，常常壓制其他人內心對外部印象的本能抗拒。」[41]

我們從字裡行間就可以看出新思維「魔術」的奧秘。新思維的力量在於其應許那些希望成為自我成就者的人可以創造出一個能夠帶來影響力並型塑他人思維的有效人格。這種自我成就的民

主敘事與以博·布魯梅爾為先驅的貴族模式一樣，都有著巧妙的必然結果：人可以藉由說服他人來成就自己。畢竟，湯瑪斯·愛迪生可以樹立「門洛公園的巫師」的名號靠的可不是發明電燈泡而已，還包含了說服媒體他已提前完成了這項發明，不是嗎？愛迪生與記者之間的關係，就像他與實驗室的工作一樣，讓他在大眾的想像中擊敗了競爭對手。

然而，鍍金時代的自我成就者中卻鮮少有像費尼爾司·泰勒·巴納姆（Phineas Taylor Barnum）那樣能言善道的人。巴納姆是位招搖的表演者，除了經常詐騙之外，也曾經涉足政治，而如今最為人所知的是他共同創立的巴納姆貝理馬戲團（Barnum & Bailey Circus）。巴納姆是康乃狄克州一家旅館老闆的兒子，最初在報紙出版業開始他的職業生涯，在這個行業裡他也很快學會了對於個人的成功來說，人們對你的看法幾乎和你實際上的所作所為一樣重要。不過巴納姆一直要到一八三五年，也就是二十五歲改行之後才開始成名。他將自己重新塑造為一位表演者並在博覽會與集市上展示稀奇古怪的「怪胎」與科學奇觀。技術與社會發展以及驚悚的原始「野蠻」經常在這樣的場合並排展示。他推出的第一個展品是什麼呢？年老的女性黑奴喬斯·赫思（Joyce Heth）──至於當時巴納姆是否合法「租借」或「購買」這個奴隸，至今仍有爭議。巴納姆堅稱當時已經一百六十一歲的赫思曾是喬治·華盛頓的保姆，也是世界上最長壽的女性。巴納姆讓觀眾瞠目結舌地望著赫思並宣稱她是當時的醫學奇蹟。除此之外，他還自己在報紙上刊登公告，聲稱這個演出是一場騙局，因為赫思「並不是人類」，而是一個「構造新奇的機械，是由鯨魚骨、印度橡膠以及無數彈簧組成的。」[42]這個計畫成功了。赫思在社會上造成轟動，至少到她健康惡化並去世之前是如此。巴納姆並未因此受到打擊，甚至還邀請大眾付費觀看她的公開解

剖，以確定她的年齡，屆時他才會不經意地「發現」她一直以來都在騙人。

巴納姆的職業生涯基本上就是以相同的詐騙模式持續進行著。他先「發掘」到不可思議的存在（他的下一個計劃就是「拇指將軍湯姆（General Tom Thumb），實際上是一個患有侏儒症的孩子），接著巡迴世界並從中獲取絕大的利益。他深暗如何操弄媒體對轟動效應的渴望。一八五一年，一場著名的巴納姆騙局，他分別向三家報紙承諾提供下一個展出的獨家照片。巴納姆聲稱那是一隻美麗且充滿原始誘惑的「斐濟美人魚」（Feejee Mermaids），但事實上似乎將半隻猴子與半條魚縫在一起。這三家報紙都興沖沖地在同一個星期天早上刊登了各自的「獨家」報導。

後來巴納姆也走上極其富有且知名的道路。根據野史記載，當巴納姆在一八八〇年代與剛從歐洲旅行回美國的前總統尤利西斯·格蘭特（Ulysses S. Grant）會晤時，格蘭特表示巴納姆顯然比他更有名。格蘭特感嘆地表示，「不管我走到哪裡，人們總是問我，認不認識巴納姆？」[43] 儘管後來他對曾擁有過奴隸這件事表達遺憾，但巴納姆卻為自己操縱媒體與公眾謀財的舉動辯護——那不過就是無傷大雅的「詭計」。畢竟，稍微捏造一下真相又有什麼關係呢？他不過是在操縱公眾的看法以表明願意發掘自己的內在潛能並改變周遭現實的目的。

巴納姆在一八八〇年出版的自助書籍《財富之王：大娛樂家巴納姆的人生增值術》（*The Art of Money Getting*）中呼應了當時其他作家對自力更生的信仰。他堅信「真正渴望獲得財富的人，就需要專注在這件事情之上，採取適當的手段，就像他們想要達成其它目標的所做所為一樣。」[44] 有時候這也意味著編造真相，而不只是描述真相。巴納姆在書中某個章節推崇製帽商金寧先生

的故事,而他算是世上最早採用病毒式行銷的人之一。金寧以超出自己能夠負擔的價格在拍賣會上買下觀賞珍妮‧林德(Jenny Lind)演出的第一張票,而珍妮‧林德也正是巴納姆旗下的歌劇女高音。巴納姆表示,當時金寧沒沒無聞,至少在這位神秘的「製帽商金寧」以兩百五十美元的天價買下這張票之前,沒有人知道金寧是誰。很快地,「這位叫金寧的製帽商到底是誰?」就成了所有人都在八卦的話題,然後每個有頭有臉的人都聲稱自己擁有一頂原版的金寧帽子。金寧靠著這「新穎宣傳」獲得的利益遠遠超過了他的購票成本。巴納姆表示在後來的六年間,金寧憑藉著這樣的新名聲賣出了一萬頂帽子。

巴納姆在一八六六年的著作《世界的騙局》(The Humbugs of the World)是一部內容鮮活的指南,旨在針對那些像他一樣想要造成更多影響力而非努力工作的人,巴納姆也在這本書中堅定地表示,詐騙不僅是成功的必要手段,更是人性的一部分。畢竟,「哪個行業沒有詐騙?」[45]製靴商、雜貨商、屠夫、股票經紀人,這些人多少都會欺騙客人(他很可能也會將「新思維」自助類書籍的作者列入這個清單)。[46]此外,巴納姆也說人們樂於被騙,這是一種娛樂型態。

弗雷德里克‧道格拉斯可能認為「工作!工作!!工作!!!」是人類尊嚴的宗旨,也是人們提升自己並達到人性至善至美的方式。不過對於巴納姆及其追隨者來說,自我成就以及隨之而來的財富則其來有自,即來自那種神奇如電流般的能力,最終,才得以說服他人相信自己是最適生存者的一員。

第六章
「意想不到的花花公子」
"The Dandy Of The Unexpected"

一八九二年,倫敦所有人都在談論著綠色康乃馨,或者更準確地說,所有有頭有臉的人物都在圍繞著這個話題。沒有人知道佩戴綠色康乃馨究竟代表著什麼意義,也不清楚綠色康乃馨為什麼一夕之間成為令人讚嘆、耀眼的男性時尚標誌。所有人只知道,某天在倫敦劇院裡,某個重要人物(關於這個人是誰眾說紛紜)佩戴了一朵綠色康乃馨,也可能是藍色的(這點也是眾說紛紜)。聽說綠色康乃馨可能與性向異常有關,也聽說與藝術崇拜有關。然而,似乎所有線索都指向奧斯卡・王爾德(Oscar Wilde)這位行事招搖又喜愛追求名聲的劇作家、小說家兼花花公子。王爾德經常向媒體表示他將自身才華投入創作,卻把他的天才用在了生活上。王爾德的生活就是種藝術(或者至少他讓人們有這樣的感受),而綠色康乃馨事件讓我們得以一窺其生活。

畫家塞西爾・羅伯遜(Cecil Robertson)在回憶錄中也講述了關於這個事件的其中一個版本。根據羅伯遜描述,當時王爾德一心在為他的最新劇作《溫夫人的扇子》(*Lady Windermere's Fan*)進行宣傳炒作。賽西爾・格雷厄姆(Cecil Graham)是劇中優雅機智的花花公子角色,其實與王爾德本人相當類似,而這個角色會在舞台上佩戴一朵康乃馨作為戲服的一部分。生活要像藝術正是王爾德的期望。據說他告訴羅伯遜,「我想讓很多人從明天開始佩戴康乃馨。人們會盯著看⋯⋯並感到疑惑,接著開始環顧劇院四周,然後在這裡或那裡看到越來越多神秘的綠色痕跡。」[1]這是一種新穎又不可言喻的時尚態度。接著,王爾德興

高采烈地表示，人們會開始反問自己那個最重要的問題，「這到底代表著什麼意義？」

顯然羅伯遜終究還是冒昧地詢問了王爾德，綠色康乃馨到底代表著什麼意義？

王爾德怎麼回答的呢？「什麼意義也沒有，不過沒有人會猜到這個答案。」[2]

羅伯遜描述的故事到底有多少成分是真實的至今沒有答案。假如《溫夫人的扇子》在當年二月二十日首演時真的有一大群人（包括扮演賽西爾・格雷厄姆的演員）佩戴著綠色康乃馨好了，但媒體並沒有針對這個事件作出任何報導。儘管如此，當晚作家亨利・詹姆斯（Henry James）也在觀眾席中，他稱王爾德為「那個無法言喻的人。」詹姆斯描述當晚王爾德謝幕上台時佩戴著一朵「金屬藍」的康乃馨。[3]

不消幾天，康乃馨便無所不在了。兩周過後，某家報紙報導法國詩人西奧多・龐維勒（Théodore de Banville）創作的戲劇首映並表示現場出現了奇怪的景象──王爾德出現在觀眾席中，身邊圍繞著一群「年輕紳士，身上佩戴著染色鮮豔的康乃馨。」顯然康乃馨已經取代百合花與向日葵，這兩種花卉此前曾與王爾德以及時尚、浮誇且性別模糊的年輕男子有關。[4] 大約過了一周之後，某本倫敦雜誌刊登了一篇關於這朵神秘康乃馨的文章。文中是年輕女子伊莎貝爾（Isabel）與比她更年輕的花花公子比利（Billy）之間的對話，文中暗示比利是同性戀，而關於這朵康乃馨則是一位年長男子送給比利的「愛的信物」（gage d'amour），原文刻意沒有翻譯法文。比利故意裝作無關緊要地向好奇的伊莎貝爾炫耀那朵花，「哦，妳沒看過嗎？……這是最新出現的玩意兒。就是他們拿砒霜來澆花，這樣就會變成綠色。」[5] 綠色康乃馨引起令人無法抗拒的刺激，那是普通社交圈中的女人無法理解

的，只有像布魯梅爾那樣散發傲慢氣息的花花公子們才能與之共鳴。這種花帶著讓人無法自拔的危險氣息，甚至有些邪惡，畢竟這種康乃馨是以毒物染色的。而在某種意義上，也確實有些「怪異」（queer）。

　　綠色康乃馨作為一種神秘象徵的吸引力持續不減。《溫夫人的扇子》首演過後兩年，一位匿名作者——後來證實為倫敦音樂評論家羅伯特・希琴斯（Robert Hichens）——出版小說《綠色康乃馨》（The Green Carnation），內容顯然是以奧斯卡・王爾德與小他很多歲的阿爾弗雷德・「波西」・道格拉斯勳爵（Lord Alfred "Bosie" Douglas）之間的同性戀關係為故事背景。這段關係最終讓王爾德身敗名裂。波西有權有勢的父親在一八九五年指控王爾德犯了「重大猥褻罪」，王爾德被逮捕後在雷丁監獄（Reading Gaol）中度過了兩年的監禁生活。王爾德出獄之後一貧如洗，心理狀態也深受打擊，幾年之後就在巴黎的流亡生活中過世。儘管《綠色康乃馨》確實不是王爾德撰寫的虛構作品，不過卻在他的審判中被當作傷風敗德與性行為墮落的證據，而媒體也將王爾德經常佩戴的「人工染成綠色的康乃馨」視做是他的認罪證據。據說當時巴黎人普遍認為綠色康乃馨是「同性戀者才會佩戴」的一種花。[6]

　　奧斯卡・王爾德在《綠色康乃馨》小說中被重新塑造成劇作家埃斯米・阿瑪林斯（Esmé Amarinth），他是「綠色康乃馨崇拜」[7]的「大祭司」。阿瑪林斯與追隨者們都是花花公子。他們的信仰是對藝術及人為事物的熱情崇拜，相信這些事物更勝於無意義、空虛且殘酷的自然世界。就像拉摩的姪兒一樣，他們對原創性感到著迷，相信通過謹慎選擇的踰矩行為就可以超脫乏味的自然世界並達到更高、更神聖的存在形式。

　　阿瑪林斯的一名追隨者雷吉（Reggie）將一朵綠色康乃馨插

進釦眼中並若有所思地表示,「純真無瑕生活中的白色花朵,對他來說欠缺藝術性,也毫無吸引力可言。」雷吉「以其不純潔且微妙青春的熱情崇拜著異常的事物。」[8]同時,阿瑪林斯也預料到這種人為染綠的康乃馨將很快會被自然界模仿。王爾德看似隨意地推廣綠色康乃馨的結果,這種花沒過幾年就變成同性戀的一種時尚標記,而且似乎沒有人能記得當初的緣由。相同地,至少阿瑪林斯認為現實將會為了適應這種幻象而改變。「自然界會很快地開始效仿,」阿瑪林斯總是這麼說,「就像大自然模仿一切那樣,自然本身毫無創新能力可言。」[9]

《綠色康乃馨》並不是一部很好的小說。奧斯卡・王爾德一度遭到指控是這本書背後的匿名作者,不過他卻憤怒地宣稱自己絕對沒有寫出這樣「中產又平庸的作品。」[10]那朵「神奇的花」(砒霜染成綠色的康乃馨)是他發明的,但那本「盜用其美名的」垃圾,王爾德表示「與我無關」。他最後表示,「這朵花是藝術品,但那本書不是。」[11]

儘管如此,《綠色康乃馨》雖是一部蘊含諷刺性的誇大作品,卻展現出許多關於這群標新立異的新興年輕族群的面貌,這群花花公子不僅在倫敦,也在十九世紀的巴黎、哥本哈根及其他歐洲首都湧現。這些人繼承著博・布魯梅爾的衣缽,也更加地張揚。凡是矮胖紳士如「約翰牛」(John Bull)這樣的平凡人在街上見到這些花花公子一定都會回頭注視,因為這些現代花花公子們不僅將生活過成藝術,也如希欽斯(Hichens)的小說透露的那樣,他們在對美與自我塑造的狂熱中找到了新的信仰,即藉由對非自然與人為崇拜來逃避「大自然」中無意義的空洞,以及同樣毫無意義的現代生活深淵。

這些花花公子們相信(或者至少表現出他們相信)一個人最崇高的使命就是精心栽培自己,當然包括服裝與髮型,也包括儀

態與性格。然而這種信念背後卻是苦澀的虛無主義，就像有毒的砒霜一樣。除非一個人認定有意義，否則不管什麼都沒有意義。綠色康乃馨可以象徵同性戀的慾望或是富有美感的紈褲主義（dandyism），也可以「毫無任何意義」，一切取決於個人心情以及每天早晨想要傳遞給這個世界的信念。

　　自我創造是一種機會，甚至是一種渴望，抑或是神聖的特質，因為這世界沒有自我創造就沒有任何意義。這個世界只是一個原始又沒有特殊形體的素材，凡是聰明又有進取心的人就可以按照自己的意思去形塑。真理並非客觀的，不是存在於以太（ether）中的某種東西。相反地，真理是人類藉由形塑他人印象與反應而自行決定的存在。希欽斯在小說中描述「朋友都認為雷吉非常聰明，但他覺得自己還更聰明。他知道自己很了不起，也經常在社交場合這麼表示，而其社交圈中的那些人則微笑並低聲表示那是一種姿態。當今一切都是種姿態，尤其是天才的姿態。」[12]

　　維維安・格雷「對這世界的輕蔑」已經成為每個花花公子都必須擁有的特質。

§

　　正如我們在前兩章中所見，大西洋彼岸於十八及十九世紀的民主自我創造模式已經升級成為一種直覺主義的信仰，其堅信勤奮及有上進心的人可以利用潛藏於內在世界的電磁能量獲取健康、財富與肯定。工作的真諦也從對公民美德的呼籲轉變成一種追求財富與個人成就的道德責任。

　　然而，另一種與之互補的自我創造敘事也於同一時期在歐洲各大城市蔓延著。這種敘事特別受到藝術家及作家（如奧斯卡・

王爾德）的青睞，他們認為藝術創作才是人類卓越的關鍵，而非庸俗地追求財富，並將自我的藝術創作視為所有人至高無上的使命。這些作家大多集中在巴黎及周邊城市，少數如王爾德這樣的人則活躍於倫敦。他們謹慎地培養自己的公眾形象，既出於謀利，也出於精神上的原因。其中許多作家都過著兩種面貌的生活。他們本身既是花花公子，卻同時也在小說（經常是自傳性質的）中描述花花公子的生活，如同班傑明・迪斯雷利（Benjamin Disraeli）在《維維安・格雷》中的描述。舉例來說，歐諾黑・德・巴爾札克創造了受人歡迎的尤金・德・拉斯蒂涅（Eugène de Rastignac）、吉恩・洛蘭（Jean Lorrain）的福卡斯先生（Monsieur de Phocas）與布格隆先生（Monsieur de Bougrelon），以及奧斯卡・王爾德的道林・格雷（Dorian Gray）。[13]

　　花花公子們實踐自我創造的貴族模式依舊在強調天才或風雅時髦的特質，也就是說，那是隸屬於少數天選之人的特殊性質，也是區隔自我創造者與他人的基礎界線。不過如希欽斯所說，這種風雅時髦是一種「姿態」（pose）。如果博・布魯梅爾擁有某種難以描述的特質——也就是讓他不費吹灰之力就能顯得優雅的難以言喻（je ne sais quoi）的特質，那麼十九世紀末（fin de siècle）的花花公子們則已經填補了這種定義的空白，而那就是一種成功的詭計。

　　有別於美國實業家們，歐洲的花花公子們絕對不可能是代表民主平等的角色。這些花花公子屬於高不可攀的菁英階級，任何形式的勞動想法都會引起他們附庸風雅的厭惡。然而，如同他們在大西洋彼岸的類似人物一樣，他們也了解自己所處的貴族階層並不完全是與生俱來的條件，更別說（極其可怕）是自然產生的了。

　　花花公子的優越性反而來自於對意志力的謹慎發揮，以及

第六章　「意想不到的花花公子」　——　135

切斷那些有可能將自己拖進習俗泥沼之中的危險依附與社會義務的自我。布魯梅爾的傳記作家巴爾貝・多爾維利（Jules Barbey d'Aurevilly）曾於一八四五年的紈褲主義宣言中表示，花花公子展現著「不帶輕蔑的極度冷漠。」花花公子是「內心擁有著超脫可見世界之物」的人。[14]

當然，我們並不是在說美國沒有花花公子，也不是在說歐洲沒有企業家，絕對不是這樣。歐洲在十八世紀與十九世紀也像美國一樣出現了前所未有的有力中產階級，那是一群在經濟上取得自我成就的男人。與此同時，某種維多利亞時代的社會浪潮，像是英國對「健碩基督教」（Muscular Christianity）的著迷——一種對男性體適能如信仰一般的集體狂熱——也呼應美國對辛勤工作與自我控制的執著。與此同時，美國也出現了本地的花花公子，像是素有「花花公子之王」（the king of the dudes）之稱（dude 過去一度是紈褲主義的同義詞）的紐約社交名流伊凡德・貝里・沃爾（Evander Berry Wall），據說他是第一個穿著無尾晚禮外套而非燕尾服出席正式舞會的男人，此舉開創了為人所知的「黑領結」（black tie）時尚現象（值得一提的是，沃爾最終搬到了巴黎）。

然而，說到文化的神話，像卡內基那樣的商業巨擘形象在歐洲卻從未像在美國那樣受人推崇，而花花公子的形象在美國這樣一個缺乏舊時代貴族記憶的國家中也不像以往那樣承載著豐富的意涵。其實有一個相反的例子可以說明這樣的規則，那就是一八一九年在美國登台的戲劇《假象》（False Appearances）。這部喜劇講述兩個出身卑微的學徒決定離開雇主並假扮成紳士生活，結果卻發現比起舊有的辛苦勞動，維持花花公子的外表（他們必須輪流穿同一套西裝）所要付出的努力還更多更艱難，而且報酬更少。

§

　　重要的是實業家和花花公子都認為彼此是完全相反的兩種人。實業家認為花花公子懶惰成性又欠缺男子氣概，而花花公子則不僅鄙視企業家精神，還厭惡民主世界所帶來的變動與虛假承諾，因為在他們看來，這個民主世界似乎打破了人與人之間必要的階級區隔。舉例來說，法國詩人阿納托爾・巴儒（Anatole Baju）是法國文學運動「頹廢派」（Decadent）的創始人之一，該運動中可以見到許多花花公子的身影。巴儒在宣言中寫道，頹廢派將自己定位為與「你們的社會達爾文主義、你們的法律、你們的道德以及你們的虛假美學」對立的群體。[15]

　　與此同時，美國的社會達爾文主義者卻開始抨擊奧斯卡・王爾德。《哈潑周刊》在一八八二年刊登的一則諷刺漫畫將王爾德式的花花公子描繪成達爾文主義下的一隻猴子，象徵著社會與科學的退化，暗示王爾德會讓「年輕男人變成講話拖長尾音的傻子，年輕女子則變成弱不經風的白癡。」[16]

　　貴族階級中的自我成就者在對抗社會達爾文主義者的過程中認為他們正面對著更加狡詐的敵人，也就是現代的民主世界。他們描述社會流動性確實造就了某些經濟層面的自我成就（其中往往也包括這些花花公子本身），卻也讓世界變得越來越糟糕，進而創造出一個讓人不知所措的泥沼，讓人無所適從。我們在第三章已經討論過這種觀點，也就是巴爾扎克在《優雅生活論》中將優雅視作是後革命世界中建立社會階層的一種手段。同樣的，法國詩人夏爾・波特萊爾（Charles Baudelaire）在一八六三年關於紈褲主義的宣言中也將花花公子描述為「新興的貴族階級⋯⋯既不是奠基在工作，也不是金錢上的天賦，」而他擔心自己會在有生之年看到這個貴族階級「在民主浪潮之中淹沒。」[17]

這些花花公子們本身也未必是貴族出身，至少在血統與家世背景上不是。事實上，大多數的花花公子都來自我們現在所稱的上層中產階級（the upper middle class），正巧就是他們鄙視的社會階層。巴爾貝‧多爾維利也像諸多紈褲主義理論家一樣出身中產階級，他在成為作家之前曾經受過律師訓練，後來從姓無子嗣的叔叔聽起來很高貴的「多爾維利」（d'Aurevilly）姓氏。波特萊爾的父親是公務員，王爾德的父親是醫生，花花公子作家吉恩‧洛蘭（Jean Lorrain）的父親則是船主，而他的本名是保羅‧亞歷山大‧杜瓦爾（Paul Alexandre Duval）。法國作家若里斯—卡爾‧于斯曼（Joris-Karl Huysmans），也就是小說《逆流》（*Against Nature*）的作者，他除了是中產階級的教師之子外，實際上一輩子都在擔任一位普通的中產階級公務人員，然後靠這份工作的收入支持自己的小說創作事業。

然而，總的來說，十九世紀的花花公子們大多都在維持一種極保守的美學姿態。多數都涉及神秘主義與撒旦崇拜，卻又與極右翼政治與傳統天主教保持著曖昧的關係。這些人嘲諷民主制度又緬懷過去的階級制度，因為過去的時代中，從農民到國王，每個人都清楚自己在社會秩序中安身立命的位置。然而，這些花花公子是否真的想要生活在其嚮往的世界中卻是懸而未決的問題。舉例來說，天主教的傳統制度對於許多花花公子公開的同性戀生活而言，也許會持有苛刻又不可動搖的看法。

§

自我成就者鄙視其他自我成就者，這樣看似矛盾的情形正是花花公子神話的核心所在，而這也有助於我們理解為何貴族式與民主式的自我成就在一開始看起來並沒有什麼不同。

我們想要理解花花公子對於自我成就、獨創性與無可取代的癡迷，就必須站在更廣泛的文化焦慮背景下觀察。這些焦慮同樣在定義美國鍍金時代的技術與社會變遷時變得更加顯著。

十九世紀的一切，似乎都在不停地變化著。法國大革命似乎一下就消滅了法國舊制度（Ancien Régime）時期的階級體系，儘管並未徹底成功。如果說當時存在任何一位自我成就者，那肯定就是軍事指揮官拿破崙・波拿巴（Napoleon Bonaparte），而他也迅速將自己加冕為皇帝。拿破崙一世垮臺之後，法國（在拿破崙一世的姪子——拿破崙三世的統治期間）在接下來的一個世紀裡，不斷地在共和、君主制與帝國之間擺盪著，而像是愛迪生的留聲機與電燈泡、打字機、電話、照相機、汽車……等這些新發明也都在改變人們的空間移動以及彼此的溝通方式。

甚至人們生活中的地景也在改變，很多城市在十八世紀時已經擁擠不堪，漸漸變得更加混亂。例如，巴黎在一八〇一年時的人口有五十萬，而到了一八九〇年，巴黎人口已經飆升至兩百五十萬。[18] 同樣地，倫敦在一八〇一年的人口有一百萬，但到了第一次世界大戰初期時已達到七百萬。[19] 紐約也是如此，人口從十九世紀初的六萬人增長到十九世紀末的近三百五十萬。[20] 此外，這些城市也與過去城市有著不同的樣貌。街道上剛剛裝設起照明設備，從最初的煤氣燈，到後來的電燈，而且街上林立著新開的百貨公司與購物中心，同時也讓新興的中產階級能夠以符合其薪資的價格購買開始量產的眾多商品。法國作家埃米爾・左拉（Émile Zola）在一八八三年的小說《婦女樂園》（*The Ladies' Paradise*）中描述了其中一家這樣的百貨公司。小說中的「樂園」是消費主義令人目眩神迷的殿堂，這裡是「動搖人們（教會）信仰」的「新宗教」。[21]

新的林蔭大道以及新式咖啡廳的露天座位區，這裡可以觀看

那些打扮時髦的富人們在街上悠閒漫步著。又或者，人們也可以在這裡閱讀比以往更便宜且內容更加多樣化的報紙，這都要歸功於（英國）降低印花稅與（法國）放鬆審查制度。例如，英國在一八五一年時共有十七家日報，到了一八六四年已增至九十六份，光是在倫敦就有十八份日報。

無所不在的宣傳廣告，不只在報紙上而已，還貼滿了城市的大街小巷，提醒居住在巴黎、倫敦及其他歐洲都市的居民，這個千變萬化的世界充滿著無限可能。歐洲鐵路產業的成長促使廣告業突飛猛進，許多企業都千方百計地想要接觸日益增長的客群。英國一家雜誌哀嘆地報導著，只要走在倫敦的街道上就無法不被那些「買、買、買」的宣傳襲擊，「只要一間房子……哪天沒有人住了，」記者感嘆地表示道「第二天就會被貼滿廣告，就連煙囪也不放過。」[22] 另一位作家則以「情書」（billet-doux）這個俚語用詞抱怨著，「現在的情書有半數都以文情並茂的誘惑結束，敦促我們趕緊去某家廉價的食品店買一磅上好的熙春茶（Hyson）。」[23] 時間到了一八八〇年，英國梨牌（Pears）香皂公司每年花費十萬英鎊在打廣告。[24] 轉眼之間，所有人——至少是有一點可支配收入的人——看起來以及聞起來都可以像是一位紳士或淑女。報紙媒體則相當熱衷於展示這些人是如何做到這一點的。

這確實讓人不知所措。「舊巴黎已不復存在，」波特萊爾在一首詩中哀嘆著，他感嘆地寫道，「唉，城市樣貌變得比人心還要快。」巴黎是由「新型宮殿、鷹架與大石塊」[25] 堆砌而成的一座城市。[26] 英吉利海峽對岸的英國詩人阿爾弗雷德·奧斯汀（Alfred Austin）也為倫敦變得如此「巨大」而惋惜，「一天比一天更加龐大，那醜陋的樣貌在（倫敦）六個美麗的郡上蔓延著。」[27]

對於法國世紀末時期的花花公子們而言，這樣的轉變特別讓人難堪。畢竟，當周遭每個人都認為自己特殊又與眾不同時，你要怎麼覺得自己才是特別又獨一無二的呢？早在一八三〇年時，也就是法國大革命後的四十一年，巴爾扎克就感嘆民主制度的新世紀已經使人們之間難以區分彼此。「一八〇五年是充滿恩典的一年，」巴爾扎克指的是拿破崙革命結束之後的最初幾年「一個男人或女人，只要在看著同胞時能對自己說：『我高高在上，光彩奪目，保護他人，統治他人，他們每個人都清楚地知道這一點，因為我不論說話、吃飯、走路、喝酒、睡覺、咳嗽、穿著都與那些困惑、需要被保護與統治的人不同。』」[28]

我們現在已經明白自我成就者的特殊神話運作方式——無論是耀眼富裕的企業家，還是打扮光鮮亮麗的花花公子——都需要這樣相對應的角色：也就是觀眾，或者就是現在我們所說的「普通人」（basic）。這類普通人從十九世紀末開始就出現在兩種截然不同的描述之中，不是單一又無定形的群體，就是無精打采的機械，這種修辭手法在花花公子文學作品中隨處可見。

這些修辭手法中首先需提到的是「人群」（*la foule*），這個字有群眾、烏合之眾或暴民之意。花花公子作家們對「人群」這個概念非常著迷，因為這代表著他們掙扎著與之對立並從中區分出自己的那群泛泛之輩。紈褲小說的核心議題就是徹底逃離這些烏合之眾的渴望。若里斯—卡爾·于斯曼於一八八四年出版的小說《逆流》（也譯作《違反自然》（*Against the Grain*））對王爾德有著深遠的影響，小說主角德塞森特（Des Esseintes）是一名神經衰弱的貴族，一心想將自己關在鄉下一座充滿美麗藝術品的房子裡來逃避現代世界的紛擾，那是一個「精緻的……隱居之處，現代化的便利設施應有盡有，仿佛一艘靜靜停靠在陸地上的方舟，讓他躲避排山倒海而來的人類愚昧。」[29]德塞森特的避世

居中盡是美麗卻毫無生命的藝術品，其中最著名的是一隻鑲滿珠寶的烏龜，這件藝術品的理念是想要創造出完全受控之美下的虛擬氛圍，好讓人遠離塵世的愚蠢。（他嘗試進入現實世界的過程並不順利。他在某次前往倫敦的旅途中，因為發現遇到的人都不像查爾斯·狄更斯筆下的人物那麼有趣而感到極度恐慌，最後不得不提早結束這趟旅行。）

對於花花公子而言，證明自己不是泛泛之輩是最重要的事情，無論用什麼手段。而花花公子們幾乎一致認為，最快的驗明正身之道就是拉摩的姪兒夢寐以求的特質——原創性。巴爾貝·多爾維利在一八四五年的「紈褲主義宣言」中將原創性列為紈褲主義的必要條件（sine qua non）。他描述花花公子的「表現總是出乎意料，且那些習慣墨守成規的人絕對無法預料到。」[30] 他堅稱花花公子就是要切斷與他人的連結，不論是他人的規則或是他人的習俗，藉此展現自己的與眾不同。花花公子們就像薩德筆下的放蕩不羈者一樣，通過違反規定來建立身分。他們展現固有社會的規則與習俗是為了擺出自有的姿態。他們玩弄性別的規範並對資本階級的道德與生活方式嗤之以鼻，甚至對生命本身也是如此。在法國象徵主義作家維利耶·德·利爾—亞當（Auguste Villiers de l'Isle-Adam）的劇作《艾克賽爾》（Axël）中，主角們因為意識到生活永遠無法達到他們的美學幻想而自殺。他們在該劇結尾時譏笑道「活下去？這件事就讓我們的僕人代勞吧。」[31]

法國小說家讓·黎施潘（Jean Richepin）在一八七六年出版的短篇小說《德舒利埃》（Deshoulières）中將「原創性」的座右銘推向了極致。德舒利埃夢想成為一位「捉摸不定的花花公子」，而這個夢想也很快地成為一種執著。德舒利埃才華洋溢卻覺得生活乏味，他活在懼怕被他人歸類的恐懼之中。他戴上假髮並塗抹化妝品來迷惑並混淆身邊的人，然後不斷地改變自己的樣貌。他

無法投入任何事情,因為這樣一來他的行徑就會變得可以預測,於是德舒利埃終於想到自己唯一可以讓他人無法意料的事情,就是無緣無故地殘忍殺害他的情婦,一切只因為這是她完全料想不到的事情。德舒利埃被捕並判處死刑之後,甚至堅持以「原創」的方式走向刑場。他將身體向後靠,這樣斷頭台就不能切斷他的脖子,而是直接劈開他的頭顱。

然而,(想像的)謀殺事件並不是花花公子們享受原創性的唯一踰矩方式。紈褲主義最常見的原創標誌之一就是性,更確切地說是「不自然」的性,也就是與傳統異性戀規範的性行為背道而馳的性。許多花花公子就是我們現今觀念中的同性戀或雙性戀,儘管當時並沒有這些詞彙。「性倒錯」(invert)這個字在十九世紀晚期是大眾理解酷兒身分的主要方式,該詞主要形容女性化與(或)同性戀的男性。一八六七年,德國律師卡爾·烏爾利克斯(Karl Ulrichs)首次公開談論某類「群體」,而他將自己也歸入其中。這個群體深受同性之愛所吸引。他將這類人稱為「烏爾寧」(*Urning*),即一個擁有女性靈魂的男性身體(女同性戀者較少受到討論,她們是擁有男性靈魂的女性身體)。然而,姑且不論他們私人的特殊取向如何,花花公子們往往傾向以讚美或強調的言語討論自己所謂「不自然的」性取向,而不是以淡化或辯解的態度面對。他們對自身性別與性別認同的表達方式讓他們與自己認定為枯燥乏味且低劣的「自然」有所區分,而他們也幸運地超越了這種「自然」。男性花花公子的打扮方式在傳統眼光中被歸類為是女性化的裝扮。某家美國報紙形容王爾德是「又男又女又像小孩子,兩者皆是又皆非」以及「一半男人,一半女人。」[32] 稀有的女性花花公子,如小說家拉希爾德(Rachilde),其本名為瑪格麗特·艾梅里(Marguerite Eymery),則常以男裝示人。

花花公子們最殘酷的羞辱往往是保留給那些順性別者，例如裝扮為女性的女人，尤其是那些嘗試透過不自在的化妝或時尚來進行自我創造，結果卻與花花公子過於相似的女性。花花公子對待「自然的」女人與面對大自然的態度一樣輕蔑，他們認為這樣的女人肥胖、有體味又平庸，容易罹患疾病而死亡。波特萊爾一八七四年的小說《芳法羅》（*La Fanfarlo*）描述故事的講述者愛上了一位美麗的舞者芳法羅，結果卻發現現實生活中的芳法羅讓他幻想破滅，因為她卸妝之後就過起了平凡的生活，甚至敢生孩子並變胖。（而講述者內心對她的情感，毫不意外地，沒有持續下去。）相同情節也發生在王爾德的《道林‧格雷的畫像》（*The Picture of Dorian Gray*）中，道林愛上了女演員席碧‧范恩（Sibyl Vane），不過一旦范恩脫離了劇中角色，格雷便對她失去了興趣。（「如果你願意，就為奧菲莉亞（Ophelia）哀悼吧」，道林的導師亨利男爵在席碧絕望自殺後譏諷地表示。「撒灰在你的頭上吧，因為科迪莉亞（Cordelia）被吊死了……但是不要為席碧‧范恩流下任何一滴眼淚。席碧比她們更不真實。」）[33] 這些女人都極其平庸，她們試圖想用一些技巧與人為的手段來提升自己，卻總是失敗，她們無法從無趣的中產階級現實中得到提升。對於花花公子而言，她們是一種混合著迷戀、鄙視與恐懼的存在。她們代表著現代世界令人恐懼的流動性，而在這個世界裡，任何人都可能變成另一個人。

　　然而，「群眾」（*la foule*）一詞只是花花公子們的一種修辭比喻，用以表達自己對於技術與社會變革將自我創造要件變得民主化後的那種既迷戀又恐懼的情感。這一時期出現的另一種文學主題就是機器人或人形機器人（android）的假想形象——這是一個類人、也就是外觀看似人類（且多數呈現女性形象）的角色，雖然最終也不過就是一件機械裝置。薩德的色情小說中安排

了兩種類人，一種是自由不羈的放蕩者，一種是本質上可供發洩性慾的傢俱。同樣地，這一波紈褲文學浪潮使用了科幻小說這種新體裁來區分「真人」（通常是男性藝術家）以及「假人」，也就是大規模生產的個體——這些個體就是現代推特語境中被嘲諷為「NPC」的存在，即遊戲中非玩家控制的角色。

　　毫不誇張地說，這些花花公子對機器人非常著迷。他們也同樣迷戀機器人所代表的意義，即有些人是真實又有價值的，而其他則不過是現代性的大規模產物。有趣的是，紈褲文學中的機器人故事經常將某些特定族群貶為人形機器人，諸如女性、有色人種以及社會較弱勢階層的人。我們可以回想一下，費尼爾司·泰勒·巴納姆曾經搧風點火地鼓吹一些陰謀論，聲稱那些他用以展示牟利的女性奴隸其實是沒有生命的自動裝置。于斯曼的小說《逆流》中，德塞森特輕蔑地以「自動人，全都在同時被同一把鑰匙鎖上了」[34] 來描述女性。

　　同樣地，知名的花花公子作家吉恩·洛蘭（Jean Lorrain）也在報紙專欄中描寫了一位名為「美人G女士」（La Belle Madame G）的交際花，他強烈暗示她根本不是真的女人，而是機器人（而且還是工業大國美國製造的）。「美人G女士」就像「鬼魅玩偶一樣靜止不動，」必須藉由「隱藏在絲質緊身馬甲中的彈簧機械裝置」來操控，而且只有她的「主人……才知道怎麼操作。」[35] 無獨有偶，巴黎作家兼社交名人龔古爾（Goncourt）兩兄弟也在一八五八年描述拜訪當地妓院的所見所聞。他們聽到了關於另一家妓院的事情，這無疑是一個虛構的傳聞。據說那家妓院裡的女人其實全都是「仿造女人」，從「每個細節」上看都是與人類妓女無法區分的機器人。[36]

　　這些故事中的女機器人就代表著花花公子內心黑暗的那一面。女機器人是人工創造的，就跟這些花花公子一樣。女機器人

的存在是精心安排的一場展示。然而，自我成就者有本事決定自己的命運並展示給全世界知道，這點女機器人卻辦不到，因此她僅僅是由另一位（通常是男性）天才的思維所製成的一件產品。這種固有的不平等就潛藏在自我成就的概念之中。自我創造是我們實現成為人類的特質，但並非所有人都有辦法達到這種境界。自動人這種形象傳達著令人毛骨悚然的結論：有些人比其他人更有人性。

這種修辭手法中最極端的例子便是一八八四年的小說《明日夏娃》（Tomorrow's Eve），該書的作者是創作《艾克賽爾》的維利耶・德・利爾—亞當。《明日夏娃》的內容講述一段關於湯瑪斯・愛迪生的虛構故事。然而，維利耶筆下的愛迪生與現實生活中的不同，小說中的愛迪生既不是企業家或發明家，也不是什麼名流。維利耶將愛迪生重新塑造成一位花花公子藝術家，而自動人是他最重要的創造，那是一個「模擬人類」（Imitation Human Being），且「操作上會比較依賴電力，僅此而已。」[37]

維利耶描述的愛迪生既是技術上的魔法師，也是真實的魔法師。這個人形機器人（維利耶首創這個用字）最終藉由相當迂迴的靈性過程發展出真正的人類靈魂，不過維利耶從未對這個過程加以解釋。愛迪生不僅是在扮演上帝的角色，他更像是一種神，運用他的藝術力量隨心所欲地掌控創作。「**我將奪取她擁有的自身存在**（維利耶大寫強調著），」愛迪生在談論那位注定要成為機器人模型的平庸女演員時這麼說道，而且「捕捉她姿態中的優雅、肉體上的豐滿、肌膚上的香氣⋯⋯換句話說，她擁有的完整身分。我將謀殺她的愚蠢，刺殺她那得意洋洋的動物本性⋯⋯然後，我將注入另一種靈魂來取代原有的靈魂。」[38]維利耶對愛迪生的藝術創作以及小說中少數幾位女性中的兩個角色進行對比，她們都是在自我創造上遭受失敗的平庸女人；其一是人形機器

人的模型艾莉西亞（Alicia），另一位則是舞者伊芙琳・哈巴爾（Evelyn Habal），愛迪生（透過一個相當複雜且過於荒誕的方式，我無法在此詳述）讓她在無意中參與了人形機器人的創造。其中一個場景是愛迪生向他的朋友艾瓦爾德男爵（Lord Ewald）展示一部伊芙琳的（當時很新穎的）電影膠片，而伊芙琳勾引愛迪生的朋友，讓他拋棄了心碎不已的妻子。影片一開始可以看到伊芙琳身著一件亮片禮服，舞姿動人，看起來就是那麼「栩栩如生」。然後愛迪生就向艾瓦爾德展示伊芙琳沒有化妝的真實樣貌，根本就是個恐怖的怪物，「毫無血色、幾乎看不出是女性的小型生物，四肢短小，臉頰凹陷……而且幾乎光禿的頭顱。」[39] 愛迪生將她的打扮手法逐一揭露──假髮、化妝品、假牙與絲襪等裝扮技巧，而這一個篇章也不加掩飾地命名為「掘屍」。維利耶要表達的是，自我創造對於有藝術天賦的花花公子來說是可以接受的，不過對於普通中產階級女性則不然。

　　無論是失敗的女演員或是失敗的機器人，紈褲主義者對女性的描寫很容易被簡單地視為一般的厭女情節。當然，這些作品中某些更具沙文主義色彩的段落在今日確實令人難以下嚥。不過紈褲主義者將女性、人形機器人與群眾混為一談的現象就是在告訴我們關於他們背後更加廣泛的文化考量下的深層含義。他們害怕自然與工業資本主義在這樣不穩定的世界無法提供任何意義。自我成就在科技與社會變革的優勢下變得更加觸手可及。但與此同時，這種自我成就在傲慢風氣之下又必須被認為不是能夠輕易達成的目標，並且是一種在城市景觀越來越沒有特色下的一種自我主張的方式。畢竟，如果每個人都可以變得特別，那麼想要達成自我成就的人又該如何保有屬於自己的獨特性並進而確立面對他人時的優越感呢？

　　機器人這樣的修辭手法成了花花公子作家們對於身為人類的

焦慮與恐懼的表達方式，因為這世上的一切，甚至人類本身，似乎都是可以被複製的。紈褲主義的美學核心是單調的虛無主義，其認為這世上無論是自然還是文明，本質上都是毫無意義的，僅由一系列無止境的裝腔作勢與偶然所組成。自我成就在美國的民主敘事已經與「新思維」這類的靈性自助運動相結合，進而促成了一種文化的神話，即個體可以觸及到某種原始能量或神秘的內在電磁能量。然而，歐洲貴族階級的自我成就者卻不是這麼樂觀。正如薩德之前那樣，認為除了自己所創造的事物之外，別無神聖之物。他們覺得自己生活在一個揭露天性的殘酷及空虛的年代，除了建立其他事物加以取代，他們別無選擇。

德塞森特在《逆流》中嘲諷著「大自然也有走到盡頭的一天」，並將自然比作「只銷售一種商品的小氣商販。」他還進一步表示「大自然中沒有什麼發明的創意是人類無法複製的，無論是楓丹白露森林，無論是最美的月色照耀的地景，都是可以藉由舞台布景與電燈照明再現的；不管什麼樣的瀑布都是可以透過適當的水力裝置仿造，而且能夠做到無法區分仿製品與原物的差異。」[40] 紈褲主義者認為十九世紀的技術發明徹底消滅了世上所有的幻想，這一真相在他們眼中並非希望，而是一場悲劇。

自我成就的理想在這樣的背景下便在美國發展出略為不同的新型信仰。自我成就不僅是管理個人的公眾形象行為，也成為一種展現人世間最接近神性的事情。畢竟，如果自然界中沒有上帝，沒有理性、目的或秩序的話，那麼人類意志，正如喬瓦尼・皮科・德拉・米蘭多拉曾說的自我塑造能力，便是僅次於神的最佳存在。巴爾貝・多爾維利認為花花公子們就是「眾神的縮影」。

然而，鮮少有其他花花公子像約瑟芬・佩拉當（Joséphin Péladan）這樣如此認真對待這種視自我創造如同信仰使命的人。佩拉當是一位法國小說家、劇作家以及神秘的玄學主義者，平常

喜歡穿著蕾絲褶邊的儀式長袍並戴著阿斯特拉罕羔羊帽在巴黎行走，自稱為「薩爾」（sar），顯然（雖然不可考）是古阿卡德（Akkadian）君王們的頭銜。[41]他寫了一系列結合自助與心靈勸導的宣言，包括寫給男性讀者的《法師之道》（*How to Become a Mage*）、寫給女性讀者的《仙女之道》（*How to Become a Fairy*）以及《完美人格》（*Kaloprosopia*）。佩拉當鼓勵讀者探索內心深處，讓自己成為藝術品，進而成為神聖的化身。

佩拉當指南的藝術價值等同於「新思維」中的致富計畫，書中鼓勵讀者「創造屬於自己的魔法，不是因為虛榮心作祟，而是因為你在自己身上尋求藝術作品的原創性。」[42]就像在美國一樣，這種魔法也是需要反求諸己。「除了自身的內在力量，」佩拉當寫道「切勿尋求魔法的其他的衡量標準；除了他們散發的光芒，切勿以任何其他的標準來評斷他人。透過讓自己發光來完善自己，像太陽一樣溫暖潛藏在周遭的理想生活，這就是至高啟蒙的一切奧秘。」[43]如同在美國，自我成就與探索內心某種靈性或甚至神秘力量的概念之間已經產生連結。這個缺乏明確神靈意識、意義或秩序的世界裡，我們本身的欲望，也就是想要成為內心渴望的樣子，就成了理解存在的要件。

並非所有紈褲主義者都能夠清楚表達理念之下的魔法基石。然而，無論其宗教信仰或職業的具體內容為何，紈褲主義者都將自我視作是衡量世界唯一的標準──無論是道德上或是形而上的。與群眾切割並創造自身專屬法則的那個自我，就可以成為一種神。正如奧斯卡・王爾德透過小說《道林・格雷的畫像》中的角色亨利男爵所表達的，「所謂的善就是與自己的和諧共處之道⋯⋯而所謂的矛盾就是被迫與他人和諧共處。自己的生活才是重要的事。至於鄰人的生活⋯⋯與我們無關緊要。更何況個人主義的確有著更崇高的目標，而現代的道德在於接受一個人所處時

代的標準。我認為要一個有文化修養的人去接受這樣的時代標準是最粗鄙的非道德形式。」[44]

貴族階級與民主平等的自我成就敘事都擁有各自不同的重點及美學，不過兩者在這部分卻持有相同的觀點。一個將自己從周遭社會限制中抽離出來並專注於自己內心渴望與需求的人，不僅優於那些庸俗的群眾，而且本質上也更為「人性化」，也就是在進化的食物鏈上處於更高的層次，更能感知那些在宇宙中運行的神祕能量並且與他降臨（或被降臨）於這個世界的真正目的更加契合。

§

實際上，這兩種關於自我成就的敘事比紈褲主義者或企業家願意承認的關係更加緊密。

儘管紈褲主義者所塑造的身分及理念與他們所鄙視的現代世界對立，不過實際情況卻是更加複雜。他們抗拒的技術與社會變遷，例如中產階級的識字率增長以及大眾媒體的普及，正巧就是讓紈褲主義小說家著作得以暢銷的動力。畢竟，當初奧斯卡・王爾德的綠色康乃馨就是一個宣傳噱頭，目的就是要確保倫敦文學界與戲劇界的所有人都開始談論《溫夫人的扇子》。紈褲文學的作家們，諸如吉恩・洛蘭、拉希爾德、維利耶・德・利爾―亞當，或甚至是于斯曼，他們都很清楚，大眾對他們的醜聞，或至少是富有想像空間的私生活的興趣，有助於刺激銷售量。花花公子們的生活人人稱羨，而那些想要學習並模仿的人就是最忠實的顧客。

儘管巴爾貝・多爾維利曾在其作品中譴責過人群（*la foule*）的概念，不過這並不妨礙他穿著華服接受記者奧克塔夫・烏桑

（Octave Uzanne）的採訪。「絲綢、緞面、蕾絲、綠色及紫色天鵝絨、奢華的花邊蕾絲袖口⋯⋯金色條紋長褲，」而且還介紹手上那支雕工精美的手杖為「我的妻子」，為的就是確保公眾清楚他是就是個花花公子。[45] 于斯曼也一樣熱中於向媒體透露自己對神秘學的興趣以及參與的醜聞，而這也是成功吸引大眾購買他一八九一年的小說《那邊》（Là-bas）的方法，該小說的背景設定就是巴黎撒旦主義分子的地下世界。

　　藝術創作與商業宣傳之間從來沒有明確的分界。當小說家兼記者的拉希爾德在申請當時穿男裝需要的許可證時，她在申請書中提到，編輯們希望她的穿著風格可以為她的文學生涯帶來她迫切需要的名聲。「請不要拒絕」她向省府懇求「我這樣發揮原創的方式。」[46]

　　即使是堪稱花花公子界的偉人，奧斯卡・王爾德也不免帶有些許粗糙的商業主義。其職業生涯中的一段高光就是他於一八八二年在美國各地巡迴，發表關於紈褲主義以及「為藝術而藝術」（art for art's sake）的主題演講。事實上，該巡迴演講的經費是由劇場創辦人理查德・道伊・卡特（Richard d'Oyly Carte）出資贊助，他希望王爾德的公眾形象能激起人們對作曲家吉伯特與蘇利文（Gilbert and Sullivan）即將上演的歌劇《忍耐》（Patience）的興趣，劇中有一個花花公子的角色就是以王爾德為原型創作的。王爾德在美國巡迴時的任務就是要演繹「奧斯卡・王爾德」這個角色並且將紈褲主義的福音傳播到歐洲以外。不久之後，王爾德的形象，或者是以他為原型出現的漫畫版花花公子將無所不在，不管是以紈褲主義為宣傳的馬戲團票或香皂上都可以看見。

　　這位行走的藝術作品也讓自己變成了行走的廣告。

第七章
「從現在起我將統治世界」

"I Shall Be Ruling The World From Now On"

一九一九年九月，太陽正緩緩落向亞得里亞海，義大利最受歡迎的軍事將領正要走上陽台，向他甫征服的這座城市發表演說。這座城市有著不同的名稱，端看詢問的對象是誰而定。義大利人稱之阜姆（Fiume），斯洛維尼亞人稱之為雷卡（Reka），而克羅埃西亞人則稱為里耶卡（Rijeka）。無論是哪個名稱，這座城市的名字都意味著「河流」，指的是從內陸丘陵地區穿過該城市中心並注入亞得里亞海的列契納河（Rječina），即義大利人口中的埃內奧河（Eneo），德國人則稱之為弗拉姆河（Flaum）。幾個世紀以來，這條河一直是鄰近國家疆域競爭的邊界，也曾一度是奧匈帝國時期分隔匈牙利與奧地利的界線。如今則是用來劃分新成立的塞爾維亞王國、克羅埃西亞王國與斯洛維尼亞王國以及這位軍事將領前來持有的領土之間的國界，這塊領土稱為義大利卡爾納羅攝政領地（Regency of Carnaro）。

根據幾個月前簽訂的《凡爾賽條約》（*Treaty of Versailles*），整個阜姆地區應該隸屬於新成立的巴爾幹王國（Balkan kingdom），這是協約國在奧匈帝國驟然瓦解之際試圖重新分配的眾多棘手領土之一。然而，戰後全球秩序的混亂局面反而讓加布里埃爾・鄧南遮（Gabriele D'Annunzio）有著更大膽的想法。

鄧南遮矮小瘦弱，相貌幾乎可以用怪異來形容，實在沒有一點軍事將領的樣子。然而，他正是率領兩千五百名被稱為「阿爾帝提突擊敢死隊」（*arditi*）義大利士兵的將領，他們於當天稍早攻堅阜姆並宣布該地區歸屬義大利。

「義大利」這個詞在當時本身就是一個新概念。義大利王國是統一鬆散城邦與小王國的國家，建國尚不足五十年。然而，「義大利的夢想」——復興過去輝煌羅馬帝國的理想早已深植人心。這個夢想的重點便是那些「未回歸之地」（irredenti），也就是那些（至少一部分）說著義大利語並且希望有朝一日可以納入新義大利王國版圖的地方。阜姆長期以來就是這樣的地方。對鄧南遮而言，當這個地緣政治秩序處於動盪之際，似乎正是夢想成真的最佳時機。

若要說起鄧南遮有什麼擅長之事，那便是兜售夢想了。攻城那天，就算換作是今天看來還是宛如童話故事一般，或者說是一場荒謬的鬧劇。當時留下的記錄記載著鄧南遮的部隊抵達時看起來既像是軍事突襲，又像是一場雞尾酒派對——義大利婦女穿著晚禮服並手持槍支走向市中心的廣場，而鄧南遮則乘坐著一輛鮮紅飛雅特汽車登場，車上載滿著鮮花讓旁觀者在一開始誤以為那是一輛靈車。[1]

然而，即便是按照鄧南遮的標準來看，他以阜姆新領袖身分的首次亮相也堪稱是舞台演出的傑作。他跨著大步伐走上歐洲酒店（Hotel Europa）的陽台，拉高聲音向下方崇拜的市民們吶喊著，宣告他大舉入侵所具備的偉大意義。鄧南遮緩慢莊重地說道，「在這瘋狂懦弱的世界，阜姆象徵著自由。在這瘋狂懦弱的世界，阜姆是唯一的純粹之地。世上只有一個真理，那就是阜姆。世上只有一種愛，那便是阜姆。阜姆就像在荒蕪海洋中閃閃發光的明燈。」[2] 鄧南遮堅稱，攻占阜姆對義大利人民來說不僅是軍事上的成功，也是精神上的勝利。那代表著人類潛能可以戰勝腐朽頹敗的殘酷現代世界，這個世界早已與超然卓絕毫無關係。這場戰役代表美麗戰勝醜陋，力量戰勝軟弱，魔法世界戰勝物質世界。其標誌著昔日古羅馬這樣的強大帝國榮耀或許終要回應這個

世界的迫切呼喊。鄧南遮向廣大群眾們承諾,義大利即將復興這份榮耀。

然而,問題在於鄧南遮的軍事行動與義大利政府之間沒有任何關係。義大利政府不僅沒有批准這次的攻城行動,而且還在慌張地止損,以免鄧南遮所謂的「卡爾納羅攝政區」演變成一場外交災難——那是他為新政府起的名稱,卡爾納羅是那整個地區的義大利語名稱。鄧南遮設法從的里雅斯特(Trieste)周邊徵集不到兩百名義大利的阿爾帝提突擊隊員,說服他們進軍大約一百公里之外的阜姆。其餘兩千三百名士兵則是在行軍途中陸續加入的。

鄧南遮根本不是受過專業訓練的軍事將領,不過他經常向別人講述他在第一次世界大戰中的英雄事蹟,還在五十二歲時因動員徵召入伍成了戰鬥機飛行員。事實上他在戰爭期間的主要工作並不是駕駛飛機,而是散播政治宣傳。他誇耀的軍事攻堅行動其實是他協助撰寫的民族主義傳單,那些傳單後來空投在維也納與的里雅斯特等城市的上空。

文字是鄧南遮職業生涯中的主要武器,而非炸彈。一九一四年,第一次世界大戰爆發時,鄧南遮已經是義大利最知名的小說家及詩人(之一),姑且不論其背後的爭議。鄧南遮個性張揚又極具號召力,過度自戀到近乎病態的自我,導致幾十年來鄧南遮不僅以其文筆聞名,還因其誇張怪異的公眾形象而聲名狼藉。鄧南遮身為典型的花花公子,風格與奧斯卡·王爾德、巴爾貝·多爾維利、約瑟芬·佩拉當類似,也一直是新聞頭條的常客。低俗小報總是馬不停蹄地追蹤他不斷更新的情人花名單(當時甚至有評論表示,「沒有跟他睡過的女人會成為眾人的笑柄。」)[3] 全義大利的人都對他的奢侈花銷嘖嘖稱奇。他借了數千里拉(經常是從眾多情人借的)來買珠寶、馬匹與珍貴的藝術珍品,而且他

打從一開始就沒打算要還錢。鄧南遮以講究個人外表聞名，甚至可以說是種偏執。在眾多的鋪張開銷中，他堅稱有一款特製的香水配方是他在古董手稿中發現的秘密配方，儘管一點根據也沒有。[4] 有時候，報紙某些頭條新聞其實是鄧南遮自己在背後進行炒作的。他早期曾擔任過社會記者，而且並不排斥採用巴納姆式的詐騙手法來推銷自己的作品。舉例來說，他曾散布謠言稱其第一本詩集的作者因為一場騎馬事故而英年早逝，藉此成功吸引大眾的關注。[5]

鄧南遮的崇拜者讚譽他為「先知」（*il vate*）。他的作品中反覆出現的一個主題，同時也是最能引起受眾共鳴的主題就是恢復義大利的昔日榮光，以及他認為軍人及英雄人物都該具備的遠古力量與精神。鄧南遮為「血的輝煌」及「人民的力量與權力」寫下讚頌的詩歌，呼籲義大利人民揭竿起義。他很早就公開支持義大利介入第一次世界大戰，因為他認為義大利需要浴血後才能重生。一九○八年，他的愛國戲劇《船》（*La nave*）首演過後，熱情的群眾就開始湧入羅馬街頭，口中高喊劇中的台詞，呼籲以武力干預來收復「尚未回歸的疆土」。[6] 鄧南遮以輕蔑的口吻形容現在的義大利已經淪為「家庭旅館、博物館或是國外新婚夫妻度蜜月的美景所在，」而不再是「生氣蓬勃的國家。」[7] 他以戲謔的方式回應耶穌著名的「登山寶訓」，聖經中說的是祝福貧窮者、飢餓者與受壓迫者，鄧南遮則是「祝福那些渴望榮耀的年輕人，他們應當得到滿足。」[8] 鄧南遮在進軍阜姆時鼓勵追隨者將當時義大利常用的「嗨，嗨，萬歲！（*hip, hip, hurrah*）」改為「*eia, eia, alala*」的戰鬥口號，他堅稱（雖然沒有任何歷史依據）這個口號是史詩《伊利亞德》（*The Iliad*）中希臘英雄阿基里斯所創的戰鬥口號。

鄧南遮外顯的民族主義與其更重要的計畫之間密不可分，也

就是將他自己塑造成為一件藝術作品。鄧南遮深受世紀末頹廢派與紈褲主義的影響。他的第一部自傳型小說《享樂之子》（*Child of Pleasure*）於一八八九年完成，書中就以典型的花花公子為主角，也就是冷漠的安德烈亞・斯佩雷利（Andrea Sperelli）。這位年輕貴族醉心於藝術，因而無法建立任何真實的（以及鄧南遮暗示為低劣的）人際關係。然而，比起其他同時代的人，鄧南遮將紈褲主義背後的意識形態及貴族式的自我成就都帶向了理所當然的結論：假如當代世界就是這樣荒涼、殘酷又欠缺意義，假如「人群」真的就是一群盲從的傻瓜，假如最接近神性或超越性的存在真的就是優秀之人操弄藝術與美學來掌控愚昧的受眾，那麼這意味的就不僅是個人層面的問題，也是政治層面的議題。

最偉大的自我成就形式所要求的不僅僅是創造自我，還包括創造整體的民眾。這樣的自我成就包含著對群眾在政治與美學上的掌控，而群眾則被鄧南遮以虛偽的英雄主義承諾壓制著。鄧南遮的邏輯就是──「跟隨我，那麼你也可以成為那些被揀選的特別存在。」那些追隨者就成了新的畫布，而自我成就者已然成為獨裁者。

鄧南遮統治阜姆的那十八個月顯然就是獨裁統治，他將紈褲主義美學與某種威權政治勢力相融合，這樣的統治在不久之後將被全世界視為法西斯主義。阜姆在鄧南遮的統治下成了當時人們稱為「夜夜笙歌」的地方，那是波希米亞享樂主義的溫床，充斥著毒品濫用與娼妓。[9] 鄧南遮規定每天晚上都必須舉行詩歌朗誦及音樂會，而且要燃放煙火來提醒阜姆的民眾鄧南遮有多偉大。阜姆憲法中也堅決要求每個市鎮皆設有政府贊助的合唱團及管弦樂團。[10] 一位阜姆居民對那十八個月的印象就是「唱歌跳舞、爆竹煙火與演講──雄辯！雄辯！雄辯！」[11] 當地主教也開始擔憂民眾已經放棄基督信仰，轉而崇拜充滿魅力的鄧南遮。鄧南遮甚

至開始在當地的聖維特主教座堂（Saint Vitus Church）舉辦盛大的政治儀式。[12]

然而，阜姆的狂歡氣氛背後也有著黑暗面。居住在阜姆的大量斯拉夫裔少數民族經常遭受拘禁，甚至被驅逐出境。鄧南遮鎮壓政治與新聞上的異見，他以一種特別不尋常的方法羞辱反抗他的人——他會在他們的食物中加入蓖麻油，迫使他們在公開場合失禁，這種做法後來在鄧南遮的狂熱崇拜者貝尼托·墨索里尼（Benito Mussolini）的統治時期變本加厲。鄧南遮所建立的「卡爾納羅攝政領」，儘管名義上是「無政府工團主義」（anarcho-syndicalist）的社團主義國家，實際上卻是對鄧南遮個人崇拜的體現。後來那些仿效鄧南遮的右派領袖，從早期像是墨索里尼這樣的法西斯主義者到現代的反動強人如唐納·川普（Donald Trump）及維克多·奧班（Viktor Orbán），鄧南遮的追隨者根本無暇顧及那些不願承認或不支持鄧南遮「既是先知（il vate），也是領袖（il duce）」此番堅定敘事的人。不論義大利是否認同他，鄧南遮即將重現義大利的光榮。

十五個月後，義大利政府終於介入。義大利政府最終相信，縱容鄧南遮在國際政治裡遊走的風險已遠遠超過得罪這位被大眾視為國民英雄的風險。義大利與塞爾維亞、克羅埃西亞及斯洛維尼亞王國一起進行外交談判，過程中當然排除了鄧南遮，最終也達成了解決方案。阜姆將以獨立自由邦的形式存在，不受任何國家控制。鄧南遮也隨即無視這個決定。最後，就在一九二〇年的聖誕節至跨年夜的期間，義大利軍隊進入阜姆，而鄧南遮也明智地選擇不再僥倖行事，迅速投降。這次攻堅行動的時機相當精準，因為義大利政府深知新聞與義大利民眾在這段假期會因為節慶的氣氛而分心，這使得鄧南遮最強大的武器暫時失效，也就是他擅長操弄媒體的能力。

鄧南遮也奇蹟般地並未因為煽動叛亂而受到嚴重懲罰，部分原因就是他在一般義大利民眾的心中仍然相當受歡迎。義大利政府並未懲罰他，反而選擇「收買」總是捉襟見肘的鄧南遮，不僅出錢讓他住在加爾達湖畔（Lake Garda）一座宏偉別墅中度過餘生，還能享有源源不斷的古柯鹼、美酒、昂貴的藝術品以及數不盡的年輕（年齡非常不洽當的）情人，條件是他必須永遠退出政治圈。鄧南遮不情願地妥協了，儘管他在往後餘生中依然不停地為自己在阜姆的付出辯護，稱其為人類藝術自由超越平凡之輩的成就。他曾宣稱「阜姆的成就有著至高無上的詩意效果。」[13]

§

鄧南遮並非是二十世紀初期發現政治領域中潛藏「至高無上的詩意效果」的人，不過他是最直接將貴族階級自我成就者的執袴主義意識形態付諸實踐的人——即天生優越的人類會因自身的卓越而轉變成像神一般的存在。鄧南遮明白，真相在這個重視表象的世界中遠不如他人對你的看法重要，而培養大眾形象對力量、權威，以及令人興奮的原始英雄主義就足以激起那些遭受疏離與孤獨的民心。這樣一來，個人崇拜（cult）就成了真正的「邪教」。

我們在鄧南遮身上看到了早先貴族式自我成就的典範如何從花花公子演變為新型的（甚至可以說更令人不安的）形象，也就是由德國哲學家尼采（Friedrich Nietzsche）率先提出的「超人」（Übermensch）概念。與過去花花公子試圖與群眾隔絕（或至少聲稱如此）有所不同，超人會運用其至高無上的創造力重塑人民並將他們轉變成超人神聖意志的反照。或者，就如鄧南遮自傳體小說中某位主角這麼對自己說的那樣，「我若不是神，這世上便無神。」[14]

「超人」這樣的形象以各種不同且經常分歧的方式主導著十九世紀末及二十世紀初期的許多政治與哲學論述。這個形象最終在納粹德國順理成章地得到結論——阿道夫・希特勒（Adolf Hitler）就採用這個概念來為其創建的「優越種族」（master race）護航並以此為依據屠殺了數百萬排除在這些武斷界線之外的人。尼采本人不見得是反猶太主義者，不過其胞妹伊麗莎白卻不然，她嫁給納粹黨的重要成員，而且在尼采去世後編輯了他的多部作品，為的就是要呼應她的政治宣傳目的。然而，現代人所說的「超人」經常與雅利安（Aryan）的種族優越及納粹思想宣傳畫上等號，也就是氣宇軒昂、肌肉強健的金髮碧眼男子形象。這種明顯陽剛的形象似乎與世紀末紈褲主義中帶有反叛文化、女性化、甚至暗示（或擺明）同性戀的「陰柔男性」（man-woman）形成鮮明的對比。

然而，這兩種形象其實比表面上看起來更加相似。世紀末的花花公子與尼采的「超人」都源自十九世紀末的相同焦慮，也回應著同樣的根本問題：我們該如何在一個似乎欠缺意義的世界中尋找意義呢？此外，用尼采的名言來說，當上帝已死，我們該怎麼辦？

尼采看見現代歐洲生活中的奇特矛盾。人們宣稱自己相信上帝，甚至偶爾會上教堂做禮拜。然而，打從啟蒙時代以降，正統基督教義中描述的那位至高無上且形象如人的上帝似乎越來越讓人難以置信。當然，人們嘴上還是會談論上帝，但在任何有意義的層面上已經幾乎沒有人相信上帝了。實際上，上帝已不存在。

然而，尼采也同時認為歐洲文化中的許多部分，諸如人們的自我否定、性壓抑或溫順謙和的拜物情結，正是基於那位幾乎沒有人相信的猶太基督教的上帝。這些文化信條是意識形態的風中殘燭，也就是以道德偽裝而成的過時生活方式。尼采認為當前人

們需要的是「重新評估的價值」，大膽地去重新思考善惡是非的方式。

尼采特別鄙視從猶太基督教傳統中所衍生的「主人―奴隸道德」說。他認為這種文化假借宗教美德的名義強調自我否定，其實是對生命相當不友善的觀念。至少在西歐世界中經常將善惡的概念理解為被「無名怨憤」（ressentiment）所驅動，而不是社會習俗。無名怨憤是無權力者心中對有權力者的憤怒與嫉妒混合而成的一種情緒，也就是針對那些崇尚力量、榮耀或性宰制等肯定生命特質的「主人」。

尼采提出的「重估一切價值」的基礎是兩個相互交織且看似矛盾的假設。第一個假設是，人類的存在本質上是毫無意義的。道德不過就是特定群體巧妙地藉由各種手段行使宰制他人的功能罷了。尼采於一八八七年出版的《快樂的科學》（*The Gay Science*）中寫道，「我們所處世界中的任何有價事物，就本質而言，本身並沒有價值；自然本來就是沒有價值的，而是在某個時候被賦予了價值，就像禮物一樣，且是由我們來賦予其價值。只有我們會創造與人類相關的世界！」[15] 假如一個人沒有辦法透過在戰鬥中擊敗對手來發揮力量，那麼也可以透過說服強勁的敵人相信戰勝他人是不道德的方式來發揮力量。

然而，尼采的第二個假設是某些生活方式確實優於其他方式，甚至更值得追求。儘管尼采否定傳統道德觀，同時也否定內在固有道德價值的概念，但他也譴責了某些他認為不誠實的生活方式。尼采在《查拉圖斯特拉如是說》（*Thus Spake Zarathustra*）中寫道，「褻瀆上帝曾是最嚴重的褻瀆行為，不過上帝已死，褻瀆者也隨之不復存在。如今，褻瀆大地才是最糟糕的罪行。」[16]

尼采認為「褻瀆大地」就是不誠實地生活，是在否定自然真

理，這些真理既反映著廣義的達爾文主義精神，也體現著花花公子對天生貴族的迷戀。尼采宣稱人與人之間存在著自然的階級區分，而基督教卻虛假地讓這些階級瓦解。尼采譴責「弱勢者為了表現出某種優越型態的意志，以及他們利用各種狡詐手段來對健康者施行暴政的本能，而這種弱勢者的權力意志無所不在！」[17]

「健康」（health）對尼采來說並不只是生理上無病痛，而是指採納前基督教時期的世界觀，也就是他認知中古希臘人所強調的體魄、活力以及人類意志的力量。尼采提問，「什麼是善？」接著自己提出答案，「凡是能夠提升人類力量感受、權力意志與權力本身的事物，皆為善。」[18]

這種力量無法簡單歸結為生理上的體能或是社會權威。這樣的權力意志（will to power）可以說是人類變得最真實、最真誠自我的過程，也就是一種讓自己成神的意志。

尼采偏好的價值體系要求對自我及其在世界上獨特且強大的地位保持一種不受約束的誠實。

自我既是善惡的仲裁者，定義周遭世界的價值，也是衡量價值的標準。最能完全表達內在自我的人是最偉大的人。自我表達不僅受到容許，甚至是強制的。畢竟，那些曾經追求的真理以及最終的現實在這虛無的世界之中是不存在的。因此，人類有兩種選擇，一是順從地接受他人的價值與自我主張的定義，不然就是經由內省並根據自我來重新塑造現實。

§

接著進入「超人」這個概念。對尼采而言，超人是終極的貴族自我創造者。超人憑藉著自身的智慧與身體素質，天生優於他人，同時也能透過有意識地創造自我來實現這種優越的能力並在

世上行使自己的意識。

尼采認為，這種創造至少有一部分屬於一種藝術行為，也就是對統一自我的形象進行有意識的培養。正如巴爾扎克筆下的「優雅之人」那樣精心安排自己的外在形象，包括衣著、髮型、儀態，目的就是要呈現出一種根本的統一性，表示超人也會依據其卓越的意志安排生活的各個層面。尼采寫道：「賦予個人性格上的『風格』是必需的，這是偉大又稀有的藝術。風格是那些能夠審視自身優勢與弱點，然後將其融入藝術性規劃的人才有辦法實踐的。」[19]

此外，超人是孤獨的角色。他必須勇敢地為自己確立價值觀，而不是讓社會告訴他該怎麼思考。他的個體性與創造性正是藉由離群索居才能達成的。「回顧人類漫長的歷史，」尼采輕蔑地表示「沒有什麼比獨自一個人的感受更可怕了。獨處，一個人經歷一切，不服從也不宰制，成為單一個體，這不是一種享受，而是被當作一種懲罰，那是被判處『個體性』（individuality）之刑。」[20] 然而，超人卻明白這樣的孤獨是一種美德。這樣的美德讓他理解自己的獨立存在正是生命意義的核心。

「超人是世間的意義，」尼采堅稱。「讓你的意志宣告，超人就是這世間的意義所在！」[21] 沒有自我心盛（self-flourishing）的生命便沒有意義。凡是認清這項基本真理並願意付諸行動的人，便能依照自己的形象塑造現實。

尼采並非憑空發明了這種新的自我意識形態。自啟蒙運動以來，我們已經看到許多此意識形態的元素滲透到自我成就的理念之中，像是自我對習俗的摒棄、渴望新型態的階級制度、相信世界是分為自我成就者與群眾的二元組成，以及在缺乏上帝的條件下，讓自我成為價值的唯一仲裁。然而，尼采比任何其他思想家都更明確地點出這些趨勢，進而批判歐洲社會拒絕承認這些已經

發生的巨大改變。上帝已死,尼采堅稱,並帶著略為諷刺地語氣說道,「從現在起,我將主宰這個世界。」[22]

尼采提出的哲學呼應了一些美國同期哲學家的思想,儘管重點有所不同,特別是那些後超驗主義的新思維倡導者,因為他們相信人類透過內省便可以掌控貫穿世界的神秘能量,而且可以隨心所欲地利用這些能量達成自己的目的。對尼采而言,世界上唯一有創造性的能量源自於內在,那就是自我的力量,更具體地來說,自我意志的力量。尼采相信這些基本的渴望與本能需求可以幫助我們超越習俗及中產基督教道德中的假象。尼采表示,我們想要的讓我們成為真正的自己,這點更勝於其他關於我們存在的任何事實。假如這個空虛又殘酷的世界中有任何極其偉大的事物,那便是我們自身的欲望,我們想要更繁榮、更成為我們自己的渴望。

理論上而言,自我成就的民主化特質主張任何人只要夠努力就能夠成為自我成就者。而貴族式的自我成就特點則認為只有某些特別的人才具備超人的特質。然而,實際上這兩種意識形態的相似之處遠高於兩者之間的差異。那些獲得權力或財富的人,不論是透過努力工作或新思維式的積極思考,還是藉由某種與生俱來並優於群眾的特質,這些人都理解現實本身是可以被改造的,真理是可變動的,而生活只不過是提供性格魔法師隨心所欲進行重塑的原材料。

§

對於像鄧南遮這樣對現代工業生活的庸俗感到幻滅的作家而言,尼采的哲學是一種啟發。鄧南遮於一八九二年創作的小說《死亡的勝利》(*The Triumph of Death*)中,讚頌這位終於揭示

了存在真理的哲學家。他引述尼采作品中的幾個角色來呼籲讀者們「敞開心扉去傾聽寬宏大量的查拉圖斯特拉的話語⋯⋯並且懷著堅定的信仰為超人的降臨做好準備。」[23] 鄧南遮在另一部小說《岩間聖母》（*La Vergine delle Rocce*）中回溯至義大利文藝復興時期並將其視為「超人」（supermen）的時代，其與當前義大利人的僵化形成鮮明的對比。[24]

這些自我成就的貴族預言家們對於更符合字面意義，也就是經濟上的自我成就者都抱持著特別厭惡的心態——沒錯，他們說的就是中產階級。但諷刺的是，中產階級才是最有可能閱讀貴族預言家著作的那群人。鄧南遮與尼采都與之前那些執褲主義者一樣，將大部分的火力集中在批評中產階級。他們認為這些人與他們所厭惡的社會習俗有著緊密的關係，以及那些他們視為虛偽的平等民主制度。（至於這些制度是否真的讓社會平等是另一回事，看看像鍍金時代的紐約那樣令人震驚的不平等與貧困的殘酷現實，我們便知道平等只是一種假象。）然而，對於尼采與鄧南遮來說，他們鄙視的中產階級，或者更廣義的群眾，其實並非真正的自我成就者，反而就像羊群一樣，其個性完全由更強大的他者來形塑。

最壞的情況下，中產階級在道德與美學上無足輕重，深受現代生活中單調的物質安逸誘惑。最好的情況下，他們是二流的模仿者或擁護者，正如鄧南遮所描述的「一萬名青年，」如同當時的評論所說，他們「留意加布里埃爾說的每一句話，仔細觀察他領帶上打的結以及西裝背心的長度要一樣，內心充滿迫切的情感，就像他使用的形容詞的風格與語句的結構那樣。」[25] 這些二流的追隨者在裝腔作勢就意味著控制真理本身的世界裡，服從便是他們處於劣勢的證明。

然而，鄧南遮與尼采都不相信字面上的那種世襲貴族體系。

鄧南遮也向許多花花公子理論家一樣來自富有的地主家庭，不過並非世襲的貴族家庭。尊貴的姓氏「鄧南遮」（D'Annunzio）就像「德・巴爾扎克」（de Balzac）一樣是自選的。鄧南遮的情況是由其父親所選擇的姓氏，而這個姓氏來自一位無子嗣的叔父。

這些試圖成為貴族的人所渴望的並不是世襲的貴族地位，而是一種更好表述內在優越性的新方式。他們渴望在一個看似鼓勵相似性與可重複性的世界中找到一種建立個性與原創性的新方法，因為在這個大規模生產的年代，人類似乎沒有比機器更特殊。像那些天天害怕成為群體一分子的花花公子一樣，這些超人預言家將自我主張視為對抗現代都市生活匿名化的唯一保障。現代西方人有兩種選擇，要麼宣稱自己是超人，要麼接受生活就是尼采所說的「末人」（last men）──這群追隨者只能接受自己屬於中產階級的庸俗命運。

§

進入二十世紀，尼采的超人概念逐漸變得強勢。十九世紀的花花公子們試圖藉由高人一等的舊有幻想來逃避現代世界，而二十世紀早期那些自視為超人的人則重新想像自己是充滿希望的未來的一部分，戰爭及其帶來的自我肯定機會則在這樣的未來中區分了勇敢的天生貴族及膽怯的「末人」。這個時代有所謂的未來主義者，也就是義大利作家菲利波・托馬索・馬里內蒂（Filippo Tommaso Marinetti）的信徒，其於一九〇九年發表的《未來主義宣言》（*Futurist Manifesto*）將戰爭視為「治癒這世界的唯一良藥──軍國主義、愛國主義、無政府主義者的毀滅性行為，那些死路一條的美麗思想。」[26] 馬里內蒂也與鄧南遮一樣譴責當時義大利的現況，認為這個國家被「臭氣熏天的教授、考古學家……

第七章　「從現在起我將統治世界」　──　167

文物收藏家⋯⋯以及像墓地一般四散的博物館」所感染，簡直是病入膏肓。[27]

當花花公子們在精美古物與鑲寶石的龜殼中尋求慰藉時，馬里內蒂及其追隨者卻在慶祝科技為二十世紀帶來的可能性。「一種新型的美讓這個世界更加光彩，」馬里內蒂寫道「那就是速度之美，」他慷慨激動地描述「賽車的引擎蓋上裝飾著排氣聲如打雷般大聲的蜿蜒的巨大管子。」[28] 然而，未來主義者與花花公子的前人們一樣都認為自然已走到了盡頭。那些人造加工製品、俐落又性感的人類進步成果，正在步入輝煌的優勢地位。未來主義者也像花花公子們一樣公開厭女——馬里內蒂的宣言中帶著「鄙視女性」的呼籲——其將女性視為自然界廣義上的失敗象徵。此外，儘管怪異，未來主義者也與花花公子們一樣深知在受眾面前製造效果的力量有多強大。馬里內蒂有個荒誕出格的戲劇作品是在觀眾席上塗抹膠水，讓觀眾在不知不覺中被黏在座位上動彈不得。結合美感上的荒誕行為與對男性陽剛的迷戀，未來主義者自詡為新世界秩序中的貴族。

對於許多未來主義者而言，第一次世界大戰的爆發象徵著激動人心的可能性，亦即他們終於得以在現實生活中擁有實現精力與幻想的機會。正如某位未來主義詩人在戰場上的臨終遺言，戰爭是「一場與無限的鬥爭，華麗又轟轟烈烈。」

幾乎所有的未來主義者都上了戰場，包括馬里內蒂本人在內。許多人也加入了阿爾帝提突擊隊——「勇敢之人」的軍團——這支部隊即是後來追隨鄧南遮占領阜姆的核心軍隊。這些阿爾帝提成員都視自己為超人的終極化身。某家深表同感的報紙描述他們是新的「貴族，不論是性格、力量、信仰、勇氣、血緣與智慧的層面上都是。」[29] 這家報紙繼續激昂地寫道，這些人是「從戰馬上跳下的貴族、從飛機中現身的飛行員、放下意識形

態的知識分子、走出沙龍的精英分子，以及厭惡教會的神祕主義者」，他們都願意離開自己的世界並投身進入唯一重要的事情——殺戮。

然而，第一次世界大戰中的士兵卻鮮少有人比鄧南遮的崇拜者——青年記者貝尼托‧墨索里尼那像體現出對貴族氣質的執著，而且再加上與鄧南遮其他崇拜者一樣著迷於所謂的「淨化暴力」（cleansing violence）。一九一四年，墨索里尼創立了一個新政黨「義大利戰鬥者法西斯」（Fascio d'Azione Rivoluzionaria），又稱作革命行動聯盟，致力於推動義大利政府出兵干涉第一次世界大戰。墨索里尼與鄧南遮一樣希望重新占領義大利「尚未收復的」領土來復興國家光榮，例如阜姆還有如今日已是義大利一部分的的里雅斯特。

戰爭結束之後，墨索里尼的目光又更遠了。一九一九年，也就是鄧南遮占領阜姆的同一年，墨索里尼成立了第二個更有抱負的政黨。這個名為「義大利戰鬥聯盟」（Fasci Italiani di Combattimento）或者乾脆稱為法西斯的政黨，吹噓著由馬里內蒂親自共同撰寫的政治宣言，認為他們正在參與著一項具有雙重使命的計畫。首先，他們幫助重建（或更準確地說是發明）一個為了更純粹世界而存在的自然階級體系，而義大利社會不會像以往那樣掩蓋這些階級，而是會為此慶祝。再來就是協助創造一種新的世俗精神，一種人類意志的信仰，用以取代不復存在的舊基督教世界。畢竟，既然群眾需要領袖的帶領，那還有什麼比人類的光榮更誘人的承諾呢？

對墨索里尼而言，法西斯主義「不僅是一個政黨而已……而是一種信仰，甚至，也不僅止於是一種信仰，還是一種征服義大利勞動群眾的宗教。」[30] 墨索里尼並不只是將自己塑造成一件藝術品，還將他的追隨者也塑造成藝術品，藉由讓群眾有機會參與

他創造的盛大場面來形塑他的形象。對墨索里尼來說，法西斯主義是一項兼具藝術與美學的計畫。他與鄧南遮一樣，堅信可以利用強而有力的盛大排場與類似宗教的形象來煽動參與者到熱血狂喜的狀態。墨索里尼曾經表示，「當我感受到自己掌握群眾時，因為他們相信我，我就覺得自己與這些群眾是一體的了。」[31] 他將自己視為人類的藝術家，即便（甚至尤其）是涉及暴力行為時。「當雕塑家看到成品沒有按照構想精準地完成時，不也一樣會憤怒地砸碎大理石嗎？」他強調道。「一切的關鍵在於，像個藝術家一樣去支配群眾。」[32] 某些法西斯主義的標誌性元素，像是「領袖」（Il Duce）頭銜、黑衫軍（Blackshirts）的準軍事性視覺語言，在在都是墨索里尼直接從鄧南遮那裡借鑒而來的。

墨索里尼堅稱法西斯主義的承諾就是讓生活成為藝術作品，是一種為普羅大眾的重新構想。追隨墨索里尼（或鄧南遮）的承諾，就是追隨者也可以成為某種特別存在的一部分。「法西斯主義將『風格』帶回人民的生活。」墨索里尼於一九二二年在向羅馬進軍的前一個月這麼主張著，並指出民主與平等幾乎將「風格」毀滅（巴爾扎克與布魯梅爾絕對會同意他的看法。）對墨索里尼而言，法西斯主義提供「一種行為準則，也就是膚色、力量、別具一格、出其不意以及神秘的意象。」這是一種集合美麗、秩序、凝聚力與整體性的世界觀——就像巴爾扎克「優雅之人」的概念也擴展到涵蓋所有的創造物。

法西斯主義最重要的宣傳點在於，只要聽從一位真正（所謂的）的天生貴族的指示去參與一次暴力的起義，就可以成為一位「天生貴族」，或至少是接近這個身分的人，而這些貴族正是一開始策劃整場演出的人。鄧南遮與墨索里尼狡猾地推銷著法西斯主義美學。他們曾經視自己為這世上擁有血統與力量的貴族，又從追隨者想要變得跟他們一樣的渴望中得益。

法西斯主義者的敘述並不亞於巴納姆的「騙術」，盡是些巧妙的修辭手法。那些渴望成為自我創造者而被鄙視的群眾反而被那些鄙視他們的人說服，相信自己可以成為自我創造者。這些人認為唯有將自己交付給另一種力量才能脫離中產階級中那種可以複製的平庸生活，並過上真正有意義的原創生活。他們在「意志的勝利」中歡呼，儘管手段採取暴力與殺戮，他們將自己的意志臣服於領袖的欲望之下。他們屬於一個「民族，作為一個良知與意志的共同體向前邁進」，同時又視自己為特殊的存在。他們是墨索里尼群體的一員，就像墨索里尼的未來主義先驅們一樣，稱呼自己是「壕溝中的貴族」（Aristocrazia delle Trincee）（也就是戰士）。正如墨索里尼的情人瑪格麗塔・薩爾法季（Margherita Sarfatti）所描述的，這些人就像墨索里尼那樣，「認同……最高貴族的特權，他們就像是過去、現在，還有將來的羅馬貴族與歐洲男爵，酋長與武士。」[33] 上帝的私生子已登上屬於自己的王位。

§

　　藝術的法西斯主義不僅變成最成功的自我成就者取得權力的手段，也成為他們改造群眾的一種方式，讓他們相信自己也可以加入這種精神上的貴族階層。那些個人的掙扎、個人的憂慮——法西斯主義承諾，都可以被提升到一種超脫的神話層次。

　　就像墨索里尼在一九三二年的一篇文章中寫道，「法西斯主義希望人們積極地全心投入行動，希望人們能夠挺起胸膛面對周遭的困難，準備好自己去接受挑戰。法西斯主義將生活視作是一場人們必須為自己贏得名符其實地位的戰鬥。首先要準備好自己（在身體上、道德上、智力上），成為贏得這個地位所需的工具。」[34] 換句話說，墨索里尼所推銷的其實是一種體驗式的幻想。

藉由讓受眾以為自己有機會像個超人，但實際上是不是真的超人並無所謂。只要加入黑衫軍，參與針對猶太人、斯拉夫人以及其他所謂「不受歡迎」的民族的暴力行動，任何人都可以從「群眾」中脫穎而出。即便（尤其是）從未真正掌握政治實權，任何人也可以成為神。

儘管墨索里尼於一九一九年組建法西斯政黨的努力最終功虧一簣（他在十一月的選舉慘敗），他仍然繼續發展自己的理論，同時也繼續締結政治聯盟。他最終在一九二一年成功當選國會議員並與其他三十五名法西斯黨員一起進入義大利國會，針對那位容易被操弄的政客，也就是軟弱無力的國王維多·伊曼紐三世（King Vittorio Emanuele III）煽動不滿的情緒。一九二二年十月，攻占阜姆後三年，墨索里尼主動發起了一場政變，動員支持者進軍羅馬。「讓我們一起，純淨精神，」墨索里尼在一片熱烈掌聲之中激勵支持者們，吶喊道「我們心向羅馬⋯⋯這座我們心靈歸屬的城市，一座淨化、清洗過的城市，已除去了任何玷汙她的因子。我們一起讓羅馬成為我們夢中那偉大義大利帝國跳動的心臟與激動的靈魂。」[35]

很快地，效仿墨索里尼的法西斯運動便開始蔓延到整個歐洲。奧地利的恩格爾伯特·陶爾菲斯（Engelbert Dollfuss），西班牙的法蘭西斯科·佛朗哥（Francisco Franco），當然，還有德國的阿道夫·希特勒（Adolf Hitler）。這些政治運動的共同之處不只包含某些特定獨裁者的個人崇拜。這些獨裁者很清楚人們最渴望的是自己很特別的感受、以為自己也是天生貴族的一部分，以及，認為自己的生活在這個似乎毫無意義的世界中是極其重要的。結果事實證明，貴族式的幻想才是最有價值的商品。那些歐洲的群眾集會就與巴納姆的美國馬戲團一樣，只要能讓民眾感到愉悅，他們就非常樂意為那些詐騙手法買單。

第八章
「It」的力量

The Power Of IT

一九三三年，好萊塢年輕女演員芭芭拉・史坦威（Barbara Stanwyck）決定奉行尼采的哲學。或者，更準確地說是史坦威所飾演的角色莉莉・鮑爾斯（Lily Powers）做了這樣的決定。不過人們很快就會發現，史坦威與該角色之間的界限越來越模糊。她不久之後就將職業生涯定位在扮演一系列懸疑片中意志堅定的蛇蠍美人角色，像是一九四一年的《玉女嬉春》（*The Lady Eve*）、一九四四年的《雙重賠償》（*Double Indemnity*），該劇可說是她最具代表性的作品，以及一九四六年的《瑪莎・艾佛斯的奇情》（*The Strange Love of Martha Ivers*）。這些角色都是不畏懼利用自身魅力來達成目的的女性，就像馬基維利或維維安・格雷那樣能夠巧妙操弄周圍的人，為的就是改變自身處境。

當時，史坦威在大銀幕上最為人所知的是她早期扮演的一些角色，像是貞潔女英雄或身處困境的年輕女子。然而，莉莉・鮑爾斯卻將這一切改變了。她在電影《娃娃臉》（*Baby Face*）中是不屈不撓的非正派角色，並決心不擇手段地向上爬，就算要她說謊、詐欺、偷竊或出賣肉體都無所謂。就在好萊塢實施電影製作守則的海斯法典（Hays Code）審查淫穢劇情之前，電影《娃娃臉》呈現出莉莉攀上枝頭的所有露骨細節。除此之外，《娃娃臉》也堅信觀眾肯定會為她喝彩。

美國的經濟大蕭條讓幾乎全國每個人都感到前途茫茫。華爾街股市崩盤，拖垮美國幾乎一半的國內生產毛額。將近四分之一的人沒有工作，成千上萬流離失所的人被迫搬遷到俗稱「胡佛

村」（Hooverville）的簡陋棚戶區，這個名稱是以當時在經濟崩潰期間上任的總統胡佛命名的。貧窮與絕望似乎已經成為全國社會結構的基礎。我們可以在電影《娃娃臉》的一開始得知，莉莉・鮑爾斯是美國最不幸的人之一。還未成年就被父親賣給賓夕法尼亞州一間非法酒吧的老闆，只是為了換取往後日子的買酒錢；但是無論任何事，不管是個人創傷，甚至是全球性的災難，都不能擊垮莉莉。當時某位評論家描述她是「冷酷無情的生物，游刃有餘地玩弄著，」並以「後腳跟踐踏她的獵物。」[1]一頭金髮、苗條身材與修長的美腿，莉莉清楚知道怎麼利用自身吸引力從貧困與被迫賣淫的泥沼中爬出來，最後進入她以為自己應得的生活。《娃娃臉》的故事架構就是莉莉搬到紐約並靠著出賣身體一路睡上位，然後嫁了一位富有的丈夫，接著在他失去財富時拋棄他（只是在最後關頭的節骨眼上又出現浪漫救贖的劇情逆轉）。

　　莉莉的角色靈感從何而來？就是尼采的著作《權力意志》，而且影片一開場就出現了這本書的鏡頭。電影《娃娃臉》的幾個開場鏡頭中，莉莉最親近的朋友與信賴的導師，也就是年邁的鞋匠克拉格（Cragg）從書架拿出這本書並向她大聲朗讀。「像妳這樣年輕貌美的女子，」他沉思道「這世上沒有什麼妳得不到的東西，因為妳擁有駕馭男人的力量。」然而，他也警告莉莉，她必須學會如何明智地使用這種力量。「妳必須利用男人，」他提醒她，「而不是被他們利用。妳必須成為主人，而不是奴隸。」克拉格明確地表達出這個觀點，接著振臂高呼著尼采的話語，「所有生命，不論我們怎麼理想化，無非就是一場剝削。」據克拉格所言，尼采的道德準則就是「剝削自己」。他告訴莉莉動身前往紐約，開啟勾引男人的生涯。

　　然而，電影中的鏡頭並沒有聚焦在克拉格身上，反而是從克拉格的肩膀後方對著史坦威那有如狐狸般有稜有角的臉龐。她的

每個表情都透過膠片細膩地呈現，深色的雙眸在細描的雙眉下越睜越大，微微張開的紅唇透漏著一種在渴望與挑逗之間擺盪的表情。觀眾看著她的表演都不自覺失了魂，而她的視線則在克拉格與那本書之間來來回回地游移著。儘管劇情是克拉格在說話，但是觀眾的視線都在史坦威身上，看著她忖度著自己該何去何從。

莉莉將香煙舉到唇邊，接著吐出一口煙，此時鏡頭也在她臉上逗留。

「沒錯，」她說道。

隨後，電影在海斯法典（好萊塢電影製作守則）時代的審查下刪減了開場的情節。然而，原版的《娃娃臉》卻充滿著為莉莉決心成為「超人」的讚美，更罕見又振奮人心的是，這可是一位女超人。在劇情中莉莉一路踩著別人的屍骨向上爬。一位被她拋棄的情人殺了另一位情人後自殺，而第三位富有的情人最後也試圖自殺，直到莉莉終於首肯與他成婚（莉莉告訴他，自己已經不在乎他的財產了，但觀眾並不完全相信她說的話。）對莉莉而言，人生就像「動物園」，她拒絕當一隻被囚禁在牢籠中的「愚蠢動物。」克拉格的指導，再加上一些尼采的思想，莉莉創造了屬於自己的命運。接著在電影後段，就在淘汰兩位情敵的一場謀殺與自殺案之前，莉莉收到克拉格寄給她的尼采作品《不合時宜的考察》（*Thoughts Out of Season*），提醒她這一路走來的初衷。此時鏡頭鎖定在一段文字上，「勇敢無畏地面對生活，切勿浪費精力追求遙不可及的月亮。征服一切情感。」[2]

在大西洋彼岸，尼采式的自我創造願景也激勵了許多歐洲人內心的民族主義狂熱，這些人都臣服於「優越種族」（master race）的承諾。凡是符合法西斯標準的人都可以實現自我創造並獲得榮耀。然而在好萊塢，自我創造敘事已經與財富積累糾纏了一個世紀，而資本主義者的奮鬥也擁有了道德及精神層面上的意

義。尼采式的夢想在此已融入一個完全不同的敘事之中。好萊塢電影暗示著，上帝真的在人間行走著。擁有力量與能力塑造自身命運，而且可以隨著個人意志轉變世界的人真的存在，他們可以成為內心夢想中的模樣。然而，這些人也像在歐洲一樣，屬於非常獨特的族群，天生具有某種特質，這也是當代對布魯梅爾「風雅時髦」的一種回應。這些人擁有一種難以言喻的特質，而那正是讓男人接二連三甘願為了莉莉‧鮑爾斯互相殺戮或犧牲的原因。這也是觀眾無法不愛芭芭拉‧史坦威的原因，所有人都支持她，即使她一路踩著無數破碎的心與消亡的生命。這些人確實擁有美貌，但絕對不僅是如此而已，因為擁有美貌的人多的是。這些新時代的神祇，不論男女，都擁有吸引觀眾注意力、控制觀眾並讓他們目眩神迷的能力，觀眾或攝影機都無法從他們身上轉移視線。

如果以好萊塢雜誌偏好的描述方式，這些人擁有「It 特質」。就像電影《娃娃臉》中的一句台詞，他們「值得這些回報（made it pay）。」[3]

§

沒有人確切知道「It 特質」究竟是什麼。這個詞最早是在一九二七年二月時開始普及，當時英國小說家埃莉諾‧格林（Elinor Glyn）在女性雜誌《柯夢波丹》（*Cosmopolitan*）上發表了一篇以此為題的文章。根據格林的說法，「It 特質」是一種原始的性吸引力、王爾德式的紈褲主義，帶有某種我們在新思維的傳統中看到的那種近乎魔力的個人魅力。格林表示「It」是一種科學定律，一種「某些人才擁有的特質，而這些人充滿了吸引力。」[4]「It」也是性吸引力的一種來源，「擁有『It』，」格林

堅信「凡是女人就能讓男人拜倒石榴裙下，凡是男人就能征服天下任何女人。」[5]不過「It」不只是如此，還涉及了一些特別的事情，且重要的是，一些與生俱來的事情。正如「雲淡風輕」（sprezzatura）與「風雅時髦」（bon ton）的特質一樣，「It」包含一種外在的呈現，或至少是一種虛幻的真實性。無需費力去得到它，因為這種特質必須看起來像是毫不費力的出現。格林提醒讀者們，「『It』必須是不知不覺中發生的。」就像花花公子那樣，擁有「It」的人必須「不管內心歡喜與否，都要看起來像無動於衷般冷漠。」[6]

換句話說，「It」代表著一種好萊塢化的美式貴族自我成就者的敘事。這種人不費吹灰之力，天生就比別人更優秀或掌握更多權力。然而，「It」同時又帶有奇妙的平等色彩。「It」可以讓泛泛之輩搖身變成明星，讓過去的女店員轉身成為披著貂皮的魅力女神。任何人都有機會被發掘並成為下一個芭芭拉·斯坦威、珍·哈露（Jean Harlow），甚至是最成功的「It」女孩克拉拉·鮑（Clara Bow）。

格林這篇文章發表不久之後，派拉蒙的電影製片人B·P·舒爾伯格（B. P. Schulberg）就花了五萬美元買下這篇文章的版權，他堅信這個「It」的概念會有市場。時間過了不到一年後，電影《"It"》（中文譯做《攀上枝頭》或《異性熱》）片名帶著挑逗意味的引號上映，女主角是享有「電影界最火辣的爵士寶貝」盛名的克拉拉·鮑女士，她剪了鮑伯頭飾演劇中的貝蒂·露（Betty Lou）。儘管這個角色比後來的角色莉莉·鮑爾斯少了些奸詐狡猾的特質，貝蒂·露依然徹底展現出「It」的魅力，也獲得了回報。貝蒂·露除了魅力無窮，還有種妙不可言的特質（je ne sais quoi）。像貝蒂·露這樣出身卑微卻充滿活力的女店員，不僅吸引了她工作的百貨公司繼承人的目光，還贏得了他的心。

其實這種描寫年輕貌美的貧窮女子獲得有錢有勢的男性青睞的故事也不是什麼新鮮事。然而，電影《攀上枝頭》的與眾不同之處在於克拉拉・鮑吸引男人的方式。她不像《帕梅拉》（*Pamela*）中那種遭受薩德侯爵嘲諷的貞潔女主角一樣靠著美德、天真或青春的姿色去吸引男人。克拉拉・鮑吸引人的不只是美貌，畢竟她的情敵是一位富有的金髮名媛，外貌上當然私毫不遜色。她還通過「It」贏得了愛人的心，也就是她面對生活的那種充滿喜悅又毫不費力的態度，完美詮釋了文藝復興時期的雲淡風輕特質。其中一個場景，鏡頭不斷來來回回地切換，一邊記錄著情敵精心準備約會的過程，小心翼翼又精心算計的裝扮，一邊對比貝蒂・露的隨性優雅。貝蒂・露買不起華服，便拿起剪刀剪低了原有衣服的領口，看起來是如此的驚艷。幾乎就在一夜之間，克拉拉・鮑造成了轟動，不只是作為一位演員，而是一位明星。她個人擁有的「It」特質讓她搖身一變成為大螢幕上嶄新的好萊塢名流，民眾愛上的不僅是身為電影角色的貝蒂・露，也愛上了克拉拉・鮑這個人。

好萊塢的崛起以及隨之而來的新型態名流文化是自我創造歷史上的一個重要分水嶺。這種文化首次將貴族式與民主式的自我成就故事融合在一起，成為單一的明星敘事。明星就像歐洲的花花公子一樣，也是擁有「It」特質並凌駕於凡人之上的半神。然而，比起奧斯卡・王爾德或巴爾貝・多爾維利，這些明星在美國特有的資本主義體系中涉入的更深。這個體系將這些人擁有的「It」特質與取得巨大（卻不明說的）財富之間搭上了線，也向更廣大層面的觀眾展示擁有（或看起來擁有）「It」的潛力。克拉拉・鮑和芭芭拉・斯坦威這樣的明星就同時有著天生優於普羅大眾的存在以及成為行走廣告的形象，這種形象歸功於背後強大製片公司在利益驅使下創造的角色，目的在於宣傳那些承諾讓一

般人也能有所改善的產品與技術。

　　好萊塢的興起也以另一種方式拓展了自我創造的故事。好萊塢開啟了女性進入自我成就的文化敘事。這並不是說在好萊塢時代之前沒有女性自我創造者的意思，在此之前確實有些自我成就的女性企業家，例如化妝品業巨擘 C・J・沃克女士（Madam C. J. Walker），她也是美國第一位白手起家的黑人百萬富翁；還有像是跨性別裝扮的法國作家拉希爾德（Rachilde）這樣的紈褲主義者。然而，無論是貴族式還是民主式敘事，追求自我成就的神話中鮮少出現過女性。誠如我們所見，自我創造的敘事的確經常帶有厭女傾向，視女性為「自然的」或「有機的」人類，這是那些擁有神性的自我成就者想要藉由技術、能力或僅靠力量所要超越的對象。然而，「It」的魅力、性吸引力與藉由表演產生影響他人的力量，以及由此衍生的大螢幕名流崇拜，讓男性與女性都擁有了自我成就的可能性。任何人（至少是在好萊塢長期帶有種族主義的歷史中，任何符合膚色標準的人）都可以像克拉拉・鮑的角色貝蒂・露那樣，理論上可以在一夜之間變成全國支持者所崇拜的偶像。因此，人們越來越能夠意識到自我形象的控制，無論是在螢幕上還是在現實生活中，別人的眼光對於實現的這種轉變至關重要。

§

　　名流文化的誕生當然不是起源於好萊塢，甚至也不是源自於美國。如同我們前面所看到的，十八世紀，特別是十九世紀的表演者就已經達到那種受人崇拜的地位。他們的公眾形象與其藝術作品相融合，以至於我們可以說他們獲得成就的部分原因就是因為做自己。舉例來說，匈牙利鋼琴家兼作曲家費倫茨・李斯特

（Franz Liszt）在一八四〇年代就擁有眾多女性崇拜者，她們經常會在他的音樂會陷入歇斯底里與集體暈厥，以至於當時的德國詩人海因里希・海涅（Heinrich Heine）發明了「李斯特狂熱」（Lisztomania）一詞來形容那種熱烈崇拜的程度。無獨有偶，美國演員愛德溫・福雷斯特（Edwin Forrest）與他的宿敵英國演員威廉・麥克瑞迪（William Macready）之間的著名恩怨也是一例，這場恩怨於一八四九年在紐約阿斯提宮劇院（Astor Place Theatre）上演的莎士比亞劇《馬克白》中爆發，雙方支持者在劇院中上演了全武行。除此之外，還有我們之前提到的奧斯卡・王爾德，其決定佩戴綠色（或者其實是藍色？）康乃馨的安排也在倫敦戲劇圈內掀起了持續數十年的時尚潮流。

我們也不得不提到莎拉・伯恩哈特（Sarah Bernhardt）這位女演員兼歌劇名伶，許多她的仰慕者已經不只是觀眾了，而是崇拜者。正如某位喜愛她的評論家所描述的，伯恩哈特擁有的並非只是魅力而已，她擁有「一種激發人們觀賞興致並最終讓人稱臣的磁力。」關於她的魅力，這位評論家表示，「她不只是抓住你而已，而是囚禁著你。」[7] 伯恩哈特的磁力賦予她一種讓人目眩神迷又近乎神奇的力量，讓她在觀眾心中有著與歐洲政治強人般的控制力。對她的崇拜者來說，她已經不只是人類，而是超越了人類，其迷人的公眾形象強大到足以將她變成落入凡間的女神。

然而，這些表演者的影響力其實相對有限，頂多就是吸引數百名負擔得起欣賞伯恩哈特演《哈姆雷特》、李斯特的音樂會或《溫夫人的扇子》演出的觀眾。直到電影發明之後，隨著電影可以將單一影像、姿態或表情傳送給成千上萬、甚至上百萬人觀看時，真正的明星才因此誕生。

電影攝影機裝置的出現有著錯綜複雜的起源。與發明電燈泡的情形類似，電影攝影機並不是某一個人獨立發明的，而是由

多位經常互相競爭的開發者於一八九〇年代共同研發出來的。在美國有我們熟知的湯瑪斯・愛迪生，當時他已經是自己公司掛名的老闆，並主要由威廉・甘迺迪・勞里・迪克森（William Kennedy Laurie Dickson）負責日常工作事宜。迪克森是一八九一年「活動電影攝影機」（Kinetoscope）以及隨後出現的「活動電影放映機」（Kinetoscope viewing machine）問世的開創者。法國則有俗稱的「盧米埃」（Lumière）兄弟，也就是奧古斯特（Auguste）與路易（Louis），他們在一八九五年為「活動電影機」（Cinématographe）申請了專利。德國也有兩位兄弟，即斯科拉達諾夫斯基（Skladanowsky）兄弟，名叫馬克斯（Max）與埃米爾（Emil），他們也在同年為其發明的「電影流動放映機」（Bioscop）取得專利。

然而，早期影片的性質多半是在展示技術，而非角色的人性魅力。最早的賣座電影包括盧米埃兄弟於一八九六年出品的《牆壁的拆除》（*Demolition of a Wall*），電影內容正如其名，以及《火車進站》（*Arrival of a Train at Ciotat Station*），內容也如其名就是一輛火車進站。關於《火車進站》有一則廣為流傳的佚事，就是火車在大螢幕上駛近的畫面讓前排觀眾嚇到從椅子上跳起來。儘管很可能是杜撰的故事，不過依舊反映出早期電影的形象。這種影片就如同愛迪生的電燈泡一樣，目的是在頌揚人類技術發展的進步。當時現身在電影中的幾位演員大多是從歌舞雜耍或馬戲團找來的表演者，這些人能夠做出奇特或「怪異」的肢體動作，像是軟骨功表演者埃娜・貝爾托迪（Ena Bertoldi）或大力士尤金・山道（Eugen Sandow）。那些轉行演電影的劇場演員，通常是因為電影酬勞比「真正的」劇場更好，而他們也會被同行嘲笑是在賣身求富貴。正統的劇場演員堅稱電影演員不過就是特技人員罷了，他們登上大螢幕就是為了給那些渴望驚奇的觀眾們帶來

技術發展的震撼，讓他們驚歎科技能夠展現出如此荒誕的畫面。《電影世界》（Moving Picture World）於一九〇七年刊載的一篇文章就苛薄地寫著，「跑龍套演員發現自身才華的新用途⋯⋯對著攝影機躺下、翻滾及跳躍，三天內就可以賺到老本行的一周工資。」[8]

這些表演者幾乎都是匿名演出。他們就像幾個世紀以前的中世紀工匠那樣，只是為了給更大的機構提供服務而已。只是如今這些機構已經從教會變成了電影製片公司。這些製片公司不僅出資拍攝電影，也藉由控制製作電影的工具，也就是攝影機與膠片，幾乎完全壟斷了整個市場。所以與其說是創意產業，這些製片公司反倒更像是科技公司，是投資者聯合起來的商業集團，產品展現的是他們的獨創性。製片公司不會為了特定計畫進行選角，而是與固定演員簽訂合約，再根據需要在多項製作中採用這些演員。

除此之外，這些早期的製片公司也聯手合作來保護他們在市場上的壟斷性。這些公司在湯瑪斯・愛迪生的主導之下組成了電影專利公司（Motion Picture Patents Company），又稱為愛迪生信託（Edison Trust），目的就是要保護他們的利益。該信託公司力圖阻止未經授權的外部公司使用這些新發明來製作競爭影片。例如，他們與美國最主要的膠片供應商柯達（Kodak）簽訂獨家契約，使得競爭對手幾乎無法取得膠片，特別是那些剛起步的外部同業。

早期的電影在角色與故事情節方面都不算太出色，不過卻非常受到觀眾的喜愛，民眾爭相湧入當地的鎳幣電影院（nickelodeons）——這些電影院因票價僅需五美分的鎳幣而得其名，也因此發展成為固定的娛樂型態。一九〇五年，也就是活動電影攝影機問世十四年之後，美國只有寥寥幾家鎳幣電影院，

但這個數字卻在一九〇七年達到兩千五百家。時間再到了一九一〇年，全美電影院更是激增到一萬家之多。[9]

值得注意的是，電影在問世後的最初十年左右，就逐漸成為主流的娛樂形式，且這個現象並不僅限在美國，畢竟不是只有美國才有富有又勢力強大的電影製片廠。其實在二十世紀的前十年中，歐洲製作的電影似乎比美國製的更具優勢，例如法國的百代（Pathé）製片公司製作的《月球之旅》（*A Trip to the Moon*）以及《火車大劫案》（*The Great Train Robbery*）等片就在大西洋兩岸都獲得成功的反響。然而，到了一九一〇年代，特別是到一九二〇年代之後，美國電影產業不僅主導了在美國上映的電影市場，也在歐洲市場占據了一席之地。其中一部分的原因顯然就是歷史條件的順水推舟，因為第一次世界大戰在歐洲造成的破壞也摧毀了包括電影在內的許多產業。另一部分原因則在於美國規模龐大的觀眾基數。畢竟擁有這麼龐大的潛在觀眾數量，美國製片公司就有信心投資高成本的大片（並吸引頂流的國際表演者出演），因為他們相信票房一定能夠讓成本回收。最終，雖然電影產業在美國及歐洲都成了休閒娛樂的主要形式，但是只有在美國好萊塢才具備那種有無與倫比影響力的文化力量。同時，也只有在美國，明星這種超凡脫俗的個體理念，也就是由幕後企業在民主制度下精心打造的「花花公子」，才得以崛起成為頂流。

於是，正如人們所說，巨星在美國誕生了。或者更準確地說，在美國，觀眾第一次意識到明星就是他們內心想要的。隨著鎳幣電影院在美國各地開枝散葉之後，電影院的經理們也開始留意到一些奇怪的現象——觀眾們開始感到好奇了。觀眾們開始想要知道那些在大銀幕上出現的人究竟是誰，於是他們紛紛寫信給《電影世界》這樣的產業相關雜誌，以及製片公司本身，詢問一些關於他們仰慕的表演者的任何消息，尤其是製片公司一直以來

選擇隱瞞的細節——這些表演者的名字。一封於一九〇一年寄出的信就是寄給「出演《忘恩負義者》（*The Ingrate*）的那位女士，」懇求該演員提供一些信息，「請您回信，告訴我妳的名字，真的姓名，不是藝名。我保證不會告訴任何人。」[10] 另一封同時期的影迷來信則寄給一位神秘的「比奧格拉夫女孩」（Biograph Girl）並告訴這位女演員，由於缺乏其他資訊，影迷們自行給她起了一個代號——「示巴女王」（Queen of Sheba）。[11]

即便是在這樣的早期階段，吸引觀眾的特質似乎與他們作為演員、大力士或軟骨功表演者的技巧無關，而是與他們到底是何方神聖有關，觀眾在乎的是他們本身的人格特質。畢竟，那封向《世界電影》雜誌詢問《忘恩負義者》女演員的信件中，寫信的影迷是如此渴望知道她的真名，而非只是藝名。正是出於這個原因，這所謂的「It」（它）就是某些表演者如此令人著迷的特質，這種特質似乎存在於他們內在生活中某些看似真實的東西裡面，以及他們能夠將這種內在生活對外表達的能力之中。換句話說，與其說觀眾眼中的明星魅力是一種表演技巧，不如說是一種非常獨特的自我表達方式。

電影製片公司起初並不願意透露旗下演員的身分，其實原因也很實際。假如某些演員出名了，觀眾對他們的忠誠度便會是他們對這些製片公司的談判籌碼。而在目前這種情況下，製片公司的名聲（如「比奧格拉夫女孩」的例子）就會代替了對表演者自身的品牌認知。不過也有少數例外，像是愛迪生時不時就會提及一些他特別喜愛的表演者，但製片公司還是盡量不讓演員的名字曝光。

接著卡爾・萊姆勒（Carl Laemmle）就出現了。

萊姆勒是電影製片產業罕見的存在，因為他並不是愛迪生信託公司的成員之一。比起該信託的組成多數是中產階級非猶太人

來看，萊姆勒的公司則是以工人階級出身的猶太人為主。他最初是在鎳幣電影院擔任經理，親眼見識比奧格拉夫女孩的「示巴女王」在觀眾席上受到的熱烈回響。早在一九○六年，萊姆勒就在芝加哥開了第一家鎳幣電影院。自那時起，他曾嘗試挑戰愛迪生信託對電影行業的壟斷，不過始終未能成功進入這個行業。一九○九年，他召集一批有志對抗該信託公司影響力的獨立電影製片人並成立了獨立電影製片公司（Independent Moving Pictures Company），簡稱為 IMP，就像該公司故意設計得相當俏皮的標誌一樣。同年春天，萊姆勒成功挖走了神秘的「示巴女王」本人，即年輕女演員佛蘿倫絲‧羅倫斯（Florence Lawrence）。

當時，佛蘿倫絲‧羅倫斯急需一份工作。儘管她在比奧格拉夫電影公司算是很有成就地在十八個月中出演超過一百部電影，但勞倫斯與同為演員的丈夫哈里‧薩爾特（Harry Solter）卻因為試圖跳槽到另一家製片公司來換取更高薪資而遭到愛迪生信託公司封殺。然而，萊姆勒卻非常樂意將她挖角到旗下。

一九一○年三月十二日，萊姆勒如法炮製愛迪生及巴納姆用過的伎倆，也就是精心策劃並引誘記者上鉤的炒作活動。正如巴納姆在八十年前為了吸引大眾關注而奴役喬斯‧赫思（Joyce Heth）的所作所為一樣，萊姆勒也在一份刊物（這裡便是《電影世界》）上買下廣告版面，聲稱要「拆穿一個天大的謊言。」這個謊言，幾乎可以肯定是由萊姆勒本人故意散播的——假如這個不實消息真的存在的話。萊姆勒堅稱當時坊間謠傳比奧格拉夫女孩死於一場車禍。不過，別擔心！這駭人的謠言根本不是真的，因為比奧格拉夫女孩安然無恙。不過，她已不再是比奧格拉夫女孩，而是 IMP 的成員了。最重要的是，她有名字了——佛蘿倫絲‧勞倫斯，這位正在崛起的明星將帶著她最精彩的作品，也就是兩部 IMP 製作的電影（萊姆勒巧妙地置入廣告）問世。

然而，萊姆勒並未就此罷休。他繼續在《聖路易斯郵報》(*St. Louis Post-Dispatch*) 上刊登了第二則廣告並告訴讀者，佛蘿倫絲·勞倫斯不只安然無恙地在 IMP 電影製作公司拍片，而且「示巴女王」本人甚至也將親自前往聖路易斯，任何想要一睹其倩影的影迷都可以親自前來朝聖。其中一則廣告上寫著，「見過『銀幕』上的他們了，不妨來看看本人。」[12] 影迷們果然蜂擁而至。根據一位萊姆勒傳記作者的記載，影迷們見到佛蘿倫絲·勞倫斯本尊後激動萬分，接著開始瘋狂地伸出手想要抓她，人人都渴望得到這位在世聖人身上的任何東西來做紀念。

萊姆勒的宣傳噱頭結合勞倫斯的「It 特質」創造了我們今日所謂的名流光環的基礎，也就是結合個人（通常是女性，但不一定是女性）吸引力與幕後精心操弄的規畫。對於那些幸運獲得這種特質的男男女女，以及那些將好萊塢名人視為榜樣的熱情觀眾而言，明星光環就成了一種重新思考「自我創造」神話的新方式，其混合了歐洲藝術性的自我修養以及美國資本主義的奮鬥精神。那是將自己塑造成一件藝術品並藉此致富的機會。改善自己，變得更美麗、更有吸引力、擁有更豐富的「個性」，這是在一九二〇年代就已經普及的想法——那是以全新方式實踐個人魅力的新思維藝術，吸引屬於自己的健康、財富與幸福。向大眾展現出自身的真實性格也可以成為物質生活成功的關鍵。

弗雷德里克·道格拉斯與安德魯·卡內基等人的發家致富神話——勤奮年輕人自學識字並成為百萬富翁的故事已經被取代。現在的神話是一場新的美國夢——尚未被發掘的明星，可能是在商店或餐廳打工的年輕男女，然後在一夜之間成為下一個「It 女孩」（較少的情況是變成「It 男孩」），身上披著貂皮大衣，光彩耀人。這種「被發掘」的新幻想依賴的不僅是任何人（至少理論上）都做得到的端正行為，像是努力工作、學習及打拼，而是

基於被發掘明星身上的一種根本的內在真實性。「It 女孩」內心深處的性格，也就是她真實的自我（或者至少是她能夠讓觀眾相信的那個自我），正是成功的關鍵。

大多數早期的電影明星（像是莉莉・鮑爾斯）都出身貧困，但其實這也無礙於他們的發展。他們「被發掘」的故事正好符合美國那種從貧窮到富裕（rags-to-riches）的傳奇模式。克拉拉・鮑出身布魯克林的貧民窟，童年時期飽受身體折磨與性虐待之苦。芭芭拉・斯坦威的父親在她的母親因電車事故去世的幾周之後便拋棄了她。斯坦威和她的兄弟姐妹的童年主要在不同的寄養家庭中輪轉著。此外，還有一九二〇年代及一九三〇年代的銀幕傳奇人物瓊・克勞馥（Joan Crawford），她也像克拉拉・鮑一樣被父母拋棄及虐待，而克勞馥在《三女伴》（*Sally, Irene and Mary*）、《大飯店》（*Grand Hotel*）及《公子多情》（*Sadie McKee*）等電影中的表現卻深深地吸引住觀眾。這些角色就像克勞馥本人一樣，從艱苦的出身背景闖出屬於自己的一片天。

這種現代版的童話故事在一九三〇年代的經濟大蕭條的背景下變得更加強大，因為好萊塢明星與觀眾之間的生活日益脫節，而其中還融合著民主式及貴族式的自我成就幻想。明星光環的神話意味著任何普通人只要憑藉「做自己」（多半是女性）就能超越物質條件的束縛。這是對傳統美國「工作！工作！！工作！！！」敘事的重新詮釋，實際的勞動與有意識的自我修養彼此交融形成了一種單一的實踐方式。

年輕女明星的成功關鍵不僅在於她的美貌或演技，而是在於她能向觀眾呈現出某種關於她自身性格的重要真相，某種發自內在的光芒。每個明星都擁有獨特的個人形象，每種形象都與演員本人難以抹滅地聯繫在一起。例如，有「小瑪麗」（Little Mary）之稱的瑪麗・畢克馥（Mary Pickford），她接下佛蘿倫絲・

勞倫斯的衣缽成為比奧格拉夫女孩，而她像孩子一樣的天真形象是其吸引公眾的魅力所在。此外，還有克拉拉・鮑，一九二六年的《影戲雜誌》（*Photoplay*）描述道，「不管在銀幕上或私生活中都扮演著放縱的年輕世代女性。」她的放蕩與爵士寶貝的形象建立在她生活艱困的年輕女子角色設定。瓊・克勞馥則演繹了那些出身貧寒並取得成就的勞工階級女孩，而芭芭拉・史坦威則扮演著狡猾的蛇蠍美人。這些明星都散發著高度強化的真實感，讓觀眾覺得她們的性格相當逼真。後來畢克馥有些懊悔地回憶自己過去的幼稚形象時表示，「我在某種意義上成了自己的孩子。」那是針對所謂天生形象而精心栽培的重新想像。[13] 一篇於一九二一年發表的關於大銀幕表演的入門文章就提醒著有志成為演員的人，「模仿他人對任何情感的詮釋向來都不是明智之舉。每個人……表達情感的方式都不同。那是屬於自己獨有的東西。」[14] 過去花花公子們所追求的東西——即原創性，以前是暫時脫離商業世界的慰藉，如今卻成了可供販售的商品。

假如性格的原創性是明星光環的關鍵所在，那麼明星的私生活對觀眾來說便有了新的意義。明星們真正的生活方式似乎能為觀眾提供如何獲得「It」的線索。當瑪麗・畢克馥與日間劇場的偶像道格拉斯・范朋克（Douglas Fairbanks）各自離開元配並走到一起時，他們的婚姻就如當時某位評論家所言，成了「美國向來執著於幸福結局的鐵證。」粉絲與記者們都紛紛登上並占領這對夫妻所乘坐的郵輪橫渡大西洋。當輪船抵達英國之後，他們在倫敦的蜜月行程都會造成交通癱瘓。其中一次還甚至讓國王喬治五世（King George V）的大禮車堵在路上動彈不得。就像他的曾曾叔父「普林尼」一樣，他也無法抵擋這種新型貴族的魅力。

這些打造明星的電影公司不久之後就發現，明星的生活及愛情就與他們的長相一樣是珍貴的商品。《影戲雜誌》的諮詢部門

在一九一二年時還一板一眼地告知那些喜愛窺探明星隱私的讀者，「有關婚約及其他個人事務的訊息均不予答覆。」不過到了一九一五年，該行業的雜誌就經常刊登八卦專欄，話題就會像是「電影界誰跟誰結婚了」。此時《影戲雜誌》的諮詢部門將不提供答覆的事項刪減為「宗教、劇情以及工作室聘用。」正如早期某相關雜誌所指出的，「關於幾個讓美國公眾議論紛紛的重要問題，其中最重要的一項就是⋯⋯這些明星們不工作的時候都在做些什麼？」[15]而在這之中未表明卻同等重要的問題就是，「他們私底下和誰在一起？」

然而，這些明星的「私生活」其實也不算是真正的私生活，而是有意識的精心規劃，既是明星本人的規劃，也是背後電影公司的規劃，藉此創造出明星的「It 魅力」並從中牟利，這也與明星們的自我表達密不可分。少數名人可以將名氣轉化為企業影響力，像是畢克馥就創立了自己的製作公司，不過大多數明星仍然受制於電影公司的選角、塑造與形象經營。每家電影公司在公眾視野中都有著特定的「類型」——雷電華電影公司（RKO）以經營佛雷・亞斯坦（Fred Astaire）與凱瑟琳・赫本（Katharine Hepburn）這樣的知性明星著稱；米高梅電影公司（Metro-Goldwyn-Mayer）則擁有如瓊・克勞馥與茱蒂・嘉蘭（Judy Garland）這樣光彩奪目的發電機明星；相比之下，華納兄弟（Warner Brothers）則以吸引力十足的工薪階級硬漢聞名，例如詹姆斯・賈格納（James Cagney）與亨弗萊・鮑嘉（Humphrey Bogart）。[16]

事實上，每位好萊塢年輕女星的演藝生涯週期都是電影公司精心規劃而成的。各家星探會經常在歌舞雜劇及夜總會流連，希望能夠發掘下一位「It 女孩」。接著會有龐大的製作團隊待命，教導新人如何成功展現「It 特質」，從表演、歌唱、舞蹈到騎馬、

西洋劍術，甚至是皮膚保養及時尚搭配應有盡有。每位明星都有專屬的媒體團隊，不僅負責正式的宣傳活動，也負責比較日常型式的個人品牌營銷，比如將拍攝現場的花絮洩漏給八卦專欄，且不管內容的真實性，目的就是要滿足觀眾窺探戲劇後台的渴望。儘管「It特質」經常被包裝成為一種神秘又具吸引力的個人天賦，實際上卻往往是團隊精心規劃的成果。明星的「真實」性格通常是依照公眾渴望去精心策劃的結果。

與此同時，電影公司也在幕後嚴格把關明星的私人關係，確保這些明星的人際關係符合美國公眾既想要性感與魅力，卻又不想要太過頭的胃口。這些電影公司在合約中列出明星們必須恪守的道德條款，任何女星只要做出損害公司聲譽的私人行為，也會賭上自身的事業。電影公司對這些公司營運所仰賴的年輕男女進行審慎的監控。美國影評人泰‧布爾（Ty Burr）表示，有些公司，例如米高梅，甚至會監控旗下女演員的生理周期。[17]然而，極少電影公司能比米高梅公司干預洛麗泰‧楊（Loretta Young）懷孕事件的行徑更極端了。一九三五年，楊在拍攝《野性的呼喚》（*Call of the Wild*）時與男主角克拉克‧蓋博（Clark Gable）在幕後發生了關係。為了保護楊的公眾形象，米高梅公司派出最頂尖的公關危機專家埃迪‧曼尼克斯（Eddie Mannix）。隨後，洛麗泰‧楊從公眾視野中消失了好幾個月，期間她的女兒茱蒂被安置在孤兒院。幾個月後，洛麗泰‧楊高調地「收養」茱蒂，營造出這是女明星動念幫助無助貧困者的慈善之舉，且目的是為了讓她與親生女兒重聚，而茱蒂在三十年之後才得知自己的真實身世。

換句話說，「It特質」是比性格的真實性更奇妙的命題。這是一個明星的內在狀態與外在形象的結合，就像文藝復興時期的「雲淡風輕」那樣，「It特質」在乎的是表現出來的「天賦」而非真正的天賦本身。「It特質」是為了因應公眾消費而被重新塑

造與想像的現實。或者，我們也可以說是一種針對現實的新思考方式。對於好萊塢與莉莉·鮑爾斯而言，「真相」是製造出來的，也就是說，我們能讓其他人信以為真的東西，就是真相。

也許明星比大多數人更擅長從「It 特質」中獲得收益，但美國公眾也很快地沉淪在自身性格蘊藏的魅力以及如何像自己崇拜的明星一樣，重新想像自己的面孔、身體以及行為舉止，目的就是要展現自己也擁有這樣的「It 特質」。想要模仿好萊塢年輕女星貴族般的魅力形象嗎？只要能夠負擔一張五分錢的電影票就能讓所有人平等地達到門檻，這成了許多年輕男女自我成就的全新方式。任何想要打扮得像瑪麗·畢克馥或克拉拉·鮑一樣的人都可以利用這樣的外在形象掩蓋自己的出身背景。泰·伯爾就報導過一位一九二○年代的印第安納州商人這麼抱怨著，「以前我只要看一眼那些來應徵打字員的女孩的衣著打扮就大概知道她們是什麼背景，但是現在卻需要等到她們開口說話，像是露出一顆金牙或是看到其他線索才有辦法知道。」[18]

與此同時，明星與電影公司也迅速地利用觀眾對其打造的公眾形象的渴望來獲利。一位早期的影迷曾寫信給《影戲雜誌》表示，「如果我能有瑪麗·畢克馥百分之一的甜美可愛的話，那就是我最大的夢想了。」[19] 一九一五年，畢克馥推出與自己同名的品牌面霜，宣傳這樣商品可以幫助這位來信的影迷實現她的願望。另一位早期的「It 女郎」則是維塔格拉夫製片廠（Vitagraph）的諾瑪·塔爾梅奇（Norma Talmadge）。塔爾梅奇在報紙開設一個名為《塔爾梅奇小姐說》（*Miss Talmadge Says*）的固定專欄，針對那些夢想成為女演員的人傳授如何像一位電影明星一樣穿著打扮與應對進退。一九三○年開始，一般民眾甚至都可以穿得和他們的偶像一模一樣，因為一位精明的商人伯納德·瓦德曼（Bernard Waldman）在那年創立了現代商品局（Modern

Merchandising Bureau）公司，目的是取得流行電影明星在銀幕上的穿著設計，然後製造這些服裝並銷售給一般大眾。僅僅幾年之內，瓦德曼的仿製品就在四百家商店以及其他一千四百家經銷商中鋪貨販售。

不過一般美國人並不只是想要盲目地模仿明星而已。他們想要成為明星。他們想要讚揚自身的獨特與真實，希望最終可以得到大眾的認可並成為自己心目中的明星，而這一切就需要那款面霜來實現。

前一個世代曾經出現以新思維為基礎的小型自助書籍產業，教導「鍍金時代」的美國人如何致富。同樣地，二十世紀二〇、三〇以至四〇年代期間，一系列帶著新思維影響的「性格」指南書也開始出現，旨在幫助美國人發展「It」或與其類似的特質。這些新類型的出版品及講座比前人的作品更少涉及不言而喻的靈性內容，反而更加關注外在的表現，像是如何在這個世界中支配他人或讓他人屈服於你的意志。例如《瞬間個人魅力》（*Instantaneous Personal Magnetism*）就以一個問題吸引讀者，「怎樣的神奇力量可以治病並讓人充滿活力，還讓怯懦的人像換了一個人似的，也讓那些失敗的人獲得財富及令人刮目相看的權力呢？」[20] 答案是什麼？「就是你自己，你的舉止，你那神奇的個人力量……比美貌更重要，也比金錢更有價值。」[21] 性格不僅是成為明星或吸引伴侶的必要條件，同時也是在生意上或任何其他經濟活動中取得成功的重要關鍵。保羅・查普曼（Paul Chapman）在一九四〇年代的著作《性格與工作》（*Your Personality and Your Job*）中就採用一些未經證實的數據來提醒讀者，「技術訓練僅占個人成功的百分之十五，而個人素質則占了百分之八十五。」[22]

假如新思維過去曾經表示在宇宙中存在著某種內在的魔力，

也就是正確思考的個體可以藉由這種魔力在世界上游走,那麼這些關於性格的啟蒙書便將這一邏輯推向了順理成章的結論——這樣的人本身就是這世上的行動魔力源泉。當時還有另一部作品也呼應著新思維與尼采的思想,那便是一九二一年由奧里森・斯維特・馬爾登(Orison Swett Marden)撰寫的《魅力:吸引力法則為你打造優秀的磁性人格》(The Masterful Personality),該書提醒讀者,「弱者等待機會,強者創造機會」以及「不是學習、也不是文化⋯⋯而是個人力量⋯⋯一個人因此而偉大。」[23]

這些性格指南的背景都是一些十九世紀就已形成的意識形態,也就是特殊的個體可以藉由探索自己的內在讓這個世界符合心中的期許。他們也將這些觀點進一步地推展,明確展現內在自我塑造與外在表現之間不言而喻的關聯。創造自我如今終究被理解成是一種兼具藝術及商業的行為。成為自己內心想要成為的模樣(同時也意味著與生俱來的樣子)就代表著實現身而為人的最大潛能,且獲得物質上的成功也是不容忽視的事情。這些書籍都在傳達精明的自我成就者所獲得的回報其實不亞於那些企業家。畢竟,如此他們才會被認為是位於進化食物鏈的頂層。

這些書籍也為貴族式自我成就及民主式自我成就間的拉扯提供了解套,亦即只有少數人擁有這種「It」能力,還是任何人都可以藉由創造出眾的特質來掌握這種能力。正如一九二八年一則關於《瞬間個人魅力》的廣告中所說的,「你有(個人吸引力),每個人也都有,但是一千個人中卻不見得有一個人知道如何發揮。」[24]因此,明星與普通人的不同之處,不僅在於前者的特殊性,而是他們強大、甚至近乎魔力般的渴望,以及利用自身天生性格來實現目標的意志力。

當然了,前提是他們要先願意掏出三美元購買一本手冊來學習如何做到這一點。

此外，這種新出現的自我成就敘事在理論上來說是足夠努力的人都可以達成的目標，不過卻不可能與更廣泛的資本主義體系分割，因為這個體系能將欲望變成真金白銀。自我成就不再僅限於少數特殊群體才能享有，而是任何人都可以獲得——或購買。有了這樣的標準之後，任何有自尊心的美國男人或女人都可以宣稱自己擁有這種「It」特質，只要買對了產品並以正確方式展現自己，就能夠充分利用自身內在的獨特性來牟利。

　　美國廣告業從一九二〇年代開始蓬勃發展。每一條標語、廣告歌詞與格言都建立在相同的基本原則上——每個人都在觀察你，所以你對他們眼中看到的畫面要負起責任。一九二二年，伍德伯里（Woodbury）肥皂的一則廣告台詞說道，「你周圍的人正在靜靜地評價著你。」[25] 另一則來自威廉姆斯（Williams）刮鬍理容產品的當代廣告也這樣戰戰兢兢地表示，「挑剔的眼睛正在上下打量著你。」[26] 威廉姆斯提醒讀者們，終究，人們對你的看法對於你在這世上的成功與否至關重要。「有利的第一印象是社交或商業成功的最大助益……我們最常受到評價的就是我們的外在條件。」[27]

　　這種外在條件得要精心維持並為此付出代價。每個品牌都在講述自己的故事，如何藉由神奇的產品結合正確的認知，進而為使用者帶來專業或社交上的進展。亨德斯（Hinds）蜂蜜杏仁霜向觀眾保證，那是「許多高雅又美麗女性」的秘密，而伍德伯里粉底則向使用者保證可以成為「某人的夢中女孩。」[28] 甚至連箭牌（Wrigley）薄荷口香糖也能幫助孤單的心靈「找到屬於自己的男人。」口氣在一九二〇年代成為一種新的集體焦慮，這都是因為李斯德林（Listerine）漱口水在廣告中杜撰的偽醫學術語「口臭症」（halitosis）。廣告中講述著一位花花公子因為口臭求愛失敗的故事，而他「從來不知道為什麼」無法贏得女孩的芳

心。²⁹「節食」（即減肥的委婉說法）在那個越來越崇尚苗條身材的年代風靡一時。這種觀念就是種信念的具體呈現——只要努力並嚴格地控制身材，那妳也可以像克拉拉・鮑一樣苗條。克拉拉・鮑經常告訴記者自己曾是一個「胖胖的小女孩」，後來藉由運動及節食才成為電影明星。³⁰

然而，產品對形塑人們觀念的承諾並不僅限於美容及衛生用品的產業。即使像是文具這樣看似無害的物品（至少根據廣告商的說法）也充滿意義，而且是任何多事的旁觀者都有辦法解讀的意義。一則尤其令人不安的廣告寫著，「你的信紙是否在背後說你的閒話？你的信紙是否告訴你的朋友們，他們因為對你太過忠誠而不願說出口的話——比如你沒有什麼品味或是你一點也不在乎別人的品味？」³¹ 理論上來說，假如「It」是關於內在性格的外部表達，那麼廣告商堅稱我們所穿的衣服、塗抹的面霜以及書寫的信紙都在表達我們是否具備這種「It」特質，或者令人不安的是，我們本身缺乏的東西。我們的性格、神秘的內在特質、我們的「自我本身」（you-ness），假如表達的方式得當，那就可以為自己帶來過去得靠勤奮工作的道德召喚才能換來的那種社會晉升。

然而，美學的自我成就在美國遠比在歐洲發展更甚之處，就是保留了固有的道德特質。儘管花花公子們對於自我成就抱持著務實、甚至可以說是虛無主義的態度——這是在無意義的世界展現力量的方式，不過好萊塢的敘事卻將美學的自我成就表現為一種與勤奮工作同等重要的義務。畢竟廣告商們表示，如果一個人的行為舉止能像芭芭拉・斯坦威或克拉拉・鮑那樣，那麼邋遢又平凡的自己是不是就像是種瀆職的行徑呢？廣告商們將自己營造成不像巴納姆那樣到處行騙的不良商人，而是優雅的貴族推手，為的是幫助美國人獲得一百五十年前喬治・華盛頓那些人所

奉行的紳士指南中所描述的行為舉止之道。諸多像是諾曼・洛克威爾（Norman Rockwell）及馬克思菲爾德・派黎胥（Maxfield Parrish）等知名藝術家也多少是為了廣告業者的金錢誘惑才受託為重要的廣告活動進行創作。[32] 歷史學家羅蘭・馬錢德（Roland Marchand）指出，諸如大都會藝術博物館（Metropolitan Museum of Art）這樣「尊貴」的文化機構也設置了「聯絡員」（liaison officers）一職，其工作就是專門尋求與廣告商合作的機會，好將博物館中的收藏品用於品牌塑造。就連美國總統卡爾文・柯立芝（Calvin Coolidge）也在一九二六年親自在美國廣告代理商協會（American Association of Advertising Agencies）致詞，大舉讚揚廣告業是美國的偉大改革者，不僅讓美國人變得更好看了，也讓美國人成為更好的人類。廣告商為一般美國人帶來「心智與社交禮儀的養成，」也承擔著「商業世界推手的崇高責任。」[33] 柯立芝以誇張的語氣總結，廣告代表「貿易的精神層面，」也是「改造與救贖人類的偉大事業。」[34]

假如社會達爾文主義者將人類的進步想像成邁向完美的一個線性過程，那麼二十世紀初的廣告業者則明確地釐清這所謂的完美樣貌看起來就像：一整個充滿明星的國家，藉由使用同樣的幾種產品就可以表達每個明星各自的獨特性格。

遠在大西洋的另一端，法西斯主義這種旨在將「特殊體驗」商品化並帶給大眾的美學政治正在征服一個接一個的國家。然而，驅動著好萊塢的資本主義體系也正在以稍微不同的形式學會了一樣的教訓——成為「特別的人」的承諾是可以被交易的。因此，冷霜、薄荷糖、節食方法以及提升個人魅力的講座……等等這些可以帶來經濟與美學自我成就的事情，現在也成了所有踏進過鎳幣電影院的美國人可以買得到的必需品。如果想從「It特質」中得到回報，那麼就必須先學會為此付出代價。

第九章
「昨日種種」

"You Basically Just Said You Were"

一九六九年的夏天，紐約市最時髦的名流婚禮即將開始。一百名由藝術家、演員及紐約市東村波希米亞名流組成的賓客都聚集到十一街某棟大樓的屋頂上，滿心期待地想要見證這場婚禮。外面的街道上，用粉筆寫的公告指引著狂歡者前往婚禮現場，並附上了這對新人的表演經歷：「主演《肉》（*Flesh*）、《強壯的陰莖》（*Cock Strong*）、《吃驢人》（*The Moke-Eaters*）的傑基・柯提斯（Jackie Curtis）與主演《雀西女郎》（*Chelsea Girls*）、《寂寞牛仔》（*Lonesome Cowboys*）的艾瑞克・愛默生（Eric Emerson），兩位超級明星將於七月二十一日舉辦婚禮，歡迎所有人參加！」[1] 另一則更加熱情洋溢的新聞稿吸引媒體對這場婚禮的關注度，內容聲稱婚禮將在「在精神與形而上的層面與阿波羅十一號登月同時發生。」文字中也挖苦地表示，這兩件事情到底「哪一件比較轟動，也只有歷史知道了。」[2]

　就連這對新人的證婚人也是個名人。行為藝術家路易斯・阿博拉菲亞（Louis Abolafia）才在前一年因為與理查・尼克森（Richard Nixon）角逐總統選舉而登上新聞頭條。自許為「愛的候選人」（love candidate）的阿博拉菲亞習慣裸體出現在公眾面前，這是一種嬉皮價值的直觀表達──自由、透明以及抗拒社會風俗，這絕對會讓蒙田感到驕傲。然而，當天阿博拉菲亞的穿著卻非比尋常（而且褻瀆神明），因為他穿著羅馬天主教神父的祭服。

　爵士樂隊已就緒，宴會廳也已訂好了。位於曼哈頓中城的麥

克斯堪薩斯城餐廳（Max's Kansas City）是下城藝術圈人士習以為常的聚集地，平時那些圍繞著普普藝術大師安迪·沃荷（Andy Warhol）的藝術圈人士都會聚集在此。沃荷本人也在場，他本來就是新娘與新郎的朋友兼曾經的合作夥伴。事實上，那場婚禮同時也是沃荷精心策劃的宣傳活動，當晚就是沃荷電影《藍色電影》（Blue Movie）的首映。

這個場地對新郎來說再方便不過了，因為平常艾瑞克·愛默生沒有出演沃荷的電影時就在麥克斯堪薩斯城餐廳當服務員。他出演的沃荷電影包括《雀西女郎》、《寂寞牛仔》與《聖地牙哥衝浪》（San Diego Surf）。儘管算不上是什麼超級明星，愛默生始終名列沃荷親自挑選的表演者、模特兒、藝術家與青年次文化場景的角色之中，這些人共同構成了沃荷的工廠工作室（The Factory），他們曾是藝術夥伴，也是夜生活尋歡作樂的同伴。今晚，愛默生依然是配角。

柯提斯才是當晚的焦點所在，就像一個好萊塢的新娘那樣光彩奪目。一篇《村聲》（Village Voice）的專題報導讚嘆這位年輕的表演者兼劇作家，「身穿一件（南北）戰前時代風格的白色華麗禮服，右肩上披著米色披肩，一頭蓬鬆的紅棕色頭髮，耳垂上掛著長長的仿珍珠耳環與白色絲帶，一隻手中握著一束由雛菊裝飾而成的新娘捧花。」[3]

假如她在婚前接受媒體採訪時展現出的少女情懷能夠說明什麼的話，那麼她可能就是另一位伊麗莎白·泰勒（Elizabeth Taylor），米高梅公司的推波助瀾將她的職業與個人生活天衣無縫地結合在一起。對《村聲》而言，柯提斯是「真正的新娘，就像在電影裡一樣，女性化又純潔無瑕。柯提斯嫁給她的超級明星，躺在他的懷抱中，在夕陽下踏上蜜月之旅。」[4]

但這並不是柯提斯首次披上了好萊塢過時的明星外衣。柯提

斯第一次引起安迪・沃荷的關注是因為她在自編自演的舞台劇《魅力、榮耀與黃金》（*Glamor, Glory and Gold*）中飾演一名虛構的一九三〇年代年輕女星。

然而，柯提斯與愛默生的婚禮卻不是出自好萊塢大型電影製片廠之手。這些他們試圖想要推廣的藝術計畫也不是什麼大製作成本的作品，而是些略顯草率的操作，贊助主要來自紐約各地獨樹一格的籌措活動。此外，傑基・柯提斯並不是傳統定義上的好萊塢年輕女星。確切地說，她也不是女性。

傑基・柯提斯的本名是約翰・柯提斯・霍爾德（John Curtis Holder Jr.），畢生拒絕局限自己在任何單一性別或單一形式的性別表現之中。她熱衷於混合自己的美學風格並時常切換自己的代稱，可以是他，也可以是她。柯提斯堅稱自己既不是男性，也不是女性，而只是「我，傑基。」[5]

傑基有的時候會以詹姆斯・狄恩（James Dean）的形象出現，身穿一件皮夾克，展現男孩般的瀟灑氣質；有的時候她又會扮成德國女星瑪琳・黛德麗（Marlene Dietrich）的樣子，營造雌雄同體又誇張的魅力。也有些時候，她會像婚禮當天那樣以全身女性華服亮相。[6]柯提斯在這方面也加入許多性別顛覆表演者的行列，他們很多都與沃荷的「工廠」（Factory）有關。其中有些表演者就會以當代對跨性別經歷的理解去看待、討論或書寫他們的性別，也有一些像是柯提斯這樣的人對身分議題採取更自由奔放的態度。他們像是十九世紀的花花公子一樣將性別當作另一種自我創造的機會，那是一場由美學與藝術衝動所營造的演出，而當中最重要的是「It 特質」的驅動。「沒有人知道他會以女孩或是男孩的形象現身，」當時某人回憶道，讚嘆柯提斯「令人著迷的能量光環，充滿無盡的創意，讓眾人就像飛蛾撲火一般地為他著迷。」[7]傳記作者克雷格・希柏格（Craig Highberger）描述崇拜

她的人都以為柯提斯是「一位將自己的形象打造成最偉大藝術品的藝術家。」[8]

柯提斯一直對某種特定方式與風格的生活有所憧憬，而她也決心要實現腦海中的想像。「我一直想要一場正式的婚禮，」她告訴《村聲》報，她發誓一定要舉辦這樣的婚禮。[9]

§

無須介意柯提斯與愛默生並非真的情侶，兩人甚至不曾談過戀愛，這場婚禮其實就是一場行為藝術，以及以兩人為主角進行的藝術計畫的宣傳噱頭。也不用在意，愛默生本人甚至沒有出席。參加婚禮的賓客們後來才知道，他臨時決定去麥克斯堪薩斯城餐廳代班，當天很晚的時候才遇到留下來慶祝的客人們。然而，柯提斯也沒有為此氣餒。替補新郎彈指之間便已就定位——那就是色情片製片人史丹利・斯威特哈特（Stanley Sweetheart）。結婚典禮順利進行。賓客們在儀式之後便按照計畫前往麥克斯堪薩斯城餐廳，而當晚愛默生尷尬地試圖道歉，柯提斯也只是輕描淡寫地揮揮手。

「我現在有一場秀要做，」柯提斯回覆愛默生時正一邊對著《村聲》派來做專題報導的記者擺姿勢拍照「我的婚禮宴會。」[10]

柯提斯與愛默生的這場短命婚禮並不是她的最後一場婚禮。柯提斯在一九六九年至一九八五年之間又舉行了七場婚禮，一直到她在三十八歲因為吸食過量海洛因去世。每一場婚禮都不是傳統意義上的真正婚禮。柯提斯在每一場婚禮都與渴望成名的表演者結婚，兩人之間沒有任何戀愛關係或性關係，完全就是一個新的公開表演機會。這些婚禮對柯提斯來說就是她身為極致強大存

在的一種讚美，她不需要男人，甚至不需要任何人，就可以孕育出最有價值的後代，也就是她自己。

　　柯提斯一生都渴望被世人認定為一名劇作家及詩人。最好的作品是對發明自我需求的預言式探索。她在自己創作的詩〈永恆之母〉（Mom Eternal）中寫道，「我的母親告訴我，那是一個人要自己完成的工作，而不是坐等現成的東西，自己完成的工作才擁有建設性的力量。」[11]然而，世人記得的柯提斯是她精心鍛造的自我形象。柯提斯也與許多六〇年代及七〇年代那些繞著安迪‧沃荷打轉的超級明星一樣，因為出名所以出名（famous for being famous）。

§

　　柯提斯與其所處的圈子代表著自我成就的全然現代思維的誕生，這種思維汲取早期貴族及民主敘事的元素，並融入了好萊塢年輕女星的神話進行徹底的顛覆。正如一九六〇年代晚期的社會及政治動盪預示著重新質疑那定義美國戰後繁榮的樂觀保守主義後的習俗與社會道德，這個時代也預告著脫離奠基在製片公司下的企業明星模式的突破。這種新型態的名流，特立獨行又帶著無政府主義的色彩，他們不需要一群專門解決問題的人或是專業公關團隊，也不需要米高梅的資金支持來表達內心的真實。創意、古怪及獨立存在可以輕易取代製片公司預算的光環，甚至加以改善。

　　柯提斯以改造那些她從奢侈品牌諸如候司頓（Halston）、奧斯卡‧德拉倫塔（Oscar de la Renta）及聖羅蘭（Yves Saint Laurent）借來的高級禮服聞名。她會撕破禮服或拿剪刀裁剪，接著宣稱，「現在好看多了。」[12]這正是一九六〇年代後期普遍

的社會精神，抗拒制度及其宣稱的權威（無論是道德或美學上），轉而將焦點重新放在個人自我創造力之上。理論上（因為很少實踐），任何想要剪開設計師禮服的人都可以獲得這種力量。

這一批宣稱自己是超級明星的人終究明確地實踐了《瞬間個人魅力》、《如何收穫朋友並影響他人》（*How to Win Friends and Influence People*），再到更早的鍍金時代「新思維」手冊等所有自助書籍中所隱含的承諾。真相與渴望已經沒有清楚的分野。只要內心渴望某樣東西，渴望成為某個人，那麼在內心最深處、最真實又最深刻的意義上，你就是那個一心想要成為的人。正如某位當代人描述沃荷的「工廠」氛圍時所表示的，「如果你想成為一位藝術家，你基本上只要說你是個藝術家就行了。就像龐克音樂一樣，如果你想成為音樂家⋯⋯你其實也不需要真的學會演奏樂器。」[13] 宣稱並相信自己是某樣東西，或某個人，就足以讓你成為自己所宣稱的人物。

正如柯提斯所說的，「我想唱歌、跳舞、談論，當個男人、當個女人⋯⋯我就是個超級明星（Superstar）。我向所有人展示，我們可以改變自己的性別，可以是男性或女性，不需要動手術。」[14] 她對不同角色的演繹並不是某一天扮成男孩，某一天扮成女孩，然後隔一天再扮成好萊塢明星。柯提斯反而認為那一切都是她自己，正因她的藝術性可以塑造真相，而這是以渴望為基礎的藝術性。

自我創造與自我表達之間越來越密不可分。畢竟，塑造公眾形象不就是努力經營自己的外在，也就是以與他人應對進退的方式去符合內心真實的自我嗎？而且這就是一種工作。無論是為了美學上的享受、經濟上的收益，還是更常見的兩者兼之，培養公眾形象已經像富蘭克林及道格拉斯過去宣揚的勤奮與紀律一樣，成了一般美國人必須遵守的道德義務。

但是像沃荷及柯提斯這樣的人物還清楚另一件事情，也就是這樣的工作在好萊塢的明星神話中已經變得含蓄，不再那麼明顯。自我成就不僅是道德上的必要工作，同時也是種經濟需求。公眾形象、個人特質、你自己（you-ness），這些都是需要被開發與栽培的商品。

洛克（Locke）與其他自由政治傳統的先驅都曾想像過，理想的啟蒙時代人物就該像是農夫那樣的耕作者，將未開墾的森林轉變為井然有序的田園。二十世紀的傑出人物則意識到內心世界也可以是一種商品。柯提斯在她的日記中將自己的某次公開表現描述為「我一直在銷售的產品，也是我將持續銷售的產品。」[15] 她的身體是一塊可以承載藝術或廣告的畫布。她故作靦腆地將沃荷的名字紋在肩膀上，藉此將自己與這位比她更有名的合作者永遠聯繫在一起。

安迪・沃荷早在一九七〇年代就已經意識到，自己精挑細選的商品非常具有市場價值。他手上的那些超級明星在紐約社交圈引起轟動之後，他便開始將這些人出租給曼哈頓的富豪與名流，讓他們作為派對嘉賓，出席聚會並活絡氣氛。為了能夠讓這些在紐約出名的怪才假裝成自己的朋友幾個小時，這些富豪名流得支付高達一周五千美元的費用。安迪・沃荷得意地表示，「這樣一來，他們可以把藝術品（也就是我的超級明星們）帶回家舉辦派對，向親朋好友展現，一起拍即可拍（我會簽名），也可以錄影。等到一周結束後，他們還會有許多逸事可以到處講。」[16] 安迪・沃荷與這些超級明星之間的關係卻未必健康。安迪・沃荷出名的地方是以曝光率及那些稍縱即逝的社交資本來回報那些讓他出名的繆斯，但是卻鮮少以現金支付。然而，無論是安迪・沃荷或是聚集在他身邊的那些招搖的鬼才們都明白，世界正在改變，吸引關注可能會成為最有價值的貨幣，而在這樣媒體越來越飽和的新

世界中,創造正確形象並成功行銷才是唯一的生存之道。

§

或許安迪・沃荷、傑基・柯提斯及那些超級明星們是將「自我成就」理解為「自我表達」這種新觀念的極端例子,儘管他們代表了更廣泛文化中的轉變,而這種文化近來確實迷戀於真實性與表演的力量。

當我們討論一九六〇年代晚期的文化轉變時,不可能不顧及在那之前的戰後數十年。第二次世界大戰所造成的混亂至少在美國已經屈服於一個看似再次由傳統主宰的年代。宗教信仰與虔誠、順從性別該有的角色、狂熱的愛國主義——這些都在表面上構成戰後美國的主流神話並在《妙爸爸》(Father Knows Best)、《唐娜・瑞德秀》(The Donna Reed Show)以及《天才小麻煩》(Leave It to Beaver)等健康形象的媒體加持之下更加強化。

然而,這種美國榮耀的神話其實純屬虛構。首先,這種神話非常不平等。這種美國夢的樂觀願景多半將有色人種排除在外,尤其是黑人、酷兒人群以及那些不符合好萊塢定義的女性——純潔天真如桃樂絲・黛(Doris Day)或貞潔如唐娜・瑞德的家庭主婦。

此外,戰後這種恢復傳統的情況對於那些希望從中受益的人來說,必須做到的事情就是絕對的服從。斯隆・威爾遜(Sloan Wilson)於一九五五年出版的小說《一襲灰衣萬縷情》(The Man in the Gray Flannel Suit)描繪著那些一板一眼、朝九晚五上班的男人已經成為美國流行意識中與節儉持家的家庭主婦一樣的既定形象。他們是每天出門上班、下班回家、循規蹈矩、從不質疑內心渴望的男人。正如威爾森的小說主角所呈現的那樣,他們

「既不追求理想,也不追求幸福⋯⋯只有常規。」[17]他們同樣也是那些受到好萊塢承諾的催眠而陷入被動消費主義的人,他們堅信用對了冷霜、文具或汽車,就能讓自己過上理想的生活。美國資本主義式的消費主義是歐洲法西斯人格崇拜的一種扭曲反照,其為一般人提供了一種同時要創造自我並交出自我的方式。他們欣然接受經濟與政治主導者所提供的代理及自我決定的假象。

　　一系列的具體政治回應在一九六〇年代晚期針對那些被認定為戰後的不足之處開始浮現,例如發展迅速的民權運動以及當時稱為「女性解放」的女權主義覺醒。不過這個時期也出現了早期的文化反叛:一種模糊卻普遍的感受,即當時的文化缺乏真實性。反文化運動的成員在這點就加入了現代思想下的一種悠久傳統。正如我們前面已經看到的,從蒙田與啟蒙運動到美國超驗主義者及後來的人,那些讚頌個人自由的人譴責傳統(以及隨之而來的性壓抑及社會壓抑),認為傳統是削弱個人獨立精神的一種方式。對傑克・凱魯亞克(Jack Kerouac)和威廉・柏洛茲(William S. Burroughs)這些「垮掉的一代」(Beat Generation)的詩人及作家,還有抽象派畫家傑克遜・波洛克(Jackson Pollock)及柯提斯的路易斯・阿博拉菲亞(Louis Abolafia)這些提倡自由戀愛並崇拜自然的嬉皮而言,一個人只有在擺脫社會期望之後,才能實現真正的自己。

　　一九六七年的音樂劇《毛髮》(*Hair*)是由詹姆斯・拉多(James Rado)及傑羅姆・羅格尼(Gerome Ragni)編劇與作詞,並由高爾特・麥地蒙(Galt MacDermot)作曲,劇中演員唱著,「和諧與理解,同情與信任無處不在,沒有虛偽或嘲諷,金色生活的夢幻,神秘水晶球的啟示,以及內心真正的解放。」[18]

　　反文化戰士們認為美國夢的應許——在對抗虛偽的階級社會中追求個人自由——已經被顛覆了。現在他們擔心的是經濟上的

自我成就已經不再是通往自由的康莊大道，反而成為了更加壓抑的墮落。不管是什麼可以讓人真正成為自己的事情，都不可能簡化成為體制內的工作，甚至也不是在這些工作上取得成功就可以成為自己。同樣地，過去是塑造並宣揚自我創造美學理想主要推手的好萊塢電影製作公司，如今也成為了嫌疑犯。電影公司打造的明星不再像是神秘的神祇那樣擁有觀眾無法理解的力量，反而更像是過度包裝又令人厭惡的產品。從反文化的觀點看來，比起不費吹灰之力散發時尚魅力的克拉拉・鮑而言，好萊塢那些經過精心打扮的螢幕女神看起來反而更像是克拉拉・鮑那些古板的社交名流對手。

這種對文化的不滿情緒因為日新月異的新技術發展讓世界失真而越演越烈。就像半個世紀前發明的電影攝影機使得迷人的影像得以傳播給數百萬人那樣，新的技術發明也讓這種傳播變得更加民主化。一九六三年發明的卡式錄音機，以及最早出現於十九世紀，但到一九五〇年代才完善的便攜式攝影機，還有一九四八年取得專利的全錄（Xerox）影印機，這些技術將逼真的複製行為從大型電影及製作公司轉交到一般美國人的手中。

當然，還有電視機。短短幾年之間，電視機就從奢侈商品變成了日常生活的必需品。一九五〇年，美國擁有電視的家庭還不到四千戶，但到了一九六〇年，幾乎每十戶家庭中就有九戶擁有電視機。[19] 美國人不再需要湧進鎳幣電影院才能觀賞喜愛的表演者，或是掌握周遭世界的動態，他們現在只需要打開電視新聞台就可以了。

技術的民主化固然令人興奮，但許多美國人也因此感到不安，因為他們的生活與家庭領域開始充斥越來越多的影像。其中有表演者的影像，比如《我愛露茜》（*I Love Lucy*）及《範戴克秀》（*The Dick Van Dyke Show*）等熱門電視節目中的這些演員，也有

會出現在劇集片段之間的商業廣告中的那些商品影像，還有全球新聞包括像是越南戰爭（1955-1975）的影像，這是史上第一場完全在電視上轉播的戰爭。

歐洲的貴族花花公子們在不到一個世紀前曾經假設，整個世界不過是一種裝腔作勢，其中的真實無非是那些權勢者所捏造的東西。如今，任何擁有電視機的美國人都能進入一個現實與其表現形式已不再容易區分的世界。時代評論家哈羅德‧羅森伯格（Harold Rosenberg）於一九七三年三月二日的《紐約客》（The New Yorker）中檢討著，「我們已進入了一個『可複製的才是真實的』年代……比其各種表述，事實不再擁有絕對的特權。」[20]

國內外的政治也隨著新的現實觀而發生變化。一九六〇年以降，娛樂與政府在小螢幕前變得密不可分。那年電視轉播約翰‧甘迺迪（John F. Kennedy）與理查‧尼克森（Richard Nixon）兩位總統候選人之間的電視辯論，共有七千萬人收看。尼克森當時是德懷特‧艾森豪（Dwight D. Eisenhower）總統的副手，原本也是總統大選的熱門人選，不過他在鏡頭前的表現卻出乎意料的差。甘迺迪則在舞台妝容的巧妙幫助下顯得容光煥發、健康又自信；相比之下，超過三分之一的美國人都覺得鏡頭前未上妝的尼克森顯得面容憔悴，其著名的「五點鐘」鬍渣（早上刮過晚上就又長出）的陰影讓電視機前的美國人看到他邋遢不修邊幅的形象。隔天民調便開始倒向支持甘迺迪，他最終也贏得了大選並以四十三歲之齡成為美國史上最年輕的總統。

甘迺迪執政期間，將白宮變成了一種好萊塢式的奇觀。白宮成為一個充滿亞瑟王騎士理想及奢華光彩的「卡美洛特（Camelot）王宮」，這都要歸功甘迺迪的社交名媛妻子賈姬（Jackie）以及她敏銳的時尚品味，她扮演著璀璨的「桂妮薇爾（Guinevere）皇后」，而她的丈夫則是擁有高尚品德又充滿魅力

的「亞瑟王」（Arthur）。這螢幕形象的背後真相是，甘迺迪是個花名在外的多情種，他的政治團隊不得不日以繼夜地阻擋他的風流韻事上報，而且甘迺迪政府的施政也伴隨著巨大失敗，例如古巴導彈危機（Cuban Missile Crisis）中的升級情勢，以及推翻古巴斐代爾・卡斯楚（Fidel Castro）的失敗行動，都一反民眾在電視機前看到的成功樣貌。

然而，尼克森才是真正從前車之鑒中學到最多的人。一九六八年，甘迺迪遇刺五年後，尼克森擊敗休伯特・韓福瑞（Hubert Humphrey）並接任林登・詹森（Lyndon B. Johnson）成為美國總統。尼克森在這次競選中精心組建了一支熟知建立電視形象及用語的團隊。年輕記者喬・麥金尼斯（Joe McGinniss）於一九六九年出版的《行銷一九六八總統大選》（*The Selling of the President 1968*）一書中，透過潛入尼克森的競選團隊而發表一份勁爆的報導，內容揭示尼克森如何試圖操縱媒體並重塑自己的公眾形象。

「電視，」麥金尼斯寫道，「是唯一的答案⋯⋯不過不是任何類型的電視節目都可以⋯⋯（專家們）必須為他找到合適的場景，如果找不到，那就製造需要的場景。」[21] 美國民眾需要的不是現實生活中的總統，而是能夠在電視上扮演總統角色的最有說服力的人。正如麥金尼斯記錄尼克森某位撰稿人所說的，「重要的不是實際存在的內容，而是投射出來的印象⋯⋯（以及）觀眾們所接收到的信息。我們不需要改變這個人，而是要改變他給人的印象。這種印象通常更依賴媒體及其運用，而不是候選人本身。」[22] 即便是總統候選人，基本上來說也是一種商品，需要被推銷，讓那些渴望窺探他的性格與情感體驗的民眾買單。麥金尼斯繼續寫道，「政治家與廣告人一定會有一方找上對方⋯⋯因為他們知道公民不是在候選人中選擇，而是在進行一次心理上的購

買。」[23]

從電視在許多層面上協助美國政治發展的現實中,也發現了大西洋對岸的鄧南遮及其繼任者早在五十前年就已掌握的道理——政治與美學力量之間密不可分。想要贏得一般民眾的愛護與忠誠,那就必須向他們販售一種夢想,亦即你得是近似神的存在,超越凡人之上,卻同時又要讓他們相信你的優勢在某種程度上也是他們可以實現的,只要跟隨你,就能變得像你一樣。文化評論家馬素·麥克魯漢(Marshall McLuhan)在論述這一代的電視政治家時以另一種方式描述他們,這種描述與文藝復興時期的宮廷侍臣行徑有著異曲同工之妙,「任何電視表演者的成功都取決於其侃侃而談的表達風格能力。越是顯得努力,就越是得掩飾這種努力。電視政治家不能發表一場演說,他必須來場親密的交談。」[24]最終,麥克盧漢總結這一切的訣竅就在於「精心研究的漫不經心」——用另一種方式說,就是前面說過的雲淡風輕(sprezzatura)。

然而,麥金尼斯提及的撰稿人也表示,販賣夢想並不完全等同於說謊。更確切地說,這是在重塑現實本身。為了將自己營造成一位卡美洛特風格的總統,尼克森並不需要撒謊,也不需要改變自己真實的本性。根據其撰稿人的邏輯來說,他需要的是有效傳達某種類型的「真相」,好確保人們對他的印象與其所想展現的形象一致。尼克森是否真正具備總統氣勢並不是重點,甚至可以說這是一個荒謬的議題。他是否「像個總統」取決於(而且僅取決於)在電視機前觀看他的人是否認同他並願意將手上的那一票投給他。現實是由人們共同構建的。

早在一九六二年就開始有一些學者及作家開始擔憂這種因電視節目飽和後而出現的新現實觀感。歷史學家丹尼爾·布爾斯廷(Daniel Boorstin)在那年出版了一本令人膽戰心驚的書,書

名為《影像：美國偽事件指南》（*The Image: A Guide to Pseudo-Events in America*）。他在書中譴責其稱之為「全國自我催眠」的現象，認為美國人已經喪失了分辨現實與幻想的能力了。布爾斯廷試圖釐清真正發生的歷史與其所謂的「偽事件」或那些宣傳噱頭，例如傑基・柯提斯中斷的婚禮（或者，總統選舉記者會），這些事件就是為了吸引媒體關注而存在。布爾斯廷認為，這種新型態的大眾媒體普及使得美國人無法過上真實的生活，反而尋求參與名流文化來滿足內心的情感需求。他們將內心的幻想與渴望寄託在這些新的神祇身上，而這些神祇多數並非以特殊才華或美德著稱，僅僅是因為「知名而知名。」[25]

布爾斯廷的假設是針對電視時代及其對美國人面對廣告所帶來的真相、現實及誘惑體驗而產生的特殊新挑戰。然而，布爾斯廷所描述的不真實的文化並不是同時發生的。我們反而可以將其視為「自我成就」觀念在幾個世紀以來的擴展與延伸，也就是自我的想法定義了真理，而非周遭的世界。在這樣剝奪傳統並且將選擇發展自我身分視為實現自我的世界裡，事件與偽事件之間的界線也變得越來越模糊。

換句話說，電視的興起並未催生這種不真實的集體感受，不過卻讓這種感受大眾化。一般的美國人從薩德以至尼采這些宣揚自我成就的先知那裡學到了：現實掌握在持有攝影機的人身上。當一九七二年水門事件揭露尼克森競選團隊暗中竊聽政治對手的動向時，美國人也得出一個結論，就像安迪・沃荷曾經打趣地說，「每個人，絕對是每個人，都在記錄著其他人。」[26]

§

乍看之下，嬉皮的真實性（長髮、裸體、自由、自我表達）

似乎與「工廠女孩」的人為造作南轅北轍。然而,兩者其實來自相同的哲學根基,就是將我們內心深處的渴望外顯化。這既是一種創造力的表現,也是一種誠實的舉動。每個人在內心深處確實想要成為自己想要的樣子,其訣竅就在於確保這個世界也知道這一點。

定義了「沃荷式超級明星」的正是這種真實與人為的結合,而這種結合也進一步定義我們對當代「自我創造」的想法。從傑基・柯提斯到霍莉・伍德勞（Holly Woodlawn），再到坎迪・達琳（Candy Darling）以及安迪・沃荷本人,沃荷式名流知道現實其實是由渴望塑造出來的。一個人對某件事的渴望夠強烈,成為某種人的渴望夠強烈,那麼現實（如果真的存在的話）就將屈服於此。我們的創造力、想像力,以及最重要的,渴望的意念,是我們在這個混亂且無意義的世界中最接近神性的方式。我們就是唯一的神祇,沃荷的繆斯們如此暗示著,隨著從皮科到薩德再到尼采這些自我成就者的腳步,塑造自我就是我們最強大的力量。然而,沃荷也知道,一個人一旦開始自我創造,就不可能知道什麼才是「真正的」自我表達。回顧他在《訪談》（Interview）雜誌任職期間的經歷,那時沃荷勸誘一些比較沒有名氣的名流與一般人一起分享（甚至有人會說是過度分享）他們的個人問題,接著沃荷在一九七五年的隨筆集《安迪・沃荷的哲學》（The Philosophy of Andy Warhol）中寫道,「一個有趣的問題就是一段有趣的影像。每個人都知道這一點,然後在攝影過程中演出。我們無法分辨哪些是真的問題,哪些是演出來的問題……最後,描述問題的人自己也無法確定自己是真的遇上了這些問題,還是在表演罷了。」[27]

對於沃荷式的超級明星來說,自我創造同時在表達真實性及刻意的人為營造。這是關於如何透過人類渴望的力量將虛幻變成

真實的一種趣味性的讚揚。這些人是「It」的推動者並向世界展現好萊塢邏輯中早已隱含的真相——明星與一般人之間的差異在於兜售的本事，那是集合渴望、創造力與努力的地方。

安迪・沃荷推崇變裝皇后，他的意思是指像是霍莉・伍德勞和坎迪・達琳這樣在今天很有可能被視作是跨性別女性的超級明星——就像「過去女性樣貌的在世見證⋯⋯是理想電影女明星活生生的記錄。」對沃荷來說，變裝皇后就是世俗聖人，「奉獻一生來保持這種另類生活持續的光彩。」[28] 畢竟，他認為「讓自己看起來與天生型態完全相反又要當一個原本只存在於幻想中的模仿女性，是非常困難的事情。」[29] 安迪・沃荷認為那些努力維持女性樣貌的超級明星並非只是在假扮而已，她們反而是在揭露女性氣質的真實面，甚至是整個世界的真實面。生活就是一場關於外貌的盛會，那些願意為此努力的人最終必定能集寵愛於一身。安迪・沃荷表示，「變裝皇后提醒我們，某些明星就不會是你與我這樣的普通人能當成的。」[30] 然而，明星與普通人之間的差異並非源自某種外在的神秘力量，而是由內向外散發的力量。

驅動芭芭拉・斯坦威（Barbara Stanwyck）飾演的莉莉・鮑爾斯（Lily Powers）的內心渴望，正是驅動著每一位沃荷的超級明星的渴望，他們都具有可以重塑現實的力量。坎迪・達林曾經表示，「我不是真正的女人，但我對真實性並不感興趣。我有興趣的是當女人所能帶來的結果。」[31]

§

超級明星將人為與真實融合的理念最終超越了他們所處的狹窄藝術圈，進而產生了深遠的影響。這種觀念認為，你不僅可以，而且應該為自己創造一個形象，而這個形象是關於你最真實的東

西，這樣的觀念也很快成為了美國文化的一個準則。

　　最終將這些理念徹底從紐約次文化帶向美國主流的並不是安迪・沃荷那些標新立異的「工廠女孩」，而是另一位崇拜安迪・沃荷的傑基・柯提斯（Jackie Curtis）的準新郎，名叫蘭斯・勞德（Lance Loud）的年輕人。

　　一九七三年，蘭斯・勞德首次在電視上亮相，他與家人一起出現在一檔於 WNET 電視頻道首播的實驗性的新紀錄片。克雷格・吉爾伯特（Craig Gilbert）此前因製作人類學家瑪格麗特・米德（Margaret Mead）的《新幾內亞紀實》（*New Guinea Journal*）得名，此次他將科學視角聚焦在離自己更近的地方。吉爾伯特想向美國人展示的正是他們自己。更具體地說，就是美國家庭。吉爾伯特認為這個世界正在不停地改變，也該是時候深入探討其對美國一九七〇年代典型的核心家庭帶來了怎樣的影響。吉爾伯特在節目開頭的旁白中提出了幾個問題，「現今的美國夢究竟是什麼？婚姻為什麼不再是永久性的安排了呢？親子關係之間還剩下什麼？美國孩子的未來在哪裡？」[32] 吉爾伯特承諾紀錄片《美國家庭》（*An American Family*）將解答這些問題，真實地呈現出像是《脫線家庭》（*The Brady Bunch*）及《天才小麻煩》（*Leave It to Beaver*）等全美觀賞的電視節目所杜撰的情節背後的真相──真實的家庭，沒有矯作，毫無修飾。

　　起初人們可能會覺得蘭斯・勞德一家似乎是個完美的「真實」主題。他們屬於中上階層的家庭，相貌端正（不必多說，他們都是白人）並來自加州，多少帶著一點好萊塢的氣息。此外，不容小覷的是他們都願意讓電視攝影機在那六個月裡完全不設限地進入他們的家中，記錄孩子們生活中的點點滴滴。當然，他們並不是唯一同意這麼做的一家人。吉爾伯特後來表示，當初入選的五十個家庭幾乎全部都同意讓攝影機拍攝他們生活中的一舉一

動，不過蘭斯・勞德一家都很上鏡，而且他們可能也希望透過電視來打造自己的個人品牌。正如安德里亞斯・基倫（Andreas Killen）於一九七三年的著作中深入探討蘭斯・勞德一家時所報導的那樣，家長比爾（Bill）後來帶著幾分懊悔地表示自己曾經希望《美國家庭》能將他與妻子帕特（Pat）變成「美西的甘迺迪家族。」[33] 他們希望成為內心渴望的優雅及成功的化身，而且是藉由努力工作（比爾是獨立創業的商人）以及完美修飾的外在形象來實現光彩耀人的美國夢。為了追求五光十色的夢想，他們讓攝影機進入自己的生活並捕捉了三百小時的素材，最終被剪輯成十二集（每集一小時）的節目。

每個家庭都有自己的秘密，不過讓美國觀眾震驚的是像勞德這樣充滿秘密的家庭竟然會同意將這些秘密分享給大眾知道。觀眾透過節目很快地知道比爾・勞德長期對妻子帕特不忠，而且令公眾更加震驚的是，帕特竟然在鏡頭前要求與丈夫離婚。

接著，他們的兒子蘭斯也是。全美觀眾很快就知道蘭斯不只是一個活在紐約切爾西酒店的沃荷圈子之下的都市情色藝術家，他還是一個公開的同性戀者，這出現在當時的電視上幾乎是難以想像的。然而，蘭斯卻毫不畏懼，也毫不羞愧地展現自己營造的坎普風美學（「我喜歡有風格又有些嬌揉做作地優雅生活，」他對著鏡頭說「我要成為一個超級明星。」）[34]《美國家庭》最有名的一集就是帕特驚訝地來到紐約探望蘭斯，最終選擇支持他，而蘭斯向她介紹了傑基・柯提斯與霍莉・伍德勞。

蘭斯一直想要成為柯提斯及伍德勞那種模式的明星。他在少年時期為了向偶像安迪・沃荷致敬，特地將頭髮染成銀色並與沃荷書信往來了一段時間。儘管後來斷了聯繫，蘭斯仍盡快地搬到紐約，一心渴望實現內心想要成為某種明星的夢想——或者至少在現實生活中盡可能接近安迪・沃荷的圈子。

蘭斯讓觀眾又驚又喜，勞德一家人也是如此。這種新型態的紀錄片類型（當時還沒有實境節目這樣的稱呼）似乎將美國人所有的敏感話題暴露無遺。類似傑基・柯提斯與安迪・沃荷這樣的人將生活過成藝術作品是一回事，然而《美國家庭》這節目卻意味著生活在舞台上是當今所有人都在做的事情。更糟的是，所有人竟然都樂在其中。

　　評論家也是既震驚又為之著迷。人類學家瑪格麗特・米德（Margaret Mead）驚嘆這種藝術新形態的誕生，認為這種藝術「就像發明戲劇或小說一樣的新穎又別具意義，那是一種通過攝影機來詮釋他人的真實生活，並且讓人們學會觀看生活的新方式。」[35] 然而，其他評論者就沒有那麼包容了，例如作家安德里亞斯・基倫在其關於一九七三年的文化史中的評論。《時代雜誌》則認為勞德一家是文化「懺悔強迫症」的受害者。[36] 美國作家羅傑・羅森布拉特（Roger Rosenblatt）則在《新共和》（New Republic）雜誌上描述這種新型電視節目「試圖……創造自己的現實主義品牌，同時也在過程中摧毀我們對現實的概念。」[37] 許多評論都表示，不僅是作風招搖的蘭斯，而是整個勞德一家都患上了在美國的首要文化疾病──錯誤的名人自我認知。

　　又或者，就像作家艾碧蓋・麥卡錫（Abigail McCarthy）的形容，「人們在公開生活中很快地發現，每個人都想上電視，想要保護隱私的人幾乎所剩無幾。一旦電視節目製作組出現……人群立刻就會聚集起來，互相推擠向前，只為了能在鏡頭前露面。參加談話節目，即便是對於親密的朋友來說，他們看見你的真相都會因此改變。我們在最近幾個月裡看到一名戰俘的妻子在未經丈夫同意的情況下，允許電視節目的攝影組記錄丈夫打來的第一通電話。」[38]

　　然而，蘭斯・勞德最終還是清楚地表示，「電視節目吞噬了

我的家庭。」[39]

§

　　《美國家庭》觸動了社會的敏感神經並且揭露安迪‧沃荷說的「每個人都會有十五分鐘的成名時間」已經不再只適用於那些渴望成為超級明星的人。反而是美國人都開始意識到，所有人，無論是像比爾那樣的人，還是像蘭斯那樣的人，都有機會成名。另一位評論家感嘆地表示，「勞德一家人正以數不清的變化形式存在於社會上的各個角落。」

　　喧鬧一時的《美國家庭》風波最終逐漸平息，而實境節目的回歸則要等到幾十年後MTV台的《真實世界》（*The Real World*）才將這種形式的節目再次帶回美國人的公開生活之中。蘭斯‧勞德成為一名積極倡導LGBT權益的記者，而比爾和帕特最後也真的離婚了。兩人最後在蘭斯於二〇〇一年因愛滋病併發症過世之後和解。

　　然而，假如要說誰是《美國家庭》中真正表現突出的角色，那並不會是超級明星蘭斯，而是帕特本人。她原本只是一般的加州家庭主婦，她認為這檔實境節目讓她有結束那段婚姻的勇氣，進而發現真正的自己。

　　後來帕特搬到紐約並與沃荷圈子的人交朋友，然後在接下來的幾十年裡，她成為這座城市中酷兒名流的「母親」角色。然而，也正是因為她將自己視為一個為觀眾扮演的「帕特‧勞德」的角色，促使她下定決心離開對婚姻不忠的丈夫。她在一次採訪中表示，成為一個「角色」幫助她探索內心深處的自己。她在安迪‧沃荷的圈子裡也學習到其他人深諳的教訓──真正的真實性就是成為自己想要成為的人。「因此，與其進一步的分析或是攻讀碩

第九章　「昨日種種」　——　219

士學位，或酗酒，或找個沙灘浪子私奔，」她表示「所有一切都是為了尋找真實的自我，且顯然我已經在第十三頻道上獲得真正的自我了。」[40]

第十章
「自己動手」

"Do It Yourself"

一九九四年春天，一些勇敢的探索者正在努力地尋找超越人體極限的方式。當時在加州各地，尤其是在後來被稱為矽谷的技術中心，企業家們深深著迷於人類科技潛力所帶來的力量，其中特別是對名為全球資訊網（World Wide Web）的網絡社區潛力為最。然而，即便在這樣的背景條件之下，反熵運動（Extropian movement，又作逆轉疲運動）中的理想主義成員依舊顯得極端。

正如《連線》（Wired）雜誌在當年的一篇文章報導，這些人有一種秘密的手勢，就是將五指張開並指向星空。他們有自己的語言「反熵語」（Extropia），由志同道合的反熵主義者所組成的小型社團共同使用。此外，還有「反熵城市」（Extropolis），這是一座假想中的外太空城市，反熵主義的原則將在這些城市之中形成更廣泛的政治社群。他們的「反熵劑」（Extropiates）是導致幻想或增強能力的一些物質，服用後可將反熵潛力最大化。[1] 他們還有自己的聖經——《反熵》（Extropy）雜誌。然後，最重要的是，這些人擁有自己的神學，也就是關於人類的新願景。

一九八八年，英國出生的未來學家兼哲學家馬克思·摩爾（Max More），原名馬克思·歐康諾（Max O'Connor）發起了反熵運動，致力於一種充滿樂觀夢想的新型態人類潛能。摩爾當時只是剛從牛津大學畢業的二十四歲青年，平常熱愛閱讀科幻小說。對於摩爾而言，「反熵」（Extropy）是「熵」（Entropy）

的對立面。根據物理學基本定律,「熵」意味著所有物理系統(包括生命系統)中不可避免地會趨向失序的現象,因此生命發展終會走向衰退與崩解。然而,摩爾堅信人類的創造力與技術發展不僅可以改善生命,甚至可以致臻致美。正如摩爾在於一九九〇年的「反熵宣言」中表示的,「反熵」意味著「無限擴張。」[2] 人類可以在這個過程中取得「更多的知識、智慧、個人力量及無限的壽命並擺脫自然、社會、生物及心理上對自我實現及自我成就的限制。」[3] 其意味著「自我轉變」、「充滿活力的樂觀」及「智慧科技」——這些都是摩爾宣言中的核心要點。這也意味著自由,不僅是擺脫過時的人類習俗,更是擺脫過時的人類生物學。大自然的時代真的已經過去了。

《連線》雜誌記者埃德・里吉斯(Ed Regis)激動地評價這項運動,「生物學不再是命定之說。透過基因工程,人類已經可以掌控生物學。此外,奈米科技、智慧藥物以及計算機與人工智能的持續進步,在人類心理學領域也同樣如此。科技在一夕之間賦予我們不僅是操控外在現實(即物理世界)的力量,更重要的是操控我們自己的力量。我們可以變成自己想要的任何模樣,這就是反熵主義夢想的核心。」[4]

而且或許,可能只是或許,反熵主義者可以戰勝死亡本身。

當首次大型的反熵主義會議於一九九四年四月在加州桑尼維爾(Sunnyvale)舉行時,摩爾的追隨者已經做出結論,表示若不是讓死亡的肉體徹底復活的話,那麼無限的生命是可以實現的。這場會議自詡是一場「對人類無限潛能及其實現方式的慶祝大會」,其中一場演講是由邁克・佩里(Mike Perry)主講。佩里曾經是電腦科學研究的博士生,現在則是亞利桑那州阿爾科生命延續基金會(Alcor Life Extension Foundation)的負責人,管理二十七具人類冷凍保存的遺體(包括十七顆頭顱與十具完整的身

體）。⁵佩里向熱情的觀眾們保證,「永生是一道數學題,不是什麼神秘現象。」⁶人體冷凍技術可以幫助任何有能力支付費用的人在死後立即冷凍屍體,接著等待幾十年直到復活死者的技術被開發問世。此外,佩里進一步表示,真正的反熵主義者不需要擔心自己的身體會發生什麼事,就算他們是在極其殘酷又難以復原的情況下死亡也沒有關係。他堅信,不久之後,有企圖心的反熵主義者就能夠將一個人的全部意識上傳到電腦中。畢竟,假如人類不過就是諸多資訊的組成,那麼要保存這些資訊就應該比保存肉身壽命來得容易。我們只需從上一次的保存點重新開機就可以將自己的資訊在這個世界上永無止盡地保存下去。

不過反熵主義者的目標並不僅止於戰勝死亡而已,他們還致力於將人類存在的每一個方面優化,將身體轉變成最佳的機器。摩爾針對「形態自由」（morphological freedom）的觀點進行了大量書寫,這是人類藉由改變身體來擺脫作為一般智人限制的權利,甚至是一種義務。摩爾大量引用尼采的觀點,認為自我超越是一種道德責任,甚至是人類存在的核心基礎。他表示「自我轉變是一種美德,因為其促進了我們生存、效率以及生命上的福祉。作為一種自我超越的動態過程,一種內在生成的成長與繁榮驅動力,自我轉變是生命的本質,也是生命的最高表達形式。」⁷這種自我超越也意味著生命的延續,意味著終結衰老、疾病、抑鬱以及其他生理疾病。又或者,這種自我超越意味著完全擺脫人類身體的限制,取而代之的是「將創造表情與聲音作為表達的合成方式。」⁸這種自我超越也代表著「超人類主義」（transhumanism）,藉由將身體轉變為部分肉體及部分機械的形式來超越身為人類的條件。

超人類主義擁有無限可能,至少理論上是這樣的。正如《反熵》雜誌中的另一篇文章描述的,「你想怎樣就可以怎樣⋯⋯可

放大也可縮小;可以比空氣還輕,然後自由飛翔;可以瞬間移動並穿牆而過。可以變成獅子或是羚羊、青蛙或蒼蠅、一棵樹、一個池塘,天花板上的一層油漆。」[9]人類將首次擁有選擇的權利,藉由神經植入、機械肢體、冷凍屍體或任何其他想得到的技術,決定人類這個物種在未來的模樣。假如赫伯特·斯賓塞的社會達爾文主義預測聰明及有進取心的人將會成為進化食物鏈的頂端,那麼反熵主義者則想要徹底拋棄這種進化的指令。人類將成為什麼,應由人類自己決定,而不是大自然。摩爾嚴厲批評那些認為這是自大行徑的保守者,認為他們過於狹隘,就像一個世紀前受習俗與迷信驅使的群眾一樣。

「我們得無視那些生物學基本教義者,」摩爾宣稱「他們會援用『上帝的計劃』或『自然秩序』將我們囚禁在人類的層次⋯⋯我們要完全釋放,想要自我轉變就需要反抗人性。」[10]這種理念在諸多啟蒙運動後的自我創造敘事中已經隱約可見,即為了成為最真實又最好的自我,我們必須與整體社會進行切割,這一理念在這裡表達的相當明確。自然、習俗、社會,這一切現象在與人類個體改寫人類故事的能力相比時都顯得相形見絀。

然而,反熵主義者的目標不只是讓他們的身體擺脫那些所謂的人類條件,他們也希望擺脫他們眼中那些數世紀以來已經深陷於習俗、迷信與義務的社會及政治共同體。他們也像摩爾一樣養成更換名字的習慣。他們拋棄父母取的名字,選擇了那些如摩爾所說可以「投射出他們的價值,而不是為了保留自己及那些無法選擇的背景,卻又如標籤般相聯繫的」名字。[11]摩爾的妻子也改名為娜塔莎·維塔—摩爾(Natasha Vita-More),她的原名為南西·克拉克(Nancie Clark)。根據埃德·里吉斯在一九九四年《連線》雜誌發表的文章指出,還有一位反熵主義者馬克·波茲(Mark Potts)則將名字「升級」為馬克·普拉斯(Mark

Plus）。此外，也有哈里・夏皮羅（Harry Shapiro）選擇了押頭韻的名字哈利・霍克（Harry Hawk），而伊朗的超人類主義者法里敦・M・埃斯凡迪亞里（Fereidoun M. Esfandiary）則完全捨棄了人類的名字並將名字正式改為「FM-2030」。

「傳統的取名定義著一個人的過去，包括祖先、種族、國籍、宗教，」FM-2030 在一九八九年上賴瑞・金（Larry King）的同名脫口秀節目時說道。「我已經不是十年前的我，也不可能是二十年後的我。這個命名中的 2030 反映了我的信念，也就是二〇三〇年前後那幾年會是一個神奇的時代。二〇三〇年，人類將不再衰老，每個人都很有機會實現永生。」[12] 我們的種族起源、家族的選擇以及傳統習俗，換句話說，那些在給孩子取名時會考慮的因素都只是束縛並阻礙我們的真實個性。自己的名字自己起，我們才能向世界表達真正的自我。

超人類主義者認為作為一個物種的進化，我們得要拋棄所有和習俗與集體主義相關的遺跡。人類必須捨棄一切非選擇、非主動意欲、非通往自我優化過程中有意識選擇的任何事物。畢竟，面對技術日新月異的環境，人們第一次可以迅速又輕鬆地與全世界的志同道合者交流，而那些習俗的仲裁形式，諸如地點、父母或甚至是政府都即將變得無關緊要。在反熵學會舉辦的第一屆超人類主義思想會議（Extro 1）中，與會者普遍對美國僵化的官僚體制及柯林頓政府的施政提出質疑。一位反熵主義者告訴埃德・里吉斯，美國的領導階層不過就是一群「混亂無章的殭屍」（entropic deathworkers）並對人類創造力設下了不必要的限制。[13] 該運動內部的法律理論學者湯姆・莫羅（Tom Morrow）提議，反熵主義者應該聯手在海洋中央建造一系列的人工島嶼並組建一個主權自由的國家，名為「自由大洋國」（Free Oceana）。

§

　　即使在反熵主義運動的巔峰時期,其組織規模也還是很小。桑尼維爾舉辦的會議大約只有七十五人參加,而電子郵件是該運動的主要溝通方式,成員數量也始終不到四百人。反熵學會（Extropy Institute）依舊活躍,出版《反熵》雜誌並發表相關宣言,直到二〇〇六年,摩爾、維塔—摩爾及莫羅（Morrow）相繼離開學會並轉入其他與自由意志主義及超人類主義相關的產業為止（後來摩爾擔任人體冷凍技術公司阿爾科生命延續基金會的CEO）。然而,反熵主義運動代表著古老的自我成就敘事與新科技之間的結盟,而這些新科技將推動這種敘事的進一步發展。

　　反熵主義者意識到二十世紀末的科技發展,像是個人電腦及全球資訊網的出現,將義無反顧地改變我們對身體、欲望以及何謂「真實自我」的思考方式。他們知道初期階段的網路文化提供人類一種超越物理身體及地理社群的自由。這種文化將道德甚至是精神層面的自我創造使命融入我們日常生活中的各個面向。這種嶄新的網路文化汲取了尼采式自我成就中的貴族傳統（醉心於那些強大個體的力量以及如何重新塑造這個本質上沒有意義的世界的欲望）,而且又吸收了民主資本主義中的美國人將自我優化視為一種道德使命的迷思。

　　這些科技烏托邦主義者的意識形態不僅影響了矽谷的超人類主義者及對抗死亡者,也深深地影響了數百萬美國民眾的日常生活與生計──智能手機的應用軟體及網絡演算法形塑著這些人的生活樣貌。反熵主義者的神秘樂觀主義,也就是他們對人類完美化的信念,以及他們對那些無意或無法根據意志改造自己者的鄙視,還有他們認為國家與習俗僵化畫上等號的自由意志主義式的不信任,這些都融入當今科技產業創始人的意識形

態中，從谷歌創辦人拉里・佩奇（Larry Page）與謝爾蓋・布林（Sergey Brin），再到蘋果公司已故創始人史蒂夫・賈伯斯（Steve Jobs），推特（Twitter）的聯合創始人及前執行長傑克・多西（Jack Dorsey）、PayPal的彼得・泰爾（Peter Thiel）以及特斯拉的伊隆・馬斯克（Elon Musk）等，皆是如此。

§

　　科技烏托邦對自我優化的執著源自二戰後美國文化中的特有焦慮，這種焦慮關乎真實性、真理以及自我在社會中的角色，這樣的文化背景也催生了安迪・沃荷的超級明星現象。一九六〇年代的反文化運動，以抗拒遵守社會規則以及藉由自我表達實現人類解放的執著，這些都可以在科技願景中看見超越人類本性的潛力。人類可以拋開偏見、習俗以及過時的脆弱，從而重新想像一個與愛（非血緣）聯結又更好的新型態社群。正如媒體理論學家馬素・麥克魯漢（Marshall McLuhan）在其一九六四年著作《理解媒介：論人的延伸》（*Understanding Media*）中所表示，「今日，我們已經將中樞神經系統延展為一種全球性的包容，從地球的角度來看，空間與時間都已不存在了。」[14]

　　諷刺的是，那些個人化及網絡計算機技術的科技發展在最早的時候並非源於反文化的領域，而是源自冷戰時期軍事與工業發展中那個階級分明又嚴重官僚化的環境。軍事科學家及分析家相當憂心核戰的危機以及蘇聯組成後所帶來的威脅，因此分秒必爭地開發有效的計算機技術，以實現像是在核戰威脅情況下，高級軍事及政府官員之間的有效通信方式，或者模擬敵方導彈飛行路徑的方法。美國幾家最早的計算機公司，包括英特爾（Intel）及惠普（Hewlett-Packard），就是由軍事科技專家轉入私人產業後

所創立的公司。計算機技術的世界，至少在一開始的數十年間，就是一個中產階級專業知識的世界，由那些穿著灰色法蘭絨西裝的人們藉由機械化的運算在維持整體社會的運行。

早期的反文化運動自然對這種科技技術及其背後的體系抱持著懷疑的態度。根據佛瑞德・特納（Fred Turner）關於美國科技烏托邦主義的歷史記載，一九六四年冬天，加州大學柏克萊分校中一場支持言論自由的早期學生抗議活動中，在場抗議人士在頸子上掛著空白的電腦打孔卡，象徵抗議該大學只將他們視為冰冷的數據點，而非有血有肉的人類。特納引用《舊金山報》在一九六七年的另一篇社論，文中警告波希米亞讀者們要「提防結構狂人（structure freaks）……該系統中所謂的組織——線性架構——其實是一種系統化的牢籠，武斷地限制著一切可能性。這種模式從未奏效過，總是在產生現狀。」[15] 計算機技術與促成其發展的軍事工業複合體一樣，只能作為一種控制的威權機制，讓一般人疏離自身的真實經驗。

美國作家兼哲學家希歐多爾・羅扎克（Theodore Roszak）於其一九六九年極具影響力的作品《反文化的形成》（*The Making of a Counter Culture*）中寫道，反文化的「首要計畫」（primary project）正是對技術官僚體制的反叛，對抗著那些認為人類經驗必須屈從於習俗需求之下的官僚及所謂的專家們。羅扎克強調，反文化必須「宣告一座全新的天堂與一個地球，如此之廣，如此神奇，以至於技術專家們那些毫無節制的主張必然在面對這樣的壯觀時退縮……創造並傳播這樣的生命意識所需要的不外乎就是敞開心胸接受具有遠見的想像力的意願。」[16]

然而，對於反文化的一些作家與思想家而言，科技是創造新天地的允諾。更具體地說，他們希望能將那種高度個人化科技的資訊力量從軍事工業複合體手中奪走，然後交給普通人（或至少

第十章 「自己動手」　　229

交給擁有足夠智慧及想像力去駕馭這種力量的人）。正如一個世紀以前，電力成為了一種神秘又近乎魔法的力量，流淌並激發人類的創造力，資訊也一樣被賦予了一種新的神聖意義。任何可以像愛迪生掌控電力一樣去駕馭資訊的人都將在重新想像這個新的反文化世界中占有一席之地。

建築師兼哲學家巴克敏斯特・富勒（Buckminster Fuller）是資訊時代的理想主義預言家。富勒是超驗主義思想家瑪格麗特・富勒（Margaret Fuller）的姪子，而瑪格麗特是拉爾夫・沃爾多・愛默生（Ralph Waldo Emerson）和亨利・大衛・梭羅（Henry David Thoreau）等這些在精神上傾向浪漫主義者的同事。富勒承襲姑母對人類創造潛能及其擁有改變世界力量的著迷。富勒與超驗主義者一樣，認為人類的創造力與社會習俗之間水火不容。真正的創造力要求內省，向著自身發展並表達自我的根本原創性。

富勒認為新技術的承諾在於能夠從專家與制度中奪回權力，然後轉交到普通人手上。他也認為最適合擁有這種新型權力的人並非官員、公務人員或政府單位的科學家，而是個體的天才「全能設計師」（comprehensive designer）──這是他採用的術語。這種人擁有更廣闊的藝術視角去看清這個世界的本質，以及這世界最需要的是什麼。

富勒眼中的全能設計師就是類比上帝的存在，可以開創新天地，理由就是他能夠理解這個世界是一個自我封閉的系統，而他擁有破解這一系統的力量與洞見。富勒描述全能設計師是「人類需要解決的最大問題的答案。」此外，他也認為全能設計師是人類命運的縮影，從單純的被創造者進化為神聖創造者的過程。富勒滿心歡喜地表示，「如果人類會繼續作為宇宙演化中的成功模式兼複合功能的存在，這將會是因為我們在未來幾十年內將會見證藝術科學家主動承擔起主要的設計責任，並成功地將工具增

強型（tool-augmented）人類的整體能力加以轉化。」[17]富勒的發明包括著名的網格穹頂（又稱作富勒圓頂）以及優化設計的Dymaxion（動態最大張力）汽車，兩者皆反映了他對人類天才力量的樂觀信念。這種力量不僅能夠改善人類生活，還能重新定義人類生活。人類在這個進步的無畏新世界中不僅能夠決定自己的命運，還可以塑造全人類的命運，完全取代任何神聖創造者的遺跡。

然而，反文化的人物中卻鮮少有人能像富勒最具影響力的追隨者斯圖爾特・布蘭德（Stewart Brand）那樣，將精神上的確定性與現代科技結合在一起。布蘭德是一位作家，過去曾是搖滾音樂製作人，他早期的音樂會上曾經邀請當時尚未成名的「死之華」（Grateful Dead）樂隊登台演出，而他深深地著迷於網絡及計算機研究的潛力，因為這與他著迷的其他事情息息相關，也就是回歸土地（back-to-the-land）的共同生活。布蘭德並不是唯一一個有意創建新的意識社區（intentional community）的反文化成員。在回歸土地運動於一九六〇年代及一九七〇年代的鼎盛時期，約有一千萬美國人選擇公社生活；但布蘭德無疑是這個理念最狂熱的提倡者。布蘭德的心中想像著一個世界，嬉皮、藝術家及其他創新者可以永遠擺脫專家統治的官僚體制及過時社會中絕望的烏合之眾。他們要利用科技提供的力量建立自給自足的社群並從整體社會中得到解放。為了實現這一目標，布蘭德開始出版《全球概覽》（Whole Earth Catalog），這本書首次於一九六九年問世並且定期更新，內容列出有志加入公社生活者在脫離社會後可能所需的物品清單。清單內容包括主要的必需品（如鹿皮夾克、狩獵器材、迷幻藥）以及新發明的便利商品（像是音響合成器、惠普計算機）。

布蘭德與前人富勒一樣，對自己的任務有著清晰的認知——

他要駕馭一個終於發展成熟的人群力量。人類再也不能接受單純身為屈從動物的命運，不再盲目地追隨教會、國家或是整體社會的安排。該是人類接受自己新的神聖地位的時候了，他們是所處世界的創造者和維護者。布蘭德的任務聲明出現在每一期的《全球概覽》中，「我們如同神，那麼我們最好學會好好扮演這個角色。」

布蘭德的任務聲明繼續說道，「目前為止，藉由政府、大型企業、正規教育與教會形式來遠端實現的權力及榮耀，已發展至其巨大缺陷將掩蓋實質效益的程度了。因此⋯⋯一個關係密切的個人權力領域正在發展中，也就是個體掌握自身教育的權力、尋找自身的動力、塑造自身的環境並與任何感興趣的人分享自己的經歷。」[18]

通過這份聲明，布蘭德明確表達數個世紀以來隱含的連結，也就是人類塑造自身存在的需求以及使這種形塑成為可能的世界觀。人類不單是上帝手中某種特定意義的創造，依循社會秩序生活並不是他們的命運，布蘭德也堅信並不是少數精英才有機會藉由扮演上帝來改變自己的命運──這是從薩德到布魯梅爾再到尼采等貴族式自我成就傳統的主要論點。相反布蘭德認為，自我神聖化代表著身為人類意義的根本神化，那是人類進化的自然終點。我們過去的使命是擁抱作為神明的命運，每個人都一樣。也只有這樣，布蘭德表示，以呼應美國整體自我成就傳統保有的道德狂熱，一個以和諧與愛為基礎的新世界秩序才能誕生，而不是以戰爭及社會衝突為基礎的舊世界秩序。

當然，布蘭德心中對「人神」（human-god）有一種非常特殊的形象，外貌及聲音都非常像是斯圖爾特・布蘭德。《全球概覽》的理想讀者是「物品製造者」（Thing Maker）、「工具狂」（Tool Freak）或「原型設計者」（Prototyper）。這些人是堅定

的自學成材者，對社會規範存疑並熱衷於追求自我實現。他們是當代擁有程式設計天賦又神氣活現的企業家，同時也是新社群的一部分，而這些社群的成員也與他們一樣選擇離開社會體制並過著比以往更加獨立的生活。人神已經從原生的義務及期望中獲得解脫。

然而，《全球概覽》不僅代表了一種意識形態，也有助傳播這種意識形態。書中的文章及廣告有助於全美國那些反文化思想的企業家和公社成員互相聯繫。正如好幾個世代之前那些承諾讀者能掌握「個人吸引力」（personal magnetism）或「思想力量」（thought-force）的各式指南，也曾在自我提升的鍍金時代理念中掀起一股風潮一樣，《全球概覽》也在二十世紀後期的文化泥沼中因為開創出新的自我成就者形象而獲利。二〇〇五年，身為眾多受布蘭德及其使命啟發的科技企業家之一的史蒂夫·賈伯斯（Steve Jobs）將《全球概覽》形容為「谷歌問世之前的谷歌。」[19]

布蘭德的影響力及其開創的自由派烏托邦主義塑造了下一代的計算機企業家。雖然《全球概覽》只有在一九七二年之前固定發行（之後到一九九六年都以特刊的形式出現），不過布蘭德最終將其重新做成一個原始的線上社群，即全球電子鏈結（Whole Earth 'Lectronic Link，簡稱 WELL）。一九八五年，全球電子鏈結成為最早的數位社群之一，就連全球資訊網（World Wide Web）及現今廣為人知的全球資源定位器（URL）系統都還要再過五年才會問世。全球電子鏈結成功地將志同道合的科技愛好者串聯在一起，這些人可能在所謂的現實生活中永遠不會相遇。全球電子鏈結的早期成員包括美國線上（America Online）和克雷格列表（Craigslist）的創始人。

時間到了一九九〇年，部分反文化激進分子的夢想似乎即將

第十章 「自己動手」　233

成為現實,也就是個人計算機及網絡設備將普及至一般美國人的生活。一九九〇年,提姆‧伯納斯李(Tim Berners-Lee)及其在歐洲核子研究中心(CERN)的同事開發了資訊傳輸系統,即知名的「全球資訊網」。三年後,伊利諾伊大學厄巴納—香檳分校的兩位計算機科學家馬克‧安德里森(Marc Andreessen)與埃里克‧比納(Eric Bina)開發出 Mosaic 網頁瀏覽器,這是世界上第一代的網頁瀏覽器之一。Mosaic 網頁瀏覽器於一九九三年十一月對民眾開放,幾個月內便有四萬人下載使用。一直到了一九九四年底,這一數字暴增到超過一百萬人。[20] 同年,蘋果公司發表麥金塔電腦(Apple Macintosh)並針對蘋果早期的個人電腦 Apple II 進一步改善,此時 Apple II 電腦已經出現在四百萬個美國家庭之中。同時,蘋果的最大競爭對手微軟(Microsoft)公司也準備推出該公司在個人計算機領域的關鍵產品——Windows 95 作業系統。其他幾家公司,包括戴爾(Dell)、IBM 和 NeXT 也相繼推出了各自的個人電腦。

布蘭德的預言似乎已經成真。人們在借助某種設備的幫助之下可以擺脫地理與社會責任的束縛,然後將創造潛能的最大化,新世界秩序中的居民可以在此集體實現反文化的承諾。布蘭德於一九九五年為《時代雜誌》撰寫的〈一切都要歸功嬉皮〉(We Owe It All to the Hippies)文章中表示,網際網路時代的來臨是創意個人主義的勝利。「我們這一代在網路空間中證明,唯有自力更生,才能帶來韌性。……假如這種動能得以延續(目前一切跡象皆顯示是如此),那麼資訊時代將背負著六〇年代特有的反文化印記進入新的千禧年。」[21] 布蘭德認為資訊時代的座右銘就是重新詮釋甘迺迪就職演說中的一句名言,「不要問國家能為你做什麼。自己動手做吧。」[22]

其他資訊時代的先驅者也像反熵主義者一樣讚揚著資訊時代

的政治潛力。畢竟，網路不具形體的特質促使過去那些引發衝突與不平等的根源（種族、性別及國籍）變得完全無關緊要，就像人類退化的尾巴一樣。數位公民在這廣闊的網路世界景觀中可以進入一個不亞於安迪・沃荷及傑基・柯提斯狂熱夢想的領域，他們完全可以變成自己想要的樣子，並從所有不樂意的事情中得到解放。斯圖爾特・布蘭德於《時代》雜誌發表文章的一年過後，另一位身兼作家與行動主義者（也是死之華樂團作詞人）的未來主義者約翰・佩里・巴洛（John Perry Barlow）也發表了一篇熱情洋溢的頌詞，讚美新數位現實的潛力。巴洛於一九九六年發表的〈網路獨立宣言〉（Declaration of the Independence of Cyberspace），一開始只是一封電子郵件，後來就很快地在瞬息萬變的網路世界中傳開了。他在宣言中猛烈抨擊「工業世界中的各國政府」，認為這些政府的時代已經到了盡頭。他主張世界歷史將在「網絡空間──心靈的新家園」中展開。[23] 巴洛認為數位世界是一個無論政府、法律及習俗都沒有管轄權的地方。這是一個「人人都可以進入的世界，無需考慮種族、經濟實力、軍事力量或出身地位的特權或偏見⋯⋯這是一個無論何人、身處何處都可以表達其信仰的世界，不管這些信仰有多獨特，也無須擔心會被迫禁聲或屈從。」[24]

巴洛認為全球資訊網讓人類得以提升到另一個更高的存在層面，人類在那裡不僅可以從社會習俗中得到解放，也可以擺脫身體的束縛。巴洛的語言呼應著美國自由主義傳統的樂觀唯心主義，而且他還將這種思維更進一步地推進。他將這個新的數位格局重新想像成一片充滿希望的未開發領地。「你們的法律觀念⋯⋯對我們無效，」巴洛寫道，「這些觀念全都基於物質實體，而這裡沒有物質實體。我們的身分是沒有形體的。」[25] 巴洛表示，我們的真實身分是由我們的想法、渴望及欲望構成的，也就是我

們內心的真實自我。

「我們的虛擬自我並不受你們的主權干涉，雖然我們仍然允許你們統治我們的肉體⋯⋯我們將在網絡空間中創造一種心靈的文明。」[26]

§

從許多方面來看，這種科技烏托邦主義繼承了美國式自我成就所承諾的最佳部分。無論出身背景如何，無論長相如何，也無論來自何種社經地位的群體，人人都可以通過努力及創造力將自己轉變為心目中的那種人。然而，科技烏托邦主義也繼承了這種傳統的陰影面。如果未能有所成就，那便是某種道德或精神上的怠忽職守。換句話說，這種人在某種程度上比那些自我成就者稍微「少了那麼點人性」。此外，科技烏托邦主義也繼承了這一傳統中隱約可見的神秘主義，其將人類欲望變成一種基礎的動力。科技烏托邦主義承諾，只要意欲強烈，這個世界就會變成每個人心中所期望的樣貌。

馬克思・摩爾於一九九三年在《反熵》雜誌發表了一篇關於形態自由的文章，文中提出了「最佳人格」（Optimal Persona）的概念——基本上就等於是你想要成為的自己，且至少在某種意義上，你有道德義務要去成為這樣的自己。摩爾認為最佳人格是「理想的自我，更高級（且持續發展的）個體」並明確地將其與「尼采的超人概念」相連結。

摩爾向讀者表示——語氣與威廉・沃克・艾金森（William Walker Atkinson）或詹姆斯・艾倫（James Allen）在撰寫那些新思維時代的快速致富指南中的語氣無異——他認為想要成為這樣的最佳人格就需要「將注意力集中在最佳人格的形象上⋯⋯看見

自己隨心所欲地行動並且達成目標。充分練習直到能夠運用所有的感覺方式——讓自己的內在形象清晰生動，聆聽內在的聲音，甚至想像那種情境中的氣味與感受。」[27]

並非所有人都對這種新興的科技烏托邦主義抱持著不加批判的態度。一九九五年，布蘭德在《時代》雜誌上發表文章的同年，英國媒體理論家理查德・巴布魯克（Richard Barbrook）及安迪・卡麥隆（Andy Cameron）發文抨擊其所謂的「加州意識形態」（Californian Ideology）。這種意識形態混合著反文化的自由主義及科技文化，他們預測其將導致一波文化上的個人主義浪潮。這種意識形態以「解放」作為承諾，不過在實踐的過程中卻只有那些能在這個新興「虛擬階級」中致富的少數人才能真正達成。

確實，巴布魯克和卡麥隆在「加州意識形態」一文中表示，許多科技烏托邦主義者相信無拘無束的人類自由具有克服暴政與壓迫的潛能，但他們也提出警告，表示藉由「推崇這種看似美好的理想，這些鼓吹科技的人也同時在重製美國社會中那些最原始的特徵，尤其是那些來自奴隸時代的悲苦特徵。他們對加州的烏托邦願景，」他們認為「依賴對美國西岸生活的其他特徵（多半不是正向的）的刻意忽視，諸如種族主義、貧困與環境的惡化。」[28]並且認為「虛擬階級」的成功將建構在那些沒有電腦科學學位或沒有網路權限的廉價勞動之上，這些勞動力將極易遭到特定人士的剝削。畢竟，他們寫道，「加州白人還是依賴膚色較深的同胞在他們的工廠中付出勞力，採收農作物，照顧小孩並打理庭院。」[29]

巴布魯克和卡麥隆也擔憂這種對科技創新的執著無異就是現今世界的社會達爾文主義，獎勵那些表面上理所當然應得的人（勤奮的企業家），懲罰那些不願或無法融入這種完美計畫的人。

§

　　時間過了將近三十年之後，自我優化的承諾以及我們有道德義務去創造並成為最好又最真實自我的信念，已經幾乎內建在當代西方社會的各個層面。這種獨具美國特色的道德自我修養敘事已經進入全球經濟系統之中，而這個系統的預設觀念就是我們不僅可以，也必須將自己轉變為最炙手可熱的商品。解放我們生物上的軀體、地理上的社區，以及社會及物理上的習俗，我們既可以不受拘束地再現自己理想中的樣貌，也同時受到不斷要求自我再現的經濟體制制約。

　　有時候，這種再現就是實際上的意思。科技投資者投入了數百萬美元在生物科技公司的發展，這些公司的唯一目標就是破解人類的生物發展──優化人體、心智，或者兩者兼之。舉例來說，PayPal 創辦人彼得・泰爾大舉投資名為「瑪土撒拉基金會」（Methuselah Foundation）的抗老研究集團以及致力研究基因體定序技術的 Halcyon Molecular 公司。谷歌聯合創辦人拉里・佩奇也與前蘋果公司董事長阿瑟・萊文森（Arthur Levinson）聯手創辦了 Calico Labs 公司（California Life Company，加州生命公司的簡稱），專注研究衰老的生物學基礎以及如何阻止衰老，甚至逆轉衰老。谷歌的另一位共同創辦人謝爾蓋・布林於二〇一四年與萊文森及 Facebook 創辦人馬克・祖克柏（Mark Zuckerberg）共同贊助「生命科學突破獎」（Breakthrough Prize in Life Sciences），該獎每年提供三百萬美元獎金給最有潛力的生命延續研究。亞馬遜創辦人傑夫・貝佐斯（Jeff Bezos）則投資 Altos Labs 公司，該公司致力於對抗衰老的「生物重新編程技術」（biological reprogramming technology）研究。[30] 這些看似無法實現的狂想式計劃的共同點在於其堅信人類科技不僅可以改善人類

的生活條件,甚至可以為之帶來全新的定義——即是從生物學以及社會的層面改變「身為人類」的意義。

然而,這一切的嘗試並不全是為了避免死亡(或者,就此角度來看,避免課稅)。我們不僅可以,也應該重新編程自己來優化自己在地球生活的這種理念,也已經以更微妙又更日常的方式滲透到當代美國(及全球)文化之中。舉凡我們戴在手腕上的計步器與體適能記錄器(或者放在包包或口袋中的智慧型手機),再到專為提供我們生活小撇步而設計的各種應用程序與技術;例如像 Headspace 這樣輔助我們學習內觀或冥想的應用程式,或者是 Pomodoro 這樣培養專注力的工作計時器——我們可以、並且也將會運用科技賦予我們的力量成為最好又最有生產力的自己,這就是當今日常生活背負的期望定義。我們可以追蹤自己的睡眠規劃及體重變化,也可以在一種生產力的循環中監控自己的心率、行走距離,甚至還可以監控我們的螢幕使用時間。這一切都是為了做得更多又更好。截至二〇二〇年,據說每五個美國人之中就有一人使用智能手錶來監控自己的運動狀況。[31]

另外同樣重要的是,我們可以將這些數據與全世界分享,將改善後的生產力作為個人品牌的一部分展現出來。《紐約時報》的科技專欄作家戴維・波格(David Pogue)在二〇一三年接受採訪時提及當時仍處於萌芽階段的「量化自我」(quantified self)運動,挺身支持生活駭客(life hacking)的實踐及向社群網路展示這些數據的行為。他說:「每個人在舞台上與舞台下的表現都不盡相同,誰都想要展現最好的自己。想要展現自己最好的一面的這件事,就是與少數人分享數據可以做到的事情。」[32]

生活駭客在過去的幾十年裡已經取代了個人修養手冊的地位,重申透過內省並集中精神發展自我,這樣一來就可以過上巴布魯克(Barbrook)及卡麥隆(Cameron)所描述的「虛擬階級」

的不羈生活。此外，二〇〇一年的大衛・艾倫（David Allen）的著作《搞定！工作效率大師教你：事情再多照樣做好的搞定五步驟》（*Getting Things Done*），二〇〇三年吉娜・特拉帕尼（Gina Trapani）的《生活駭客》（*Lifehacker*），二〇〇三年梅林・曼恩（Merlin Mann）的部落格《四十三個文件夾》（*43 Folders*）以及實業家提摩西・費里斯（Tim Ferriss）的「四小時」系列書籍（如《每周工作四小時》（*The 4-Hour Workweek*）、《四小時健身房》（*The 4-Hour Body*）、《四小時廚師》（*The 4-Hour Chef*）等），這些書籍都承諾教導讀者如何以最省力的方式來優化自己的生活，透過單純找到人類存在規範中的小訣竅。同樣地，還有心理學家丹尼爾・康納曼（Daniel Kahneman）於二〇一一年出版的《快思慢想》（*Thinking, Fast and Slow*）。這本書在某些矽谷社交圈中真的已成為生活指南，指導人們識別並克服演化過程中衍生的本能思維模式，目的是以更準確的方式觀看這個世界。

科技烏托邦式的手冊與宣言之間的共同點，在於其堅信人類創造力的神聖力量以及對自我完善的道德呼籲。如果我們無法優化自己——不論是透過理想的充足睡眠、工作效率的最大化，還是攝取營養素的正確量——那就是因為我們未能融入人類集體自我改善的過程中。科技輔助的自我實現就是斯賓賽式人類進步願景的下一步。

舉例來說，可以考慮一下彼得・泰爾以及他過去的門生（失敗的參議員候選人）布萊克・馬斯特斯（Blake Masters）在為準創業者編寫的指南《從零到一》（*Zero to One*）中所提供的建議。這本書的書名本身就是在讚美人類創造力的頌詞：從零到一意味著無中生有的創造，這是屬於天才的特權，非凡人可及。《從零到一》將新創企業的創辦人視為終極創造者，其為文藝復興天才及成熟的啟蒙時代人物在俗世的繼承者，因為他們掙脫了傳統習

俗的束縛。「最逆向思考的事情，」泰爾和馬斯特斯寫道「不是反對人群，而是獨立思考。」[33] 新創企業理想的創辦人汲取尼采與新思維的教訓——若想要成功，就必須拒絕人群並轉而內省。他人充其量只是無關緊要的干擾，而最糟糕的情況下則會是沉重的負擔，阻礙天才的至高地位。

新創企業的文化在其理想形式中是能夠以創新方式與世界互動，不受物理或社會限制的約束。「一個人盡最大努力而可以全盤掌控的就是新創企業，」泰爾及馬斯特斯在書中寫道，「一個人不僅可以掌控自己的生活，還能掌控世界上相當重要的一小部分。」[34]

泰爾的世界觀主要是在抗拒「機會的不公暴政」（the unjust tyranny of Chance）。正如許多矽谷人士一樣，他認為環境的不平等不過是種錯覺罷了。任何有意掌控天才力量的人都可以克服出身背景中看似無法逾越的障礙。「你不是一張樂透彩券」，泰爾堅稱。[35] 他也曾引用推特創辦人傑克・多西（Jack Dorsey）的話表示，「成功絕非偶然。」[36]

泰爾並非唯一宣揚自力更生的福音或看見科技可以從人類偶然性的束縛中解放創造力的人。或許，諷刺地說，與其說《從零到一》是一份宣言，倒不如說是數世紀以來關於個體能夠決定自身命運的敘述，以及那些做不到的人在道德劣勢上的一種概括。獨立思考更勝被群體習俗塑造的觀念，也絕不是一種逆向思維。借用諾曼・樊尚・皮爾（Norman Vincent Peale）的話——我們現在都被召喚著去想像、祈禱並實踐最佳的自我。

這種召喚成了一種新宗教意識的基礎，重新想像我們在取代上帝成為終極創造者的世界中所應該持有的價值觀、責任與目標。記者卡羅琳・陳（Carolyn Chen）在她二〇二二年的著作《工作、祈禱、編碼：當工作成為矽谷的宗教》（*Work Pray Code:*

第十章　「自己動手」　——　241

When Work Becomes Religion in Silicon Valley）中揭示了「心靈健康」（spiritual wellness）的崇拜已經在某些科技公司中變得無處不在。這些公司僱用了教練與心靈導師來幫助員工最大化其生產力。舉例來說，谷歌贊助一個名為「搜尋內心的關鍵字」（Search Inside Yourself）的計畫，該計畫在教導員工佛教的冥想；另一家科技公司 Euclid 則率先推出名為「做最好的自己」（Be Your Best Self）的計畫並鼓勵員工進行冥想和自我檢討。[37]

當然，我們也可以冷嘲熱諷地解讀這種趨勢，將其視為一種藉由讓員工在職場感到更有啟發而促進生產力最大化的卑怯手段。然而，不可否認的是，從斯圖爾特・布蘭德開始，矽谷的職場環境一直帶有這種專注於心靈的傾向。如果我們是神，那麼，正如布蘭德的名言所說的，我們最好就要擅長自己的工作。專注於內在的自我——無論是透過生活駭客或是心存正念——並且遠離外界的不良影響，這在幾個世紀以來一直是自我創造的解放信條中不可或缺的一部分。

反熵主義者們早在一九九〇年就將他們的哲學視為是有組織的宗教中（正如摩爾所言）過時的「非理性幻想」（irrationalist-fantasy）的繼承者。天堂並不「在另一個領域，」亦即那種將「我們從為自身情況負責的需求與觀點」移除的領域，而是就在此時此地。是人類可以靠自身力量實現的目標。[38]

「宗教，」摩爾總結道，「為洋洋得意與停滯不前提供了說詞。信徒們無法回答尼采在查拉圖斯特拉中提出的反熵挑戰：『我教導你們成為超人。人類是需要被超越的，那你們做了什麼來超越呢？』」[39]

對於我們這些繼承了反熵主義式承諾感的人而言，那種超越並不只是少數被揀選之人可以達到的誘人機會，反而已經成為了我們所有人的責任。

第十一章
「因為我想這麼做」

"Because I Felt Like It"

二〇〇七年一月，一家名為生動娛樂集團（Vivid Entertainment Group）的色情片製作公司拿到一卷在業界極具爭議的錄影帶。五年前，這段影片的內容是在墨西哥卡波（Cabo）的希望渡假村（Esperanza）拍攝的一場狂歡派對，最初是為了私人用途而拍攝的。當時的參與者是一對相愛的（或者說類似的關係）年輕情侶，兩人都不是什麼名人。當時二十一歲的威利・雷傑・諾伍德（William "Ray J" Norwood）是名氣不大的歌手，如果有觀眾認識他，大概也只是因為他是知名 R&B 明星布蘭蒂（Brandy）的弟弟。

　　他的女朋友當時更是默默無聞。當時二十三歲的金・卡戴珊（Kim Kardashian）是一名社交名媛，充其量就是好萊塢的邊緣分子。當時金・卡戴珊靠著為那些在好萊塢人脈極廣的朋友們治裝來經營一份微不足道的職業，其中包括布蘭蒂本人以及即將一炮而紅的酒店業繼承人派瑞絲・希爾頓（Paris Hilton）。隔年，也就是二〇〇三年，希爾頓將與知名歌手萊諾・李奇（Lionel Richie）的女兒妮可・李奇（Nicole Richie）共同出演真人秀節目《拜金女新體驗》（*The Simple Life*）。該節目致力探索並嘲諷里奇與希爾頓的優越成長背景與美國人看似樸素風俗之間的對比。金・卡戴珊經常客串出現在這個節目中，她的身分就是飽受希爾頓長期折磨的私人助理。

　　當時的金・卡戴珊幾乎還沒有準備好要成為一個家喻戶曉的名人。她確實很有錢，人脈也很廣，只是遠遠比不上里奇或希爾

頓的程度。她的父親羅伯特・卡戴珊（Robert Kardashian）曾經成功為橄欖球運動員O・J・辛普森辯護，當時辛普森被指控謀殺當時的女友（也是前妻）妮可・布朗（Nicole Brown）。金・卡戴珊的繼父布魯斯・詹納（Bruce Jenner），也就是現在世人所知的凱特琳（Caitlyn），則是著名的奧運十項全能運動員。金的外貌出眾，不過以好萊塢的標準來看，爭奪各類角色與代言機會的競爭者眾多，而那些競爭者通常是由專業的美麗新秀所組成。她對表演、唱歌或其他好萊塢常見的拓展知名度的各個領域都沒有什麼特別的興趣（即便是派瑞絲・希爾頓也曾經短暫嘗試過不太成功的流行音樂生涯）。因此，當時她與男友為私人享樂而拍攝的性愛錄影帶，除了這對情侶自己之外，幾乎沒有人會有興趣。

　　時間快轉五年之後，名人世界的局面也有所改變。雷傑與金・卡戴珊已經分手。雷傑開始維持一段平淡無奇卻穩定的演藝工作，他在聯合派拉蒙電視網（UPN）的情境喜劇《一對一》（One on One）中飾演親姐姐布蘭蒂的弟弟，而金・卡戴珊則即將成為全球最著名的女性之一。

　　她的明星生涯已經開始崛起。金與她的姐妹考特尼（Kourtney）和科勒（Khloe）將她們的治裝經驗轉化成時尚事業。三人在卡拉巴薩斯（Calabasas）經營一家備受歡迎的精品店Dash。金曾四次客串演出《拜金女新體驗》，此舉為她贏得一些八卦雜誌的版面，據悉那是因為她主動向狗仔透露自己的行蹤。她與幾位名氣不高的名人傳緋聞，根據《In Touch Weekly》周刊的一位編輯透露，金一開始鎖定的對象中，最有名的就是當時剛與鄉村歌手（也是真人秀明星）潔西卡・辛普森（Jessica Simpson）分手的九十八度（98 Degrees）樂隊主唱尼克・萊奇（Nick Lachey），不過卻沒有成功到手。

此外，卡戴珊正準備出演另一部類似《拜金女新體驗》的節目，不過主角是她的整個家族，其中包括她的姐妹、弟弟羅伯（Rob）、同母異父的妹妹凱莉（Kylie）及肯達爾（Kendall），繼父布魯斯以及在家族中擔任母親和媽媽經紀人（momager）角色的克里斯・詹納（Kris Jenner）。《與卡戴珊同行》（*Keeping Up with the Kardashians*）將於二〇〇七年秋季在娛樂電視台 E! 頻道首播。

當時根本沒有人預期這個節目會爆紅，反而認為只是電視台的墊檔節目而已。當時的媒體上有大量幾乎完全相同的真人秀節目，內容就是那些知名度比較低的名人的「真實」生活。這些節目介於兩個誘人的極端之間，一方面是迎合過去八卦新聞「明星也跟我們沒有兩樣！」的觀點，另一方面是對名人極端或荒唐行為的狂喜式迷戀，以滿足美國大眾對認識「真實」明星日益增長的渴望。這種節目也讓觀眾嘲笑名人的愚蠢行為——例如，同樣是在二〇〇七年，潔西卡・辛普森在她與尼克・萊奇的節目《新婚生活》（*Newlyweds*）中錯將金槍魚品牌海底雞（Chicken of the Sea）誤認為真正的雞肉——同時又能將他們當作普通人在處理普通人面臨的問題，像是婚姻協商或建立家庭界限。在此之前還有《奧斯本一家》（*The Osbournes*）這個節目，內容是關於過氣重金屬搖滾歌手奧茲（Ozzy）作為家長與其家族的真人節目。當然還有派瑞絲・希爾頓的《拜金女新體驗》以及其衍生節目《紙醉金迷：牧牛場》（*Filthy Rich: Cattle Drive*），卡戴珊姐妹都曾短暫出現在節目中。這些節目對這些名人是又愛又恨。無論派瑞絲・希爾頓或妮可・里奇是否具備任何明星魅力，剪接室裡的製作人顯然不認為她們具備芭芭拉・斯坦威或克拉拉・鮑曾擁有過的那種神秘力量。

此外，《與卡戴珊同行》似乎是 E! 頻道真人秀名單中的臨

時墊檔節目。根據該節目中的一段口述報導指出，這檔節目原本是計畫接著另一檔節目播完後才要上檔，但是該系列節目因故流產後才在匆忙中委託製作的。原定節目是以《辣妹過招》（*Mean Girls*）及《天生一對》（*The Parent Trap*）走紅的明星琳賽・羅涵（Lindsay Lohan）為主角，不過當時這位女演員因為深陷酗酒及濫用藥物爭議而告吹。[1]

至少卡戴珊一開始並沒有什麼鴻圖大志。她就想著參加一檔真人秀節目，至少可以提高 Dash 的品牌知名度，或者幫助她奠定名下產品線的一些基礎，像是香水。更重要的是，這可以幫助她維持她一直以來汲汲營營想要得到的八卦媒體曝光度。

當然，其他想要成為表演者或創業者的人都一直努力想要吸引八卦媒體的注意，而且通常都是有著明確的目的。名氣就是貨幣，可以用來啟動他們在好萊塢的事業。今天登上《美國周刊》（*Us Weekly*），明天就有機會演出賣座電影。被拍到與好萊塢當紅炸子雞約會，廣告代言就會接著上門。然而，卡戴珊想要的，似乎是純粹為了出名而出名，既不是與任何特殊職業相關，也無關任何財務目標。一位八卦雜誌記者表示：「她（金・卡戴珊）每周都會提供消息給我，」不過編輯們都拒絕刊登，只因為她的八卦不值得一提。這位記者這麼回憶著，上電視是「我們給她設的其中一個條件……妳必須上電視。」[2] 真人秀節目到了二〇〇七年似乎已成為成名的一種途徑，儘管這種節目對於已經成名或不太出名的人物（如希爾頓或辛普森）是一大助力，不過卻也讓某些素人因參加其他類型的節目而變得小有名氣。舉例來說，電視節目《老大哥》（*Big Brother*）中的安迪・大衛森（Andy Davidson）、《誰是接班人》（*The Apprentice*）的歐瑪羅莎・馬尼戈（Omarosa Manigault）——我們稍後會談到這個節目，《拉古娜海灘》（*Laguna Beach*）的勞倫・康拉德（Lauren

Conrad），或者《十口之家》（*Jon & Kate Plus Eight*）這種主動讓電視製作組紀錄撫養八個孩子（其中包含一對六胞胎）經歷的喬恩（Jon）與凱特（Kate）·戈瑟林（Gosselin）夫婦。

然後，性愛錄影帶就流出了。

這段五年前（據說當時是私下好玩）拍攝的性愛錄影帶，當初究竟是如何出現在生動娛樂集團辦公室的，至今仍是未解之謎。許多研究卡戴珊傳記的作家與娛樂新聞記者們，更不用說雷傑本人，都將責任歸咎於卡戴珊一家人並暗示就是他們自己流出這段錄影帶。對此，金·卡戴珊、卡戴珊家族以及生動娛樂集團的創始人都是嚴詞否認。至少在一開始的時候，卡戴珊家族似乎堅決要將錄影帶內容保密。就在生動娛樂集團公司發布錄影帶內容的幾周之後，卡戴珊的律師團就控告該公司並試圖阻止該錄影帶發行。

無論影片是從哪裡傳出來的，卡戴珊家族似乎早就意識到憑藉這種充滿爭議的性愛影片可以為 D 咖事業帶來極大的助力。三年前，金·卡戴珊的人生楷模派瑞絲·希爾頓的事業不就是因為她出現在另一部外流的性愛影片《派瑞絲之夜》（*1 Night in Paris*）才帶來類似的助力嗎？當時這部影片也是在同樣可疑的情況下遭到公開。

金·卡戴珊及她的家人最終決定以自己的方式接受這部性愛影片的發行。她與生動娛樂集團達成協議（不過具體的內容從未公開）並授權這部影片發行並獲得酬金。（未經證實的消息指出，金拿到了五百萬美元的酬金。）[3] 於是，二〇〇七年三月十七日，色情片《超級明星金·卡戴珊》（*Kim Kardashian, Superstar*）便問世了。

這部影片是色情片史上觀看次數最高的影片之一。生動娛樂集團的聯合創始人描述這部電影是「我們最賣座的影片。」接下

來的十年中,《超級明星金·卡戴珊》的觀看次數累積達到了兩億一千萬次。[4]

然而,如果要說卡戴珊藉由這筆交易的收穫,那可不僅限於那筆意外之財。這部顛覆性的人氣性愛影片幾乎讓她在一夜之間從某個社交小圈子躍升進入 A 咖名流的行列,就連當時遇到製作困難的《與卡戴珊一家同行》也立刻被批准拍攝。該節目(幾個月後)在二〇〇七年十月首播,第一集的內容就是圍繞著這部性愛影片。這一事件成為展現卡戴珊「無憂無慮又深不可測」的形象給全世界知道的標誌性事件。金·卡戴珊(或者至少是她在節目中塑造的角色)活在自己的世界中,一方面歡快地與現實脫節,卻又帶著自嘲的狡點。她穿著法國品牌 Louboutin 的紅底高跟鞋在鋼管上旋轉,宣稱那是「健身」課程。面對科勒(Khloe)質問關於性愛影片醜聞的時候,她也只是咯咯地笑著,不在乎地拒絕為自己辯解。「我當時性慾高漲,」她聳聳肩說「我就是想做愛。」[5]

《與卡戴珊一家同行》不僅實現前人所承諾的事情,甚至還超越了他們。這個節目一共播了讓人難以忍受的二十季,金·卡戴珊與家人爭吵、和解、各自戀愛、結婚到離婚,經歷了外人看起來近似恐怖谷(uncanny-valley)的整形手術(金對此全盤否認)。隨著每一季的播出,卡戴珊—詹納家族的女性成員在外貌上幾乎都出現了一致性的轉變。她們減重並縮小了鼻子,開創了一種輪廓極深、睫毛濃密、雙唇豐滿及粗眉的審美觀,這種形象在不久後就被稱為「Instagram 臉」,目的既是為了要上相,也是為了真實生活中的交流。

結果這節目大受歡迎。該節目的巔峰是二〇一〇年某一集關於金與美式足球員雷吉·布希(Reggie Bush)的離婚事件,將近五百萬人觀看著她的真實生活面,而這些內容與其說是藝術,不

如說是場極為戲劇化的演出。卡戴珊姐妹們不斷地談戀愛、結婚又離婚。二〇一三年，金在女兒諾思·威斯特（North West）出生後不久嫁給了饒舌歌手兼音樂製作人肯伊·威斯特（Kanye West），成為一對看似能夠（甚至在浮誇程度上遠遠超越）與舊時代好萊塢明星情侶檔瑪麗·畢克馥（Mary Pickford）與道格拉斯·范朋克（Douglas Fairbanks）匹敵的權勢名流夫妻檔。

卡戴珊家族中，尤其是金，成為了文化上的毀滅性力量。大眾喜愛她們並不是因為她們展現出什麼出眾的能力，而是因為她們恰好欠缺這種能力。正如芭芭拉·華特斯（Barbara Walters）於二〇一一年度特別節目《年度十大最迷人人物》（*10 Most Fascinating People*）中訪問這個家族時驚訝地表示，「你們並不會演戲，也不會唱歌，也不會跳舞……恕我直言，妳們並沒有任何才華可言。」[6]

不過卡戴珊家族擁有的是「It 特質」。又或者說，她們至少擁有芭芭拉·斯坦威（Barbara Stanwyck）及傑基·柯提斯（Jackie Curtis）曾經預言過的濃縮版「It 特質」。她們知道的，尤其是金·卡戴珊最了解的是這種特質並非幸運之子才能天生擁有的，而是可以靠自己獲得的特質。藉由整容手術及不知羞恥的自我推銷就可以同時慶祝自己「最人造」又「最真實」的雙重存在。無論金·卡戴珊是什麼或不是什麼，她毫無疑問地已經成為自己想成為的那個人。從她刻意修飾的沙漏型身材到臉上的冷淡表情，再到她極具奢華（卻往往刻意顯得俗氣）的服裝選擇，卡戴珊的每次公開亮相都是在趾高氣昂地讚頌自己作為她設計出來的產品形象。正如瑪麗·畢克馥（Mary Pickford）曾經感慨地形容自己的那句話──她是她「自己的孩子。」她的公眾形象就是在慶祝生活就是廣告的潛力。卡戴珊向公眾推銷的就是「推銷自我」的幻想。

如果說矽谷的科技烏托邦主義者代表著我們所稱的「自我成

就的民主化特質」的現代終極形態,也就是認為藉由改造與完善自我可達到道德純粹的概念,那麼金・卡戴珊則代表了虛無主義下的貴族傳統極致。儘管金・卡戴珊不可能是布魯梅爾或奧斯卡・王爾德的後繼者,更不可能是鄧南遮的傳人,不過她那種「真理就是個人想要形塑的東西」的信念,不僅塑造了自己的公眾形象,更深刻地影響了隨後興起的「網紅」文化。正如記者丹妮爾・佩加門特(Danielle Pergament)在二○二二年《Allure》雜誌中的一篇人物專訪中寫道:「回顧十到十五年前,我們幾乎可以看到一條明顯的世代分界線,從金・卡戴珊的身材成為理想身材的那一刻起。然而⋯⋯卡戴珊並不是天生就長這樣,而是她創造了那樣的身材。我們欣賞的不是她天生如此的概念,而是那種創造行為⋯⋯她的身體就是她的畫布。」[7]

卡戴珊幾乎不具備任何傳統上屬於紈褲式貴族自我創造者的特質。她的所作所為都不像是毫不費力的。著名的冷漠表情或許是布魯梅爾式從容的現代版,而且是極端到了近乎戲謔的程度。她每一次(看似)的改變——輪廓越來越分明的五官,反而就是在擁抱典型的美國觀念——一個人努力工作及赤裸裸的企圖心成就了真實的自己。她的真實性以及她的人造性就是一體的兩面。

二○二二年初,卡戴珊因為在接受《綜藝》(Variety)雜誌採訪時發表的隨意言論而遭到網絡評論的謾罵。她對記者伊莉莎白・華格邁斯特(Elizabeth Wagmeister)表示:「我對職場女性的最好建議就是,動起來工作吧!這年頭好像沒人想要工作了。」[8]網絡輿論指出,卡戴珊與她的手足皆出生在有錢有勢的家庭。然而,這樣的憤怒似乎沒有抓到重點。卡戴珊的形象及吸引力一向建立在她願意公開努力的基礎之上,這種努力不是出自財務上的需要,而是出於來自情感面的渴望。她將自己的身體變成了展現整容手術力量的紀念碑。這是一種認可,也就是這種

「It」力量不是神的恩典、也並非來自風雅時髦或什麼內在的魅力，而單純來自一種意願，正如另一位努力的流行天后所言，「工作吧，婊子。（work, bitch.）」她販賣著一種完全轉變的夢想，而這種轉變是只要每個人挖掘內心深處的渴望便有機會獲得的。「如果我正在進行，」她告訴《Allure》雜誌「那這就會實現。」[9]

因此，卡戴珊靠出售自己的產品賺取財富也就不足為奇了。這些產品也改變了粉絲們的身材與樣貌。她的化妝品及香水品牌KKW非常賺錢，後來出售百分之二十的股份給科蒂集團（Coty Inc.）時，她宣稱自己賺進了兩億美元的收益。卡戴珊的塑身衣品牌Skims也是利用她誇張身材的名氣做宣傳，營業額預計將在二〇二二年達到四億美元。[10] 卡戴珊無視當前關於健康與自我接納的普遍議題，高調推銷抑制食慾的棒棒糖、減肥藥、束腹及宣稱有翹臀功效的運動鞋。

她另一項引人注目的事業就是推出手機電玩《金・卡戴珊：好萊塢》（*Kim Kardashian: Hollywood*）遊戲。這款遊戲讓玩家幻想自己參與著卡戴珊的成名之路，包含預定在夜店出場露面、出席有利社交的約會並吸引遊戲內的粉絲關注（卡戴珊本人偶爾也會在虛擬世界中客串出現）。該遊戲於二〇一四年推出後，光是在第一季就賺進將近四千五百萬美元，下載次數也在上架後兩年間達到四千五百萬人次之多。[11]

§

金・卡戴珊的魅力與將「自我創造」促成為更具民主機會的全新科技與社會體系的崛起之間是不可分割的。《與卡戴珊一家同行》在娛樂E!頻道播出三年後，全新的社群媒體平台

Instagram 問世。Instagram 於二〇一〇年十月由凱文・斯特羅姆（Kevin Systrom）及邁克・克里格（Mike Krieger）創立，凡是擁有智慧手機的人就可以在上面分享日常生活的照片，或是那些假裝是日常生活的照片。儘管臉書（成立於二〇〇四年）及推特（成立於二〇〇六年）這些其他社交媒體網站已經逐漸普及，不過 Instagram 憑藉極少文字內容及賞心悅目的濾鏡受到那些靠外貌維生或渴望成名的使用者歡迎。發布一張早餐的照片，或是窗外的景色。或者，你也可以利用最新智慧手機上的前置鏡頭功能拍攝自己，這種照相方式很快地被稱為自拍（第一款提供前置鏡頭功能的 iPhone 4 剛好在 Instagram 問世的前三個月上架。）Instagram 在推出短短一個月內便吸引了一百萬名用戶註冊登錄。[12] 金・卡戴珊於二〇一二年初加入該平台，也毫不意外地發布了一張對著鏡頭送飛吻的自拍照。[13]

卡戴珊家族在 Instagram 誕生之前就已經成名了，不過這個家族的全員都非常善於利用該平台，經營著看似真實的外表與各種精心策劃的可能性。金與她的兄弟姐妹（以及父母）的影響力很快就超越了其他真人秀的競爭對手，也包括派瑞絲・希爾頓。無論是憑藉運氣或對文化潮流的敏銳嗅覺，這個家族掌握著名流圈版圖的變化趨勢。安迪・沃荷時代的民主化明星引擎──電視，已經過時，而社群媒體──提供更親密，更加（看似）未經過濾的內容，反而成為新潮流。

如今名流都可以自己講述（或至少看似是在講述）日常生活的故事，無須受到像是出版社或電視網等機構任何競爭性要求的制約。除此之外，任何人都可以透過講述一個有足夠受眾願意「點讚」或觀看的故事而成名。最早在 Instagram 上成名的那批人幾乎都是原本就有一定知名度的名人，例如卡戴珊或希爾頓。然而，不久之後，時尚博主、健身模特兒，甚至任何美學風格

容易辨識的人都發現自己除了靠互相關注的「朋友」（類似於 Facebook 允許個人建立連結的模式）之外，還能吸引「追蹤者」，簡單來說就是粉絲。金・卡戴珊可以利用自己的名氣打造公眾形象並賺取數百萬美元（以及超過三億的 Instagram 追蹤者），而類似的成功模式也適用於像是杜拜的化妝師胡達・卡坦（Huda Kattan）這樣的用戶，她憑藉在 Instagram 上分享美容知識與大家夢寐以求的照片吸引超過五千萬的用戶追蹤。[14] 又或者像年僅二十二歲的時尚博主丹妮爾・伯恩斯坦（Danielle Bernstein），她的賬號「WeWoreWhat」在二〇一五年底已吸引將近一百萬人追蹤。[15] 一般人在網路上獲得追蹤並不是什麼新鮮事，畢竟多數 Instagram 初期的名人也早就在其他社群媒體平台（如 Tumblr 或 LiveJournal）或專門的美容時尚部落格上建立了大量的用戶追蹤數，不過 Instagram 藉由特有的演算法為那些想要成名的人提供了更廣泛的觸及範圍，將他們帶入潛在追蹤者的視野中。更重要的是，從 Instagram 的角度來看，這樣也可以讓使用者持續參與並使用該平台。理論上來說，只要像卡戴珊那樣懂得將自己看似真實的生活轉化為引人注目的藝術，就能達到卡戴珊級別的名氣。這樣的付出也有機會帶來豐厚的收入，因此就算成為一名「網紅」不是通往耀眼成就的自動門，至少也是一種有潛力的職業選擇。

這種「真實」的假象終究成為一種更加混淆的廣告形式，名人們可以將收了錢宣傳的產品在社群媒體上呈現為記錄日常生活的一部分。贊助內容（或稱為 sponcon）模糊了個人品牌與公開代言之間的界限。透過記錄某種束腹、服裝品牌或登山裝備的使用，社群媒體這種有影響力者（後來被稱為「網紅」）可以刺激追蹤者的仿效並也從中收取酬金。當然了，卡戴珊家族這種等級的名人，光是一篇 Instagram 貼文就可以收取高達一百萬美元

的費用,即使沒有卡戴珊那樣的影響力,成為「網紅」也是相當有利可圖。例如,經營「WeWoreWhat」的丹妮爾・伯恩斯坦的每則貼文便能定期賺取五千到一萬五千美元不等的報酬。[16] 這些「一般」網紅提供給廣告商一種更強烈的真實感。成功的網紅(甚至是小網紅,他們雖然影響力較小,不過在特定的小眾社群中擁有忠實的粉絲支持)可以將產品融入她(或更罕見地,他)完整的生活方式中進行販售。與其說是瑪麗・畢克馥(Mary Pickford)冷霜廣告中的那句「買下這個,你就能像我一樣」相似,不如說這些網紅的版本又更加細膩。如同真人秀的那些明星一樣,社群媒體的網紅也是真人演出,或是可以這麼說,他們的真實性與人造性也像金・卡戴珊那樣是相輔相成的。他們活在 Instagram 中,也在這樣的過程中將心中的幻想(贊助的沙灘度假、高端時尚、完美肌膚)轉化為一種可盈利的新型態真實。他們記取過去花花公子們的教誨——現實是人們認為的樣子,而且又更進一步地改善為——現實就是一個人內心想要看到的樣子。

這種新的網路經濟引起的關注已經不只是銷售產品的先決條件了,反而是一種貨幣。關注轉化成為點擊量,點擊量又進一步轉化成廣告收入,這些收入就是欲望的實現。我們講述自己的故事並說服他人相信這些是真實故事的能力,不僅是文化上的後盾,也是經濟上的支柱。畢竟,精心構建個人品牌形象已經不再專屬於那些想成為卡戴珊的人了。如今,所有在網路上度過部分或全部生活的人都會花時間徘徊在數位景觀之間,而在這裡,我們的關注就成了現實的基石。

「推銷自己」已成為美國職業生活中不可或缺的一部分。舉例來說,美國高中的中高年級生在大學申請過程中必須撰寫文章推銷自己的生活經歷。此外,百分之十六的美國人會透過雜工應用程式 TaskRabbit 這樣的零工經濟(gig-economy)平台找工

作，這種平台允許雇主從眾多互相競爭的修繕或清潔工中選擇合適的人選。將近三分之一的美國人在某種程度上是自由業者，這是一個需要不斷自我推銷的職業生涯（更別說是使用約會軟體時需要的個人品牌塑造，這是當今美國人最普遍的交友管道）。[17] 早在一九九七年那樣的網路時代初創時期，有些行銷專家就曾經預測，個人商品化（self-commodification）將成為美國經濟的重要組成。同年十月，管理大師湯姆・彼得斯（Tom Peters）在《快公司》（*Fast Company*）雜誌中寫道：「我們都是自己公司的 CEO，公司名稱就是『我公司』（Me Inc.）。想在當今的商業環境中求生存，我們最重要的工作是成為『自己』這個品牌的行銷執行長。」[18] 然而，即使是彼得斯也可能無法預測到，自我品牌化會在社群媒體時代變得如此無所不在，就連一般人都可以透過個人故事的力量來販售商品。

職業網紅，也就是那些有意將社群媒體當作職業抱負與經濟收入保障的人，比以往任何時候都更加無所不在又具備影響力。二〇一八年，也就是《與卡戴珊一家同行》播出的十一年後，網紅文化已經如此普及，以至於部分社群媒體一般的用戶也開始在貼文中標註「贊助」（sponsored）或「廣告」（ad）的文字，目的是希望自己可以被誤認為網紅，然後有機會在之後獲得品牌的合作邀約。[19] 一位曾經假裝得到某家水公司贊助合作的青少年在二〇一八年接受《大西洋月刊》（*The Atlantic*）記者泰勒・洛倫茲（Taylor Lorenz）的採訪時表示：「人們假裝自己有品牌贊助，因為這樣看起來很酷。這種事情就像是『看，我拿到不用錢的，你們這些傻瓜居然還得花錢買。』」

一年後，一心想成為網紅的情侶加布里埃爾・格羅斯曼（Gabriel Grossman）與女友瑪麗莎・凱西・福克斯（Marissa Casey Fuchs）因為一場活動在網絡上爆紅。格羅斯曼為福克斯安

排了求婚驚喜,活動內容是尋寶遊戲,接著又讓她發現排場一樣奢華(但法律上並不具約束力)的驚喜婚禮。不久之後便有消息指出,這整場活動之中至少有某些部分是預先設計好的行銷活動,目的是想要藉由這個事件促成兩人與多個品牌之間的合作。媒體取得外流的格羅斯曼投資簡報細節,內容是向潛在品牌的合作夥伴提案(這對情侶堅稱福克斯對籌備內容一無所知,而且還向《紐約時報》透露,他們的共同好友,同時也是社群媒體策略分析師,是在未告知福克斯的情況下負責與那些潛在贊助商開會協商)。[20]

截至二〇二一年,網紅產業的市值已經到一百三十八億美元,而且現在有百分之七十五的美國品牌都會為網紅行銷單獨設置預算。[21]市面上有健身網紅、時尚網紅、音樂網紅、遊戲網紅及育兒網紅。甚至有為大學或獨立建築管理公司工作的網紅,受聘到特定校園或高端住宅體驗及分享來打廣告。此外,還有醫療網紅,製藥公司雇用這些人推銷其聲稱能緩解疾病症狀的產品。例如,擁有六十九萬八千名粉絲的「牛皮癬網紅」露易絲・羅(Louise Roe)就與牛皮癬藥物歐泰樂(Otezla)的製藥公司賽爾基因(Celgene)建立了合作關係。

根據一項針對Z世代崛起的調查指出,高達百分之八十六的受訪者表示,假如有機會就願意為了賺錢發布贊助內容,而且有超過一半的人樂於成為全職網紅。[22]與此同時,「社群媒體明星」已成為當代青少年最響往職業的第四名。[23]

畢竟有什麼比好萊塢產業在過去宣傳的幻想更吸引人的呢?憑藉個人獨特又真實的性格就可以將自己推向財富與名聲的巔峰。根據這些社群媒體的建議,每個人只需要向全世界展現精心策劃後打造(且經過濾鏡修飾的)的外在自我,而且要有與之相匹配的內在優越感。

買賣合適的商品就在這樣的範例下被賦予了新的角色。無論是推銷與他們自我陳述相符的產品，還是透過購買特定商品來強化其高度個性化的個人品牌，不論是網紅或一般人都可以藉此提升自己的形象。舉例來說，印有紐約客（New Yorker）的托特包象徵文青的知識分子形象，印有「Notorious RBG」的 T 恤代表女性主義的自由分子，又或者美妝品牌 Glossier 的化妝品可以展現簡約且優雅的「乾淨女孩」風格。

　　比起過去好萊塢名媛所代表的單一美貌與魅力標準，網紅的普及及相對多樣性讓自我創造成為一個越來越開放的命題。無論想要成為什麼樣的人，一定都有相應的產品可以幫助我們達成目標。這種美學多樣性可以帶來解放。畢竟，過去好萊塢產業往往偏好選用白人、體格強健及身材纖瘦的人選。然而，這也可能將任何個人認知的緊密框架簡化成某種高度特定的品牌——例如喜歡「暗黑學院風」的女同性戀者讓精明的小眾網紅得以定義並銷售這種形象。實際上，Instagram 的網紅就如同過去的前輩一樣，多數趨向於白人、身材苗條以及經濟富裕的人。然而，人人都有機會（也應該）成為名人的敘事幻想至今依然存在。我們的私生活就是可以公開呈現的原材料，我們就在這個過程中表現的比任何其他關於我們的事實更加真實又更加可靠。

　　時間到了二〇二二年，將近百分之六十七的美國人（其中有百分之七十六的人出生於一九七八年至一九八六年間）表示他們「更有可能從已建立個人品牌的人那裡購買商品。」[24] 我們在消費行為上相信這些網紅，或者至少可以接受這樣的觀念，也就是我們可以像他們一樣，藉由購買適合的產品並以正確方式向世界展示自己，進而改變屬於我們的現實。

　　網路將真實性與人為性，還有天賦及努力這些二元對立的概念徹底融合在一起，而這些概念在自我創造的敘事中一直處於一

種不安的緊繃狀態。現在的我們比以往任何時候都更加活在一個由他人關注與認知,以及受到訂閱追蹤的欲望、點擊次數與互動的演算法所塑造的脫離現實的世界中,而這些演算法可以將我們內心的渴望具象化。適合我們的新聞標題會在推特新聞推送中出現,而 Instagram 提供來自親朋好友及陌生人的更新內容,內容還是以展現他們最佳形象的照片在不斷地轟炸我們。我們想要的、我們願意關注(並點擊)的內容、我們呈現自己的方式以及我們講述的故事,這一切都形塑了我們的新現實。我們在這個世界中不僅可以塑造(並重塑)自我,我們還可以塑造一切。

§

然而,幾乎沒有哪位網紅能像這位二十一世紀最精明的自我創造者一樣理解這種越來越有取代性的現實感,而且還從中獲利。

二〇〇四年,《倖存者》(*Survivor*)的製作人馬克・布奈特(Mark Burnett)憑藉真人秀《誰是接班人》(*The Apprentice*)意外地創造出一個熱門節目,該節目由地產大亨唐納・川普(Donald Trump)身兼主持人及評委,挑戰長達十四季的節目參賽者,要求他們在各種挑戰中競爭在川普集團中任職的機會。

儘管當時川普在房地產開發圈及紐約小報圈裡已經小有名氣,不過他根本不能算是什麼業界大亨。事實上,他正經歷職業生涯中最糟糕的十年——旗下房地產投資每況愈下。光是在二〇〇四年,他繼承的四億一千三百萬美元的遺產就虧損將近九千萬美元。[25]

然而,川普一向擅於自我宣傳,即使缺乏實質內容也一樣,而這次,他知道自己要把握眼前的機會。有報導指出,他曾經向

自己過去的公關表示：「每一集都要出現我的私人飛機。」他認為這個節目對「我的品牌形象非常有利。」[26]就像金・卡戴珊一樣，川普觀察到電視曝光有潛力強化他個人想要向世界展示的敘事——精明狡猾的投資者，曾經在一九八七年撰寫（或至少聘請人代筆）《交易的藝術》（*The Art of the Deal*）這種教人快速致富的自助手冊。

無論幕後真相如何，川普都知道如何在電視上扮演一位精英商人。電視節目《誰是接班人》中的川普是一位富有且極為成功的直率人物，就像是安德魯・卡內基（Andrew Carnegie）及哥頓・蓋柯（Gordon Gekko）的結合。節目的參賽者及他的下屬也扮演著必要的襯托，像是對著川普的鍍金水槽驚呼著：「我的天哪，這太奢華了——這真的是，超級有錢！」[27]川普在拍攝《誰是接班人》期間也展示了許多以川普為名的事業。參賽者在某一集中的挑戰就是要宣傳川普開在大西洋城的賭場，而在另一集中則要銷售以川普為品牌名的瓶裝水（與此同時，布奈特及川普巧妙地與NBC巧電視台達成了一項協議，凡是那些希望川普能在節目中提到的商品，其背後公司所支付的代言收益就由雙方均分）。

事實上，下了節目的唐納・川普並沒有那麼富有（更別說是「超級有錢」了），不過這並不重要。他藉由《誰是接班人》變得更加富有，不論是直接收入、代言以及新的高價授權交易（川普將自己名氣高漲的名字租給其他開發商來命名一些豪華的國際建案），川普從中積攢了四億兩千三百萬美元的收益。川普神話，也就是風光成功、聰明絕頂的商人形象也深植於美國人的意識之中。

其實人們並不完全相信川普吹噓自己是世界上最聰明、最英俊、最有魅力或是最富有的人。然而，川普似乎擁有讓人們相信他是真誠的力量，儘管他的公開說謊的記錄也在日漸增加。他的

吸引力似乎在於一方面是憑空杜撰，一方面又似乎在展現最真實的自我。無論是他提出的口號、家中的鍍金馬桶或是他宣稱的偉大，川普真的成了自己欲望的具象化，就像是一尊由渴望財富、聰明與成功所打造的泥偶。借鑑P‧T‧巴納姆以及鄧南遮開創的傳統，川普賣的不僅是產品而已，還有他自己。或者，更準確地說，他賣的是成為像他這樣的人的幻想，也就是那歡愉又誇張的自我創造，就像金‧卡戴珊無法掩飾的整形手術一樣。川普和卡戴珊一樣，給粉絲們一個怦然心動的承諾──只要打開錢包，純粹的欲望力量就足以改變自己的生活。

《交易的藝術》這本書其實是托尼‧施瓦茨（Tony Schwartz）代筆寫的，而正如川普在書中說的一段話，這段話讓人想到巴納姆對「騙局」的闡述：「我的推銷手法的關鍵在於虛張聲勢。迎合人們的幻想……稍微誇大其詞其實無傷大雅。人們都想要相信某件事是最大、最偉大及最了不起的。我說這是『坦率的誇大說法。』這是種單純的誇飾法，也是非常有效的推銷方式。」[28]

我們可以將這種「坦率的誇大說法」理解成──不符合事實，但卻讓人感到真實──也就是令人印象深刻的幻想是如何說服欠缺批判思考的美國人去相信虛假信息的一種陳述。我們也可將其視為川普背書了為達目的而撒謊的行為。

不過川普卻觸碰到美國文化意識中更深層又更原始的部分，這種意識在Instagram時代比以往任何時候都更為真實。那些不真實的事情，尤其是關於自己的，只要講的夠大聲又有說服力，那就可以成真。畢竟，假如人類就像斯圖爾特‧布蘭德（Stewart Brand）所堅稱的那樣是如神一般的存在，可以在科技時代重新塑造現實，而且如果真相本身不過就是我們可以讓他人相信的事情，那麼「坦率的誇大說法」本身就並不算是一種謊言，反而是

一種發揮人類本能的方式——重新塑造現實本身,直到謊言(如川普格外成功的交易)成為事實。

假如川普對於自己的精神力量能夠改變現實的信念讓人聯想到新思維的教義,那並非完全是巧合。川普最信任的幾位人生導師之中,有一位是二十世紀新教義中最具影響力的支持者之一,那就是諾曼・樊尚・皮爾(Norman Vincent Peale)牧師。皮爾曾經是川普家族在曼哈頓大理石學院教堂(Marble Collegiate Church)的牧師,也主持了川普的第一次婚禮。皮爾在其一九五二年出版的暢銷書《積極思考的力量》(*The Power of Positive Thinking*)中就勸導讀者們要聚精會神地鎖定自己的目標,這些目標就會在精神上顯現於人世。[29] 皮爾(川普後來也承接這個觀點)認為現實是人類可以決定的事情。「你是什麼樣的人,」皮爾寫道「就決定了你所生活的世界,因此當你改變時,你的世界也會跟著改變。」[30]

川普在角逐二○一六年總統大選的過程中確實改變了自己。儘管他向來以聰明商人的想像進行自我包裝,不過從二○一二年起,他的品牌形象就開始變得更加明確。他開始兜售各種陰謀策略,包括聲稱當時在位的總統巴拉克・奧巴馬(Barack Obama)在國外出生的秘密,因此不具備競選總統的資格。川普在某種程度上(顯然是無意識地)效仿了鄧南遮的策略。他在推特上發表煽動民族主義的言論,將自己塑造成一個剛強的鬥士,旨在保護美國(白人)文明不會受到女權主義、種族政治正確性及社會主義這些「有害力量」的侵害。川普將自己包裝成唯一能夠拯救美國並擺脫全球化主義分子的偽善,好讓美國「再次偉大」的人。直至二○一六年十一月大選時,川普的推特追蹤數已經達到一千三百萬人次,後來推特於二○二一年一月六日的騷亂之後暫停川普的賬號,當時的追蹤數已接近八千九百萬。[31] 儘管這些數

字可能無法與金・卡戴珊相比，不過考量到多數美國人都厭惡川普又刻意避免在社交媒體上與他產生互動的條件來看，這些數字仍反映了一個人從名流走向政治人物的影響力無遠弗屆。

唐納・川普將他的真人秀節目加碼成為推特上的個人崇拜，再將這種個人崇拜轉化為一場逆境中的政治選舉，最終在二〇一六年跌破眾人眼鏡地勝選，而備受驚嚇的觀眾們則將川普的崛起歸咎於美國對真人秀節目的痴迷。「多虧了馬克・布奈特（Mark Burnett），我們不用再看真人秀了，」脫口秀主持人吉米・金摩爾（Jimmy Kimmel）表示「因為我們現在就活在一場真人秀裡。」[32] 不然要怎麼說呢？一位以品味差而著名的丑角是怎麼成功將媒體曝光度兌現成為全美最高公職的呢？不過將川普的勝選歸咎給真人秀，顯然也是模糊了焦點。美國在二〇一六年真正發生改變的是對真實本身的理解。

§

金・卡戴珊及唐納・川普都成功抓住從真人秀時代轉變成社群媒體時代的機會。身為流行文化的代表人物，他們或許是過去二十年中最傑出的自我創造者。他們作為結合了宣稱為真實與誇大造作的網紅，成功吸引了數百萬美國人的妄想與錢財，也激勵人們嚮往他們所呈現的承諾。他們將兩種自我創造的傳統，也就是貴族式與民主式的潛在意識形態，巧妙地融合在一起，其一認為世上唯一的意義就是我們創造的意義，另一個則相信我們的思維與渴望具備改變現實的力量，而且能夠給予我們覺得自己應得的生活。然而，作為當代世界的代表人物，卡戴珊與川普或許已經過時了。

唐納・川普接著就成了被放逐的政治人物。他在被推特關

閉帳戶之後就創立了自己的社群媒體平台「真相社交」（Truth Social），不過追隨觀眾僅是過去的一小部分。金・卡戴珊的真人秀節目已轉為 Hulu 影音串流平台的《卡戴珊家族》（*The Kardashians*），而此前的《與卡戴珊一家同行》已於二〇二一年停播，自然目前節目的收視率也已不復當年。推特及 Instagram 的文化影響力正在逐漸拱手讓給像是抖音（TikTok）這類備受 Z 世代喜愛的新應用程式。抖音每個月活躍用戶超過十億，緊追著 Instagram 的十三億人次。[33] 現今的新科網紅往往是意外爆紅的普通人。青年舞者查莉・達梅利奧（Charli D'Amelio）擁有一億四千六百萬的粉絲數，她藉著對嘴表演流行歌曲而一夜成名，而且她從二〇二〇年中到二〇二二年中都是抖音最受歡迎的用戶。艾狄森・芮（Addison Rae）的粉絲數達八千九百萬，她則通過類似的洗腦舞蹈影片成名，不僅發行流行單曲，還開啟了自己的表演事業。集體內容創作者，也就是由年輕網紅或準網紅所組成的團體，通常背後有管理公司出資，這些人平常住在一起並將生活日常發布在社群媒體，這樣的營運模式已經無所不在。他們主要延續洛杉磯「抖音紅人館」（Hype House）的成功模式，芮與達梅利奧也曾是其中一員。

　　同時，過去這幾年間，尤其因為新冠疫情將數位化發展的更加寬廣之後，名人社交媒體、刻意營造的親密感及乏味自我推銷之間的界限變得越來越模糊。創立於二〇一六年的成人內容平台 OnlyFans 讓性工作者、脫衣舞表演者以及有抱負的網紅（或網黃）能夠向付費訂閱用戶販售客製化的（通常是露骨的）照片與影片。OnlyFans 及類似網站已成為那些想要成為網紅的新興可觀收入來源。截至二〇二二年夏季，該平台上已有超過一百萬名內容創作者。[34] 現在要靠性愛錄影帶引發醜聞的想法似乎會顯得尷尬又過時，這幾乎與私生活本身的概念一樣過時。我們的慾望、

渴望、創造力以及形塑周遭世界的力量，這一切的一切都在二〇二〇年代發展成熟到可以付諸公開的表達，而這樣的公開表達也同時實現了我們身而為人的目的。我們就是自己所創造的內容。

自我創造在現今世界已不再是某些人用來區隔自己與所謂的大眾、人群或「群眾」（*la foule*）的特質，自我創造反而已經成為所有人都必須做的事情，這樣才能在這個將現實視為可以隨意操控的文化中維持我們在財務與社會上的地位，並且在那個由網路驅動的經濟體系中吸引重要的關注。我們的身分，我們「到底」是誰，已經成為我們所選擇並商品化的事物。現實是我們創造的，而我們，終於成神。

結語
「如何做自己」
"How To Be Yourself"

如果要說到當今的「自我創造者」，那麼這個人既不是唐納・川普，也不是金・卡戴珊，反而是一位看起來相當平凡的年輕女子，名叫卡羅琳・卡洛威（Caroline Calloway）。

　　卡洛威的本名是卡羅琳・戈特夏爾（Caroline Gotschall）。她在二〇一〇年代初以美國學生的身分在英國劍橋大學求學，後來藉由在 Instagram 上發布優美如電視劇《慾望莊園》（*Brideshead Revisited*）般的照片而走紅。這些照片的內容記錄了劍橋大學的五月舞會（May Balls）及其他上流派對的場景，再配上如詩歌般的熱情文字——後來證實這些文字是由她的朋友娜塔莉・畢奇（Natalie Beach）代筆的。卡洛威憑藉在 Instagram 的名氣進而與 Flatiron Books 出版社簽下據報為五十萬美元的回憶錄出版合約，不過這本書從未問世。[1]

　　卡洛威反而開始宣傳一系列收費一百六十五美元的創意工作坊，主題是「如何做自己。」隨後她不但取消大部分的巡迴工作坊，而且一開始還拖延退款。她僅在二〇一九年舉辦少數幾場活動，而且實際情況與宣傳內容完全不符。舉例來說，原本訂好要製作蘭花花冠，報名者卻只能將一朵花戴在頭髮上拍照，拍完還要把花歸還。[2] 儘管負面新聞不斷，特別是在娜塔莉・畢奇在《紐約》（*New York*）雜誌撰文指出，卡洛威的 Instagram 文字都是她寫的之後，卡洛威反而接受了自己的「詐欺者」形象，公開表示自己正在撰寫一本名為《詐欺者》（*Scammer*）的新回憶錄（自費出版），同時還推出了一款名為「蛇油」（Snake Oil）

的護膚品牌，售價兩百一十美元。她在新冠疫情期間短暫加入了 OnlyFans 平台，據稱是為了償還 Flatiron 支付的回憶錄預付款。截至二〇二二年夏天，她已經刪除所有社群媒體帳號並搬離位在紐約市的公寓，還積欠數千美元租金未繳（卡洛威否認自己欠租，聲稱她自費裝潢公寓，還裝了價值三千美元的威尼斯吊燈。）除此之外，《詐欺者》尚可預購。

「我就是一場災難，」卡洛威在推特上堅稱「我熱愛我的工作。我的工作是寫作、繪畫、攝影、發布貼文以及活在由我自己創造的《楚門的世界》裡──這是一種行為藝術。」[3]

§

我們可以將當前文化景觀的形成歸咎於社群媒體的出現，無論是網紅文化的疏離特質，還是在推特上泛濫的陰謀論，又或是在配對交友軟體 Tinder 中的飽和景象都是在鼓勵我們將彼此視為性別交易市場上的「貨幣」。

我們同樣也可以將（至少在美國）當前社會問題的罪魁禍首歸結為不受控且網路飽和的超資本主義。這種體系將數百萬美國人推向艱苦且缺乏保障的零工經濟。無數普通美國人在新冠疫情期間不得不屈服於注意力經濟（attention economy）的擺布，被迫為編織自己的生活敘事，才能在 GoFundMe 等眾籌網站上得到足夠的支持來支付緊急醫療費用或下個月的房租。時間回到二〇二一年初，疫情在冬季迎來新一波確診潮，《紐約時報》的一篇文章報導 OnlyFans 上的情色內容創作者數量意外地從十萬多增長到超過一百萬，其中有許多人都是在利用這個平台彌補因為收入減少而帶來的經濟損失。[4]

然而，若不將一個更為廣泛又悠久的文化轉變列入考量──

這種轉變涉及我們如何看待人類以及我們在世界中的位置——我們就無法理解當代的資本主義，畢竟這種資本主義在本質上是將我們的欲望轉化為貨幣的過程。同樣地，如果不能理解現代生活將自我栽培與自我表達視為在過去更深遠又古老情境中也是一樣密不可分的話，就無法理解當今社群媒體為何會如此普及。我們的真實個人本質與我們精心策劃的形象就是一體的兩面。

我們的個人生活與經濟生活（兩者或許比以往任何時候都更加緊密地交織在一起）如今建立於這樣的假設之上——巧妙的自我表達不僅是道德上的要求，更是一種目的論上的要求。這就是我們身而為人的使命。我們是自我的創造者，創造我們的生活以及周遭的世界。我們扮演著構建並塑造現實的神聖角色。我們想要的，以及想要成為怎樣的人，已經成為「真實自我」的關鍵。我們在這個過程中忽視了共同現實中的其他元素——那不只是那些不依我們所願來塑造我們的習俗，也包含所有我們不一定渴望、也不一定會選擇的事物。我們忽視了身體存在的不便、不足及缺陷。我們在讚頌自我發明中不可或缺的人類特質的同時，也忽略了其他偉大的人類特質，也就是我們作為依賴彼此的社會性動物本質。如果我們過去的錯誤是將「真實的自我」簡化為我們在社群或社會階級中的角色，也就是將內在衝動視為智識、道德或社會上的威脅，那麼我們現在更有可能得到與之對立的推論，也就是認為我們的欲望比我們的人際關係更加「真實」，而那正是我們真正自我中更具真實性的一部分。

§

我並不是在主張自我創造的故事單純只是一場悲劇，也不是說我們從托馬斯主義的中世紀美好年代跌落到卡羅琳·卡洛威的

OnlyFans賬號所代表的衰敗現代。從喬瓦尼‧皮科‧德拉‧米蘭多拉到蒙田，從班傑明‧富蘭克林到弗雷德里克‧道格拉斯，再到斯圖爾特‧布蘭德，自我創造者的理想主義承諾在於人類有權選擇過自己想要過的生活，出生、血統或種族的偶然都不能決定我們的命運，社會傳統及習俗也從來不應該帶來質疑或責難。這種承諾帶來了真正解放的可能性。早期美國人倡導的「自我栽培」，以及藉由學習管理情緒便能更妥善的管理自己，這樣的理想應該繼續作為激勵人心的理念。我們創造、想像以及夢想讓自己及周遭的人過的更好的能力，以及將這些夢想轉化為社會現實的自由是我們最重要又最具人性的一部分。

然而，那看似解放的「我們可以創造自己」的承諾卻常常被扭曲成一種藉口，有意無意地創造出兩類人，其一是那些有能力塑造命運的人（所以他們應該有所成就），以及那些沒有能力的人（所以他們一無是處）。這種分類無可避免地將那些不符合主流外在或文化標準的人，像是女性、有色人種、貧困及殘障人士，放在次要的類別之中。

這並不表示我們應該恢復對神聖創造者—君王形象的偏好，也不是說多瑪斯‧阿奎那所描繪的宇宙觀更為可取，也就是那個認為自然界的法則與社會法則不可分割的宇宙觀，而君主統治的權利在這樣的宇宙中如同天體下墜的規律一樣根深蒂固。然而，我們必須捫心自問，當我們嘗試實現斯圖爾特‧布蘭德的預言時，這對政治、倫理與社會生活又代表著什麼呢？當他表示我們如神一般，當他表示世界不過就是我們所塑造的樣子，當他表示我們的選擇、欲望，以及我們想要成為或擁有的，就是唯一使我們成為人類、讓我們之所以是我們的東西。我們也必須捫心自問，內心的欲望有哪些是被那些為了經濟利益的人所激發的，也就是那些讓我們相信自己既可以也應該塑造自我的人，不論他們

是在向我們推銷自助書籍，還是蛇油牌護膚霜。當我們的欲望是如此頻繁地假他人之手塑造時，這些欲望又怎麼可能是我們最真實的部分呢？甚至是我們打從一開始，又該如何確定自己真正知道自己的欲望是什麼，而背後的動機或目標又是什麼呢？

　　皮科的夢想，也就是讓我們身而為人的正是我們講述自身故事、選擇自身命運的能力，這個觀點沒有錯，然而，卻不完整。正如同亞里士多德這樣的權威人物所主張的，我們同時也是社會性動物。我們過著群居的生活，而我們講述故事的方式，也就是語言本身，就是靠著相互學習、傾聽與交流形成的。我們可以（並應該）擺脫那些來自出生方式、時間、地點主宰人生機遇的種種不平等與不公正。然而，若是遺忘彼此的脆弱，遺忘我們的確會形塑（甚至影響）彼此的事實，遺忘我們所描述的事物之外的事實，無論是在推特、Instagram，又或是白宮橢圓形辦公室，那麼我們就是忘了自我成就最睿智的預言家。

　　「正確地理解的話，」弗雷德里克・道格拉斯提出警告表示「這個世界上根本沒有什麼所謂的自我成就者。這個詞彙暗示著一種在過去與現在都完全獨立的個體存在，而這種獨立根本不可能存在。」[5] 我們都在幫助彼此塑造對方。

　　自我創造的故事，其核心並不只是關於資本主義、世俗主義、中產階級興起、工業化或政治自由主義的故事，儘管自我創造的故事確實觸及了上述所有現象，甚至更多面向。自我創造更是一個關於人類共同探索身而為人的意義的故事。這是一個試圖辨別生活中哪些（包含那些我們選擇的以及我們無法選擇的部分）是真正屬於我們的部分，而哪些又只是歷史、習俗或特殊條件下的偶然故事。換句話說，這是一個人類提問、接著回答、然後再提問的那個最根本問題的故事——我，究竟是誰？

　　而這也是關於某個答案（在我看來是錯誤答案）如何成為主

導的故事——即我想要當誰，我就是誰。

這也是關於這個答案如何帶領我們來到一個尚不完美之處的故事。比起達文西的時代，這個地方有更多人可以幻想自己成為偉大的藝術家、政治家或商人。然而，我們同時也更容易將一般的人類欲望與努力誤解為擁有靈性力量的驅動力，或是可以為我們帶來名聲、財富，甚至優越性的心理或道德力量。我們比較不可能相信生而為王的國王是來自上帝的旨意。然而，儘管表面上不見得承認，但是我們更容易相信某種神秘的宇宙秩序運行才讓億萬富翁成為億萬富翁，或者讓明星成為明星。我們不再那麼容易認為社會階層定義了我們是誰，反而更可能認為自己對名聲、財富或性的渴望，真的代表我們自身以及我們與他人之間的關係。

換句話說，這不僅是一個關於我們如何成神的故事，同時也是一個關於我們始終是、也依然是人類的故事——我們受困在既定事實與自由之間，試圖用不完美的方式找出與兩者共處的方式。正如《哈姆雷特》中提醒我們的那樣，我們「即使被關在果殼之中，仍自以為無限空間之王。」我們被制約在一個我們無法完全理解的自然世界裡，被束縛在經常背叛我們的身體中；我們受制於賦予我們語言、文化及意義共享的社群之中，同時也被束縛在那些內心的渴望與憧憬中，而這些渴望與憧憬時常讓我們困惑與苦惱，也為我們帶來希望、喜悅與目標。

這幅構成我們身分的織布上，究竟哪（些）部分可以算是「真實」的呢？哪些又該是我們得捨棄的呢？而當我們捨棄時，我們又失去了什麼呢？

無論是習俗的枷鎖，還是現代自我成就者的承諾至少都在這一點趨於一致。所有人，從古典哲學家、中世紀聖徒、文藝復興天才到現代自我成就者，再到數百萬鮮少留下生活足跡的一般百

姓，大家都試圖想要回答這個相同的問題。當我們忘記這一點時，就我來看，便是忘記了最初究竟是什麼讓我們得以成為真誠人類的本質所在。

謝詞

Acknowledgments

　　深深感激許多傑出同仁的支持——無論是實質上或學術上的支持。這些人包含了我在 PublicAffairs 出版社的編輯克萊夫・普里德爾（Clive Priddle）與阿姆帕瑪・洛依—蕭德荷瑞（Anupama Roy-Chaudhury），以及 Sceptre 公司的同事茱麗葉・布魯克（Juliet Brooke）與夏洛特・亨費里（Charlotte Humphery），還有我的經紀人艾瑪・派瑞（Emma Parry）和瑞貝卡・卡爾特（Rebecca Carter）。我也感謝羅伯特・諾瓦克獎學金（Robert Novak Fellowship），以及牛津大學奧里爾學院（Oriel College, Oxford）及威廉・伍德博士（Dr. William Wood）對我在研究上的支持。此外，特別感謝我的丈夫達南傑（Dhananjay），他在成書過程中的每個階段都提供珍貴的學術與心理上的支持（以及校對時的銳利眼神）。

注釋

Notes

導言：我們如何成神？

1. "Equinox: Make Yourself a Gift to the World," Droga5, https://droga5.com/work/equinox-make-yourself-a-gift-to-the-world/.
2. David Gianatasio, "Self-Love Is a Good Thing, Equinox Says in Wild New Year's Ads By Droga5," *Muse by Clio*, January 6, 2020, https://musebycl.io/advertising/self-love-good-thing-equinox-says-wild-new-years-ads-droga5.
3. Oscar Wilde, "The Critic as Artist," in *The Artist as Critic: Critical Writings of Oscar Wilde* (Chicago: University of Chicago Press, 1984), 389.

第一章：「為私生子挺身而出」

1. 引自Joan Stack, "Albrecht Durer's Curls: Melchior Lorck's 1550 Engraved Portrait and Its Relationship to Durer's Self-Fashioned Public Image," *MUSE*, vol. 42 (2008): 63.
2. 引自Helmut Puff, "Memento Mori, Memento Mei: Albrecht Durer and the Art of Dying," in *Enduring Loss in Early Modern Germany: Cross Disciplinary Perspectives*, ed. Lynne Tatlock (Leiden, Netherlands: Brill, 2010), 131.
3. Joseph Leo Koerner, *The Moment of Self-Portraiture in German Renaissance Art* (Chicago: University of Chicago Press, 1993), 212.
4. Stack, "Albrecht Durer's Curls," 50.
5. Koerner, *The Moment of Self-Portraiture*, 103.
6. 引自Andrea Bubenik, *Reframing Albrecht Durer: The Appropriation of Art, 1528–1700* (Farnham, UK: Ashgate, 2013), 89.
7. 引自Robert Brennan, "The Art Exhibition Between Cult and Market: The Case of Durer's Heller Altarpiece," *Res*, vol. 67–68 (2016–2017): 115.
8. Saint Thomas Aquinas, *Summa Theologiae*, part 1 (Q93).
9. Noel L. Brann, *The Debate over the Origin of Genius During the Italian Renaissance: The Theories of Supernatural Frenzy and Natural Melancholy in Accord and in Conflict on the Threshold of the Scientific Revolution* (Boston: Brill, 2002).
10. 引自Stack, "Albrecht Durer's Curls," 45.
11. Corinne Schleif, "The Many Wives of Adam Kraft: Early Modern Workshop

Wives in Legal Documents, Art-Historical Scholarship, and Historical Fiction," in *Saints, Sinners, and Sisters: Gender and Northern Art in Medieval and Early Modern Europe*, eds. Jane Carroll and Alison G. Stewart (Aldershot, UK: Ashgate, 2003), 214.

12 Shakespeare, *King Lear*, 1.2, line 1.
13 引自Albert Rabil, *Knowledge, Goodness, and Power: The Debate Over Nobility Among Quattrocento Italian Humanists* (Binghamton, NY: Medieval & Renaissance Texts & Studies, 1991), 41. 拉比爾（Rabil）關於真正貴族的寫作對我的研究貢獻極大。
14 Ibid., 48.
15 Ibid., 109.
16 Ibid., 141.
17 Ibid., 115.
18 Ibid., 79.
19 Ibid.
20 Giovanni Pico della Mirandola, "Oration on the Dignity of Man," in *Renaissance Humanism: An Anthology of Sources*, ed. Margaret King (Indianapolis, IN: Hackett Publishing Company, 2014), 57.
21 Baldassare Castiglione, *The Book of the Courtier* (New York: Scribner's, 1903), 35.
22 Ibid.
23 Giorgio Vasari, *Stories of the Italian Artists* (New York: Scribner and Welford, 1885), 134.
24 Castiglione, *The Book of the Courtier*, 34–35.
25 King, *Renaissance Humanism*, 270.
26 Niccolo Machiavelli, *The Prince* (1532; Munich, Germany: BookRix, 2014).
27 Ibid.

第二章：「擺脫權威的枷鎖」

1 Michel de Montaigne, *Essays of Montaigne*, trans. Charles Cotton (London: Navarre Society, 1923), 1.
2 Ibid., 21.
3 Ibid.
4 Michel de Montaigne, *The Essays of Michel de Montaigne, Translated into English*, trans. Charles Cotton, 9th ed. (London: A. Murray & Son, 1869), 184.
5 Ibid., 184.
6 Catherine Kovesi, "Enacting Sumptuary Laws in Italy," in *The Right to Dress: Sumptuary Laws in a Global Perspective, c. 1200–1800*, eds. G. Riello and U. Rublack (Cambridge: Cambridge University Press, 2019), 190.

7　Montaigne, *The Essays of Michel de Montaigne*, 235.
8　Ibid., 326.
9　Immanuel Kant, "What is Enlightenment?," in *Princeton Readings in Political Thought: Essential Texts from Plato to Populism*, ed. Mitchell Cohen, 2nd ed. (Princeton, NJ: Princeton University Press, 2018), 354.
10　引自Anthony Gottlieb, *The Dream of Enlightenment: The Rise of Modern Philosophy* (New York: Liveright, 2016), ebook.
11　引自Anthony Pagden, *The Enlightenment: And Why It Still Matters* (Oxford: Oxford University Press, 2013), 151.
12　John Locke, *An Essay Concerning Human Understanding: In Four Books* (London: Printed for A. and J. Churchill and S. Manship, 1694), 19.
13　引自David Adams, *Enlightenment Cosmopolitanism* (London: Routledge, 2017), ebook.
14　Ibid.
15　引自Ritchie Robertson, *The Enlightenment: The Pursuit of Happiness, 1680–1790* (London: Penguin UK, 2020), 600. 內容為自行翻譯。
16　Pagden, *The Enlightenment*, 28.
17　引自ibid., 89.
18　Paul Henri Thiry, Baron d'Holbach, *Nature, and Her Laws: As Applicable to the Happiness of Man, Living in Society; Contrasted with Superstition and Imaginary Systems* (London: J. Watson, 1834), x.
19　Montesquieu, *Persian Letters: With Related Texts* (Indianapolis, IN: Hackett, 2014).
20　Jean-Jacques Rousseau, *Discourse on the Origin of Inequality* (1755; e-artnow, 2018), ebook.
21　Ibid.
22　引自Marvin Perry, *Sources of the Western Tradition*, vol. 2, *From the Renaissance to the Present* (Boston: Cengage, 2012), 91.
23　Ibid.
24　Margaret C. Jacob, *The Secular Enlightenment* (Princeton, NJ: Princeton University Press, 2019), 90.
25　引自John Phillips, *The Marquis de Sade: A Very Short Introduction* (Oxford: Oxford University Press, 2005), 34.
26　引自Lorna Berman, *The Thought and Themes of the Marquis de Sade: A Rearrangement of the Works of the Marquis de Sade* (Kitchener, Ontario: Ainsworth Press, 1971).
27　Marquis de Sade, *120 Days of Sodom* (1904; General Press, 2022), ebook.
28　引自Laurence L. Bongie, *Sade: A Biographical Essay* (Chicago: University of Chicago Press, 2000), 205.
29　引自Phillips, *The Marquis de Sade*, 116.

30 Neil Schaeffer, *The Marquis de Sade: A Life* (Cambridge, MA: Harvard University Press, 2000), 381.
31 Tony Perrottet, "Who Was the Marquis de Sade?," *Smithsonian*, February 2015, www.smithsonianmag.com/history/who-was-marquis-de-sade-180953980/.
32 Denis Diderot, *Rameau's Nephew*, trans. Ian C. Johnston (2002; e-artnow, 2013), ebook.
33 Ibid.
34 Ibid.
35 Ibid.
36 Ibid.

第三章：「對世界的嘲諷」

1 Marquis de Vermont, *London and Paris, or, Comparative Sketches* (London: Longman, Hurst, Rees, Orme, Brown, and Green, 1823), 132.
2 John Feltham, *The Picture of London: Being a Correct Guide to All the Curiosities, Amusements, Exhibits, Public Establishments, and Remarkable Objects in and near London for 1809* (London: Lewis & Co., 1809), 268.
3 Ibid., 268.
4 Ian Kelly, *Beau Brummell: The Ultimate Dandy* (London: Hodder & Stoughton, 2005), 190.
5 Ibid., 55.
6 William Jesse, *The Life of George Brummell, Esq., Commonly Called Beau Brummell* (London: Clarke and Beeton, 1854), 87.
7 Thomas Raikes, *A Portion of the Journal Kept by Thomas Raikes from 1831–1847* (London: Longman, Brown, Green, and Longmans, 1856), 86.
8 Baron Alexander Dundas Ross Wishart Cochrane-Baillie Lamington, *In the Days of the Dandies* (United Kingdom: Blackwood, 1890), 15.
9 Thomas Moore and Nathan Haskell Dole, *Thomas Moore's Complete Poetical Works* (New York: T. Y. Crowell & Company, 1895), 573.
10 *The Cornhill Magazine* (London: Smith, Elder & Co., 1896), 769.
11 Max Beerbohm, *The Works of Max Beerbohm* (London: J. Lane, the Bodley Head, 1921; Project Gutenberg Canada, 2008), ebook.
12 Kelly, *Beau Brummell*, 2.
13 Ibid., 3.
14 Jesse, *The Life of George Brummell*, 58.
15 引自 Kelly, *Beau Brummell*, 180.
16 Ellen Moers, *The Dandy: Brummell to Beerbohm* (New York: Viking Press, 1960), 44.

17 Ibid., 51.
18 Jerry White, *London in the Eighteenth Century: A Great and Monstrous Thing* (London: Random House, 2012), 168.
19 Ibid., 173.
20 Ibid.
21 M. de Voltaire, *A Philosophical Dictionary: From the French* (London: John and Henry L. Hunt, 1824), 309.
22 Pierre Terjanian, ed., *The Last Knight: The Art, Armor, and Ambition of Maximilian I* (New York: Metropolitan Museum of Art, 2019), 28.
23 引自 Philip Mansel, *Dressed to Rule: Royal and Court Costume from Louis XIV to Elizabeth II* (New Haven: Yale University Press, 2005), 1.
24 引自 David Kuchta, *The Three-Piece Suit and Modern Masculinity: England, 1550–1850* (Berkeley: University of California Press, 2002), 24.
25 Ibid., 238.
26 Jesse, *The Life of George Brummell*, 59.
27 引自 Kelly, *Beau Brummell*, 150.
28 Elizabeth Amann, *Dandyism in the Age of Revolution: The Art of the Cut* (Chicago: University of Chicago Press, 2015), 167.
29 引自 ibid., 179.
30 Ibid., 174.
31 Jules Barbey d'Aurevilly, *Of Dandyism and of George Brummell* (London: J. M. Dent, 1897), 57.
32 引自 Kelly, *Beau Brummell*, 5.
33 Honore de Balzac, *Treatise on Elegant Living* (Cambridge, MA: Wakefield Press, 2010), ebook.
34 Ibid.
35 Ibid.
36 Ibid.
37 Ibid.
38 Mrs. Gore [Catherine Grace Frances], *Cecil: Or, the Adventures of a Coxcomb, a Novel* (1860), 16.
39 Edward George E. L. Bulwer Lytton, *Pelham: Or, the Adventures of a Gentleman* (1854), 129.
40 Ibid., 116.
41 引自 Christopher Hibbert, *Disraeli: A Personal History* (London: Harper-Collins, 2010), 24.
42 Benjamin Disraeli, *Vivian Grey* (New York: Century Co., 1906), 18.
43 Ibid.
44 Ibid., 37.

45　Ibid.
46　引自 Moers, *The Dandy*, 85–86.
47　引自 ibid., 102.

第四章：「工作！工作！！工作！！！」

1　引自 Waldo E. Martin Jr., *The Mind of Frederick Douglass* (Chapel Hill: University of North Carolina Press, 2000), 25.
2　Frederick Douglass, *The Speeches of Frederick Douglass: A Critical Edition*, eds. John R. McKivigan, Julie Husband, and Heather L. Kaufman (New Haven, CT: Yale University Press, 2018), 240.
3　Ibid., 431.
4　Ibid., 447.
5　Ibid.
6　Ibid.
7　Ibid.
8　Ibid.
9　Frederick Douglass, *The Life and Times of Frederick Douglass, Written by Himself* (Hartford, CT: Park Publishing Co., 1881), 217.
10　Ibid., 140.
11　Ibid.
12　Frederick Douglass, *The Essential Douglass: Selected Writings and Speeches*, ed. Nicholas Buccola (Indianapolis, IN: Hackett, 2016), 336.
13　引自 David W. Blight, *Frederick Douglass: Prophet of Freedom* (New York: Simon & Schuster, 2018), 113.
14　Frederick Douglass, *Great Speeches by Frederick Douglass* (Garden City, NY: Dover Publications, 2013), 148.
15　Ibid., 147.
16　Ibid.
17　Ibid.
18　"Declaration of Independence: A Transcription," America's Founding Documents, National Archives, www.archives.gov/founding-docs/declaration-transcript.
19　Alexander Hamilton, "The Federalist Papers," in *Classics of American Political and Constitutional Thought*, Vol. 1, ed. Scott J. Hammond, Kevin R. Hardwick, and Howard L. Lubert (Indianapolis, IN: Hackett, 2007), 454.
20　引自 Anthony Pagden, *The Enlightenment: And Why It Still Matters* (Oxford: Oxford University Press, 2013), 712.
21　引自 Domenico Losurdo, *Liberalism: A Counter-History* (London: Verso, 2011), 9.
22　Abraham Lincoln, "Temperance Address," in *The Methodist Review* (New York: G.

Lane & P. B. Sandford, 1899), 15.
23 Ibid., 16.
24 Frederick Douglass, "Temperance Meeting [October 20, 1845]," in *Frederick Douglass and Ireland: In His Own Words*, ed. Christine Kinealy (London: Routledge, 2018), 204.
25 引自 Daniel Walker Howe, *Making the American Self: Jonathan Edwards to Abraham Lincoln* (Oxford: Oxford University Press, 2009), 153.
26 引自 Losurdo, *Liberalism*, 11.
27 引自 ibid., 10.
28 John Locke, *Two Treatises of Government* (London: C. and J. Rivington, 1824), 146.
29 John Locke, *Locke: Political Essays* (Cambridge: Cambridge University Press, 1997), 180.
30 John Stuart Mill, *The Collected Works of John Stuart Mill* (e-artnow, 2017), ebook.
31 Douglass, *The Speeches of Frederick Douglass*, 431.
32 引自 Jim Cullen, *The American Dream: A Short History of an Idea that Shaped a Nation* (Oxford: Oxford University Press, 2004), 47.
33 William Cowper, *The Poetical Works of William Cowper* (London: William Smith, 1839), 142.
34 引自 Richard L. Bushman, *The Refinement of America: Persons, Houses, Cities* (New York: Vintage, 2011), 31.
35 引自 Ron Chernow, *Washington: A Life* (New York: Penguin, 2011).
36 引自 Willard Sterne Randall, *George Washington: A Life* (New York: Henry Holt & Company, 1998), 30.
37 Harriet Beecher Stowe, *The Lives and Deeds of Our Self-Made Men* (Hartford, CT: Worthington, Dustin & Co., 1872), 17.
38 Harriet Beecher Stowe, *Men of Our Times* (Hartford, CT: Hartford Publishing Company, 1868), vii.
39 William Ellery Channing, *The Works of William Ellery Channing* (London: Chapman, 1844), 113.
40 Ibid.
41 Ralph Waldo Emerson, *The Portable Emerson* (New York: Penguin, 2014), 320.
42 Channing, *Works*, 130.
43 引自 David Robinson, *Apostle of Culture: Emerson as Preacher and Lecturer* (Philadelphia: University of Pennsylvania Press, 1982), 55.
44 Benjamin Franklin, *The Autobiography of Benjamin Franklin: 1706–1757* (Carlisle, MA: Applewood Books, 2008), 124.
45 Ibid., 128.
46 Ibid.

47 引自 Howe, *Making the American Self*, 30.

第五章：「光芒如洪水般湧入」

1   引自 Randall E. Stross, *The Wizard of Menlo Park: How Thomas Alva Edison Invented the Modern World* (New York: Crown, 2008), 81.
2   Ibid., vi.
3   引自 ibid., 80.
4   引自 ibid., 83.
5   J. B. McClure, ed., *Edison and His Inventions* (Chicago: Rhodes & McClure, 1889), 153.
6   引自 Stross, *The Wizard of Menlo Park*, 83.
7   引自 ibid., 105.
8   引自 ibid., 247.
9   引自 Benjamin M. Friedman, *Religion and the Rise of Capitalism* (New York: Knopf, 2021), 228.
10 Nathaniel Hawthorne, *The House of the Seven Gables: A Romance* (Boston: Ticknor, Reed, and Fields, 1851), 283.
11 Henry Adams, *Education of Henry Adams* (Boston: Houghton Mifflin, 1918), 380.
12 Henry Adams, *A Henry Adams Reader* (New York: Doubleday, 1959), 341.
13 Ernest Freeberg, *The Age of Edison: Electric Light and the Invention of Modern America* (New York: Penguin, 2013), ebook.
14 Ibid.
15 引自 Robert W. Rydell, *All the World's a Fair: Visions of Empire at American International Expositions, 1876–1916* (Chicago: University of Chicago Press, 2013).
16 Gershom Huff, *Electro-Physiology* (New York: D. Appleton, 1853), iv.
17 Ibid., 412.
18 John Bovee Dods, *The Philosophy of Electrical Psychology: In a Course of Twelve Lectures* (New York: Fowler & Wells, 1850), 209.
19 Adams, *Education*, 34.
20 Ibid.
21 引自 Richard Hofstadter, *Social Darwinism in American Thought, 1860–1915* (Philadelphia: University of Pennsylvania Press, 2017), 24.
22 Ibid.
23 Herbert Spencer, *Herbert Spencer: Collected Writings* (London: Routledge, 2021), 5.
24 Igor Semenovich Kon, *A History of Classical Sociology* (Moscow: Progress Publishers, 1989), 54.
25 引自 Hofstadter, *Social Darwinism*, 21.

26　引自 Geoffrey Russell Searle, *Morality and the Market in Victorian Britain* (Oxford: Clarendon Press, 1998), 100.

27　William Graham Sumner, "The Challenge of Facts," in *Philosophy After Darwin: Classic and Contemporary Readings*, ed. Michael Ruse (Princeton, NJ: Princeton University Press, 2021), 116.

28　引自 Hofstadter, *Social Darwinism*, 44.

29　Sumner, "The Challenge of Facts," 117.

30　Henry Ward Beecher, *Beecher: Christian Philosopher, Pulpit Orator, Patriot and Philanthropist* (Chicago: Belford, Clarke & Co., 1887), 194.

31　Henry Ward Beecher, *Evolution and Religion* (New York: Fords, Howard & Hulbert, 1885), 97.

32　Ibid., 296.

33　Ibid., 26.

34　Hofstadter, *Social Darwinism*, 31.

35　Andrew Carnegie, *Autobiography* (Frankfurt: Outlook Verlag, 2018), 266.

36　James Allen, *James Allen: The Complete Collection* (n.p.: A Yesterday's World Publishing, 2018), 99.

37　Charles Fillmore, *Prosper* (Auckland, New Zealand: Floating Press, 2009), 7.

38　Charles Benjamin Newcomb, *All's Right with the World* (Boston: Lee & Shepard, 1899), 78.

39　Ibid., 79.

40　William Walker Atkinson, *The Secret of Success: How to Achieve Power, Success & Mental Influence* (e-artnow, 2017), ebook.

41　Ibid.

42　引自 Robert Wilson, *Barnum: An American Life* (New York: Simon & Schuster, 2020), 43.

43　引自 ibid., 12.

44　Phineas Taylor Barnum, *The Humbugs of the World & The Art of Money Getting* (n.p.: Musaicum Books, 2017), 2.

45　Phineas Taylor Barnum, *The Colossal P. T. Barnum Reader: Nothing Else Like It in the Universe* (Champaign-Urbana: University of Illinois Press, 2005), 99.

46　Barnum, *Humbugs*, 3.

第六章：「意想不到的花花公子」

1　引自 Karl Beckson, "Oscar Wilde and the Green Carnation," *English Literature in Transition, 1880–1920* 43, no. 4 (2000): 387, muse.jhu.edu/article/367465.

2　Ibid., 389.

3　Ibid.

4   Ibid., 388.
5   引自Jonathan Faiers and Mary Westerman Bulgarella, eds., *Colors in Fashion* (London: Bloomsbury, 2016).
6   Beckson, "Oscar Wilde," 390.
7   Robert Smythe Hichens, *The Green Carnation* (New York: Mitchell Kennerley, 1894), 14.
8   Ibid., 5.
9   Ibid., 23.
10 引自Nicholas Freeman, *1895: Drama, Disaster and Disgrace in Late Victorian Britain* (Edinburgh: Edinburgh University Press, 2011), 23.
11 Ibid.
12 Ibid., 3.
13 此論點取自Rhonda K. Garelick, *Rising Star: Dandyism, Gender, and Performance in the Fin de Siecle* (Princeton, NJ: Princeton University Press, 2021), 9.
14 Jules Barbey d'Aurevilly, *Of Dandyism and of George Brummell* (London: J. M. Dent, 1897), 74.
15 引自Jennifer Birkett, *The Sins of the Fathers: Decadence in France 1870–1914* (London: Quartet Books, 1986), 10.
16 引自Mary Warner Blanchard, *Oscar Wilde's America: Counterculture in the Gilded Age* (New Haven, CT: Yale University Press, 1998), 33.
17 Charles Baudelaire, *Baudelaire: Selected Writings on Art and Artists* (Cambridge: Cambridge University Press, 1981), 422.
18 Christopher Prendergast, *Paris and the Nineteenth Century* (Hoboken, NJ: Wiley, 1995).
19 Hugh Cunningham, *The Challenge of Democracy: Britain 1832–1918* (London: Routledge, 2014), 155.
20 Christopher G. Bates, *The Early Republic and Antebellum America: An Encyclopedia of Social, Political, Cultural, and Economic History* (New York: Routledge, 2015); "Total Population: New York City & Boroughs, 1900 to 2010," www1.nyc.gov/assets/planning/download/pdf/data-maps/nyc-population/historical-population/nyc_total_pop_1900-2010.pdf.
21 Emile Zola, *The Ladies' Paradise: A Realistic Novel* (London: Vizetelly, 1886), 378.
22 Nicholas Daly, *The Demographic Imagination and the Nineteenth-Century City* (Cambridge: Cambridge University Press, 2015).
23 引自ibid., 116.
24 引自ibid., 115.
25 Ibid., 114.
26 Charles Baudelaire, *Flowers of Evil and Other Works: A Dual-Language Book* (New York: Dover, 2013), 75.

27 Alfred Austin, *The Golden Age: A Satire* (London: Chapman and Hall, 1871), 66.
28 Honore de Balzac, *Treatise on Elegant Living* (Cambridge, MA: Wakefield Press, 2010), ebook.
29 Joris K. Huysmans, *Against Nature* (New York: Dover, 2018), 6.
30 D'Aurevilly, *Dandyism*, 33.
31 引自 Edmund Wilson, *Axel's Castle: A Study of the Imaginative Literature of 1870–1930* (New York: Farrar, Straus & Giroux, 2019), ebook.
32 引自 Blanchard, *Oscar Wilde's America*, 7.
33 Oscar Wilde, *The Picture of Dorian Gray* (Guelph, Ontario: Broadview Press, 1998), 138.
34 Huysmans, *Against Nature*, 140.
35 引自 Garelick, *Rising Star*, 45.
36 Edmond and Jules de Goncourt, *Pages from the Goncourt Journals*, trans. Robert Baldick (New York: New York Review of Books, 2007), 38.
37 Auguste Villiers de l'Isle-Adam, *Tomorrow's Eve* (Champaign-Urbana: University of Illinois Press, 1982).
38 Ibid., 62.
39 Ibid., 118.
40 Huysmans, *Against Nature*, 20.
41 Alex Ross, "The Occult Roots of Modernism," *New Yorker*, June 19, 2017, www.newyorker.com/magazine/2017/06/26/the-occult-roots-of-modernism.
42. Joséphin Péladan, *Comment on devient mage* (Paris: Chamuel, 1892), 81, trans. Sasha Chaitow.
43 引自 Sasha Chaitow, "How to Become a Mage (or Fairy): Joséphin Péladan's Initiation for the Masses," *Pomegranate* 14, no. 2 (2012): 193.
44 Wilde, *Dorian Gray*, 50.
45 Octave Uzanne, *Barbey D'Aurevilly* (Paris: La Cité des Livres, 1927), 25, translation my own.
46 Melanie Hawthorne, *Rachilde and French Women's Authorship: From Decadence to Modernism* (Lincoln: University of Nebraska Press, 2001).

第七章：「從現在起我將統治世界」

1 Lucy Hughes-Hallett, *The Pike: Gabriele D'Annunzio, Poet, Seducer and Preacher of War* (London: Fourth Estate, 2013), 1.
2 引自 William Pfaff, *The Bullet's Song: Romantic Violence and Utopia* (New York: Simon & Schuster, 2004), 170.
3 Ibid., 160.
4 Hughes-Hallett, *The Pike*, 27.

5   Pfaff, *Bullet's Song*, 154–155.
6   參見 Giovanni Gullace, *Gabriele D'Annunzio in France: A Study in Cultural Relations*, 1st ed. (Syracuse, NY: Syracuse University Press, 1966), 79.
7   引自 Pfaff, *Bullet's Song*, 162.
8   引自 Hughes-Hallett, *The Pike*, 54.
9   引自 Pfaff, *Bullet's Song*, 175.
10   引自 Odon Por, *Fascism* (New York: Alfred A. Knopf, 1923), xxi.
11   引自 Hughes-Hallett, *The Pike*, 5.
12   Ibid., 85.
13   引自 Pfaff, *Bullet's Song*, 185.
14   引自 Hughes-Hallett, *The Pike*, 82.
15   Friedrich Nietzsche, *The Gay Science* (New York: Vintage, 1974), 301.
16   Friedrich Nietzsche, *Thus Spake Zarathustra* (London: Arcturus Publishing, 2019), ebook.
17   Friedrich Nietzsche, *On the Genealogy of Morals and Ecce Homo* (New York: Random House, 2010), 123.
18   Friedrich Nietzsche, *The Antichrist* (New York: Dover, 2018), 4.
19   Nietzsche, *Gay Science*, 232.
20   Nietzsche, *Gay Science*, 175.
21   Nietzsche, *Zarathustra*, 6.
22   引自 Richard Wolin, *The Seduction of Unreason: The Intellectual Romance with Fascism from Nietzsche to Postmodernism*, 2nd ed. (Princeton, NJ: Princeton University Press, 2019), 28.
23   引自 Jacob Golomb, *Nietzsche, Godfather of Fascism?: On the Uses and Abuses of a Philosophy* (Princeton, NJ: Princeton University Press, 2009), 241.
24   Ibid.
25   引自 Giuliana Pieri, "Gabriele D'Annunzio and the Self-Fashioning of a National Icon," *Modern Italy* 21, no. 4, https://doi.org/10.1017/mit.2016.49.
26   Luigi Russolo, ed., *Speed Destruction Noise War: Futurist Manifestos 1909–15* (n.p.: Elektron Ebooks, 2013), ebook.
27   引自 Pfaff, *Bullet's Song*, 31.
28   Patrick G. Zander, *Fascism Through History: Culture, Ideology, and Daily Life*, 2 vols. (Santa Barbara, CA: ABC-CLIO, 2020), 537.
29   引自 Pfaff, *Bullet's Song*, 42.
30   引自 Mabel Berezin, *Making the Fascist Self: The Political Culture of Interwar Italy* (Ithaca, NY: Cornell University Press, 2018), 50.
31   引自 Simonetta Falasca-Zamponi, *Fascist Spectacle: The Aesthetics of Power in Mussolini's Italy* (Berkeley: University of California Press, 2000), 21.
32   Ibid.

33　引自 Golomb, *Nietzsche*, 250.
34　Benito Mussolini, "Fascism," in *Princeton Readings in Political Thought: Essential Texts Since Plato*, rev. ed. (Princeton, NJ: Princeton University Press, 2018), 540.
35　引自 Walter L. Adamson, "Modernism and Fascism: The Politics of Culture in Italy, 1903–1922," *American Historical Review* 95, no. 2 (April 1990): 359.

第八章：「It」的力量

1　引自 James Robert Parish, *Prostitution in Hollywood Films: Plots, Critiques, Casts, and Credits for 389 Theatrical and Made-for-Television Releases* (Jefferson, NC: McFarland, 1992), 29.
2　引自 Matthew Rukgaber, *Nietzsche in Hollywood: Images of the Ubermensch in Early American Cinema* (Albany: State University of New York Press, 2022), ebook.
3　Julie Grossman, *The Femme Fatale* (New Brunswick, NJ: Rutgers University Press, 2020), ebook.
4　Elinor Glyn, "It," *Hearst's International Combined with Cosmopolitan*, 1927, 64.
5　Ibid.
6　Elinor Glyn, *The Philosophy of Love* (Auburn, NY: Authors' Press, 1923), 128.
7　引自 Sharon Marcus, *The Drama of Celebrity* (Princeton, NJ: Princeton University Press, 2020), 55.
8　引自 Ty Burr, *Gods Like Us: On Movie Stardom and Modern Fame* (New York: Anchor, 2013), 11.
9　James Chapman, *Film and History* (Basingstoke, UK: Palgrave Macmillan, 2017), 119.
10　引自 Burr, *Gods Like Us*, 4.
11　Ibid., 5.
12　引自 ibid., 16.
13　引自 ibid., 28.
14　引自 ibid., 21.
15　引自 Richard deCordova, *Picture Personalities: The Emergence of the Star System in America* (Champaign-Urbana: University of Illinois Press, 2001), 98.
16　參見 Paul McDonald, *Hollywood Stardom* (Chichester, UK: Wiley-Blackwell, 2013).
17　Burr, *Gods Like Us*.
18　引自 Robert Staughton Lynd and Helen Merrell Lynd, *Middletown: A Study in American Culture* (New York: Harcourt, Brace, 1929), 161.
19　引自 Burr, *Gods Like Us*.
20　"Don't Pay Me a Cent If I Can't Give You a Magnetic Personality—5 Days Free Proof!," *Popular Mechanics* 45, no. 3 (March 1926): 19; 關於個人魅力（磁

性）的討論參見Karen Sternheimer, *Celebrity Culture and the American Dream: Stardom and Social Mobility* (New York: Routledge, 2014), 60.

21 "Don't Pay Me a Cent."
22 引自Joseph L. DeVitis and John Martin Rich, *The Success Ethic, Education, and the American Dream* (Albany: State University of New York Press, 1996), 59.
23 Orison Swett Marden, *How to Succeed* (self-pub., CreateSpace, 2013).
24 "Instantaneous Personal Magnetism," *Popular Mechanics*, March 1928, 99.
25 引自Jennifer Scanlon, *Inarticulate Longings: The Ladies' Home Journal, Gender and the Promise of Consumer Culture* (New York: Routledge, 2020), 209.
26 引自Roland Marchand, *Advertising the American Dream: Making Way for Modernity, 1920–1940* (Berkeley: University of California Press, 1985), 213.
27 Ibid.
28 引自Sternheimer, *Celebrity Culture*, 49. 接下來的兩段摘錄自史特海默（Sternheimer）的報導 (ibid., 98).
29 參見ibid., 67.
30 引自ibid., 71.
31 引自Marchand, *Advertising the American Dream*, 11.
32 Ibid., 8.
33 *Address of President Coolidge Before the American Association of Advertising Agencies* (Washington, DC: US Government Printing Office, 1926), 7.
34 Ibid.

第九章：「昨日種種」

1 Dotson Rader, "Twilight of the Tribe: The Wedding that Wasn't," *Village Voice*, July 31, 1969, www.villagevoice.com/2020/10/07/twilight-of-the-tribe-the-wedding-that-wasnt/.
2 Ibid.
3 Ibid.
4 Ibid.
5 Craig B. Highberger, *Superstar in a Housedress: The Life and Legend of Jackie Curtis* (New York: Open Road, 2015), 23.
6 稍作澄清，本書將繼續使用女性代詞「她／她的」來指代傑基，除非是引用同時代人使用其他代詞的內容時，才會有所變更。
7 Highberger, *Superstar*, 2.
8 Ibid., 11.
9 Rader, "Twilight of the Tribe."
10 Ibid.
11 Highberger, *Superstar*, 40.

12　Ibid., 52.
13　引自 Kembrew McLeod, *The Downtown Pop Underground: New York City and the Literary Punks, Renegade Artists, DIY Filmmakers, Mad Playwrights, and Rock 'N' Roll Glitter Queens Who Revolutionized Culture* (New York: Abrams, 2018), 71.
14　引自 Highberger, *Superstar*, 80.
15　引自 ibid., 176.
16　Andy Warhol, *Andy Warhol: From A to B and Back Again* (New York: Whitney Museum of American Art, 2018), 70.
17　Sloan Wilson, *The Man in the Gray Flannel Suit* (New York: Hachette Books, 2009), ebook.
18　引自 Anthony Esler, *Bombs, Beards, and Barricades: 150 Years of Youth in Revolt* (New York: Stein and Day, 1972), 275; 亦可參見 Galt MacDermot, *Vocal Selections from Hair: The American Tribal Love-Rock Musical*, lyrics by Gerome Ragni and James Rado (Van Nuys, CA: Alfred Music, 2009).
19　Jennifer H. Meadows and August E. Grant, *Communication Technology Update*, 10th ed. (Burlington, MA: Focal Press, 2006), 27.
20　引自 Andreas Killen, *1973 Nervous Breakdown: Watergate, Warhol, and the Birth of Post-Sixties America* (New York: Bloomsbury USA, 2008), 53.
21　Joe McGinniss, *The Selling of the President 1968* (New York: PocketBooks, 1970), 31.
22　Ibid., 194.
23　Ibid., 27.
24　引自 ibid., 28.
25　Daniel J. Boorstin, *The Image: A Guide to Pseudo-Events in America* (New York: Vintage, 2012), 9.
26　引自 Killen, *1973 Nervous Breakdown*, 139.
27　引自 ibid., 144.
28　Warhol, *From A to B*, 55.
29　Ibid., 54.
30　Ibid.
31　Candy Darling, *Candy Darling: Memoirs of an Andy Warhol Superstar* (New York: Open Road, 2015), 39.
32　引自 Killen, *1973 Nervous Breakdown*, 58; 關於蘭斯・勞德一家的敘述以及接下來幾段中引用的評論皆取自 *1973 Nervous Breakdown*; 另可參見 *An American Family*, produced by Craig Gilbert, aired January 11–March 29, 1973, on WNET New York.
33　Killen, *1973 Nervous Breakdown*, 68.
34　Ibid., 73; 參見 Roger Rosenblatt, "Residuals on an American Family," *New Republic*, November 23, 1974.

35 Margaret Mead, "As Significant as the Invention of Drama or the Novel," in *The Documentary Film Reader: History, Theory, Criticism*, ed. Jonathan Kahana (Oxford: Oxford University Press, 2016), 526.
36 引自 Killen, *1973 Nervous Breakdown*; 原文出自 *Time*, February 27, 1973.
37 Killen, *1973 Nervous Breakdown*, 63.
38 引自 ibid., 62; 原文出自 Abigail McCarthy, "'An American Family,' and 'The Family of Man,'" *Atlantic Monthly*, July 1973.
39 Killen, *1973 Nervous Breakdown*, 67.
40 Ibid., 69.

第十章：「自己動手」

1 Ed Regis, "Meet the Extropians," *Wired*, October 1, 1994, www.wired.com/1994/10/extropians/.
2 引自 Mark O'Connell, *To Be a Machine: Adventures Among Cyborgs, Utopians, Hackers, and the Futurists Solving the Modest Problem of Death* (New York: Anchor, 2018), 37.
3 Max More, "The Principles of Extropianism," *Extropy* 6 (Summer 1990): 16.
4 Regis, "Meet the Extropians."
5 "EXTRO 1: The First Extropy Institute Conference on Transhumanist Thought" (poster, Sunnyvale, CA, April 30–May 1, 1994), http://fennetic.net/pub/extropy/extro1_ad.pdf.
6 Regis, "Meet the Extropians."
7 Max More, "Technological Self-Transformation: Expanding Personal Extropy," *Extropy* 10 (Winter/Spring 1993).
8 Ibid., 18.
9 J. Storrs Hall, "What I Want to Be When I Grow Up, Is a Cloud," *Extropy* 13 (1994), reprinted by the Kurzweil Library, July 6, 2001, www.kurzweilai.net/what-i-want-to-be-when-i-grow-up-is-a-cloud (web pages on file with author).
10 More, "Technological Self-Transformation," 18.
11 Ibid.
12 "Larry King Interviews Futurist FM-2030," video, YouTube, uploaded January 9, 2011, https://youtube/XkMVzEft7Og.
13 Regis, "Meet the Extropians."
14 引自 Fred Turner, *From Counterculture to Cyberculture: Stewart Brand, the Whole Earth Network, and the Rise of Digital Utopianism* (Chicago: University of Chicago Press, 2010), 43.
15 引自 Turner, *From Counterculture*, 37.
16 Theodore Roszak, *The Making of a Counter Culture: Reflections on the Technocratic*

Society and Its Useful Opposition (New York: Anchor, 1969), 240.
17 Ibid., 328.
18 引自 Hsiao-Yun Chu and Roberto G. Trujillo, eds., *New Views on R. Buckminster Fuller* (Redwood City, CA: Stanford University Press, 2009), 157.
19 John Markoff, "Op-Ed: The Invention of Google Before Google—a Radical Mail-Order 'Catalog,'" *Los Angeles Times*, March 28, 2018, www.latimes.com/opinion/op-ed/la-oe-markoff-stewart-brand-whole-earth-catalog-20180328-story.html.
20 Turner, *From Counterculture*, 213.
21 Stewart Brand, "We Owe It All to the Hippies," *Time*, 1995.
22 Ibid.
23 John Perry Barlow, "Declaration for the Independence of Cyberspace" (Davos, Switzerland, February 8, 1996), Electronic Frontier Foundation, www.eff.org/cyberspace-independence.
24 Ibid.
25 Ibid.
26 Ibid.
27 Sidebar, *Extropy* 10 (Winter/Spring 1993): 22.
28 Richard Barbrook and Andy Cameron, "The Californian Ideology," in *Crypto Anarchy, Cyberstates, and Pirate Utopias*, ed. Peter Ludlow (Cambridge, MA: MIT Press, 2001), 376.
29 Ibid., 377.
30 Antonio Regalado, "Meet Altos Labs, Silicon Valley's Latest Wild Bet on Living Forever," *MIT Technology Review*, September 4, 2021, www.technologyreview.com/2021/09/04/1034364/altos-labs-silicon-valleys-jeff-bezos-milner-bet-living-forever/.
31 Emily A. Vogels, "About One-in-Five Americans Use a Smart Watch or Fitness Tracker," Pew Research Center, January 9, 2020, www.pewresearch.org/fact-tank/2020/01/09/about-one-in-five-americans-use-a-smart-watch-or-fitness-tracker/.
32 引自 "The Quantified Self: Data Gone Wild?" *PBS NewsHour*, September 28, 2013, www.pbs.org/newshour/show/the-quantified-self-data-gone-wild.
33 Blake Masters and Peter Thiel, *Zero to One: Notes on Startups, or How to Build the Future* (New York: Crown, 2014), 22.
34 Ibid., 81.
35 Ibid., 59.
36 Ibid., 60.
37 Carolyn Chen, *Work Pray Code: When Work Becomes Religion in Silicon Valley* (Princeton, NJ: Princeton University Press, 2022), 90.
38 Max More, "Transhumanism: Towards a Futurist Philosophy," *Extropy* 6 (Summer

1990): 6.

39　Ibid.

第十一章：「因為我想這麼做」

1　Yvonne Villarreal, "'The Meeting that Changed the World': Inside the First Days of the Kardashian Empire," *Los Angeles Times*, June 3, 2021, www.latimes.com/entertainment-arts/tv/story/2021-06-03/keeping-up-with-the-kardashians-kim-kris-oral-history-pilot-episode.

2　Oliver Coleman, "The Making of a Reality Icon," *The Sun*, March 28, 2017, www.thesun.co.uk/living/3196659/this-is-the-real-story-behind-kim-kardashians-sex-tape-and-how-it-made-her-a-star/.

3　"Kim Drops Sex Tape Lawsuit, Gets a Big Load of Cash," TMZ, April 30, 2007, www.tmz.com/2007/04/30/kim-drops-sex-tape-lawsuit-gets-a-big-load-of-cash/.

4　"Kim Kardashian's 10 Year Anniversary for Sex Tape & the Money Keeps Rolling In," TMZ, April 7, 2017, www.tmz.com/2017/04/07/kim-kardashian-10-year-anniversary-sex-tape/.

5　Beth Allcock, "'No Holding Back': Kim Kardashian Admits She Made 2002 Sex Tape with Ray-J Because She Was 'Horny and Felt Like It,'" *The Sun*, June 6, 2021, www.the-sun.com/entertainment/3025470/kim-kardashian-sex-tape-ex-ray-j-horny-kuwtk/.

6　"Kardashians on Barbara Walters '10 Most Fascinating People,'" video, YouTube, uploaded December 15, 2011, www.youtube.com/watch?v=5YMV05HosIo.

7　Danielle Pergament, "Kim Kardashian and I Analyzed Each Other's Faces," *Allure*, August 2022, www.allure.com/story/kim-kardashian-cover-interview-august-2022.

8　Elizabeth Wagmeister, "'Money Always Matters': The Kardashians Tell All About Their New Reality TV Reign," *Variety*, March 9, 2022, https://variety.com/2022/tv/features/kardashians-hulu-kris-kim-khloe-1235198939/.

9　Pergament, "Kim Kardashian."

10　Jemima McEvoy, "Kim Kardashian Is $600 Million Richer After Shapewear Brand Skims Hits $3.2 Billion Valuation," *Forbes*, January 8, 2022, www.forbes.com/sites/jemimamcevoy/2022/01/28/kim-kardashian-is-600-million-richer-after-shapewearbrand-skims-hits-32-billion-valuation/.

11　Natalie Robehmed, "Kim Kardashian West, Mobile Mogul," *Forbes*, July 11, 2016, www.forbes.com/sites/natalierobehmed/2016/07/11/kim-kardashian-mobile-mogul-the-forbes-cover-story/.

12　Lauren O'Neill, "Goodbye to the Influencer Decade, and Thanks for Nothing," *Vice*, December 19, 2019, www.vice.com/en/article/vb55wa/instagram-influencers-history-2010s.

13. Jovita Trujillo, "See the Kardashian-Jenner's First Instagram Posts," *Hola!*, April 15, 2022, www.hola.com/us/celebrities/20220415331124/kim-khloe-kourtney-kardashian-kylie-kendall-jenner-first-instagram-posts-1/.
14. Huda Beauty (@hudabeauty), Instagram, www.instagram.com/hudabeauty/?hl=en.
15. Kayleen Schaefer, "How Bloggers Make Money on Instagram," *Harper's Bazaar*, May 20, 2015, www.harpersbazaar.com/fashion/trends/a10949/how-bloggers-make-money-on-instagram/.
16. Antonia Farzan, "Meet the 22-Year-Old Blogger Who Gets Paid up to $15,000 for a Single Instagram Post," *Business Insider*, May 22, 2015, www.businessinsider.com/fashion-blogger-who-gets-paid-15000-for-a-single-instagram-post-2015-5.
17. Edward Segal, "U.S. Freelance Workforce Continues to Grow, with No Signs of Easing: New Report," *Forbes*, December 8, 2021, www.forbes.com/sites/edwardsegal/2021/12/08/us-freelance-workforce-continues-to-grow-with-no-signs-of-easing-new-report/.
18. Tom Peters, "The Brand Called You," *Fast Company*, August 31, 1997, www.fastcompany.com/28905/brand-called-you.
19. Taylor Lorenz, "Rising Instagram Stars Are Posting Fake Sponsored Content," *The Atlantic*, December 18, 2018, www.theatlantic.com/technology/archive/2018/12/influencers-are-faking-brand-deals/578401/.
20. Hilary Sheinbaum, "What the Influencer Couple Has to Say About That Viral Proposal Scheme," *New York Times*, June 21, 2019, www.nytimes.com/2019/06/21/style/what-the-influencer-couple-has-to-say-about-that-viral-proposal-scheme.html.
21. Jacinda Santora, "Key Influencer Marketing Statistics You Need to Know for 2022," Influencer Marketing Hub, last modified August 1, 2022, https://influencermarketinghub.com/influencer-marketing-statistics/.
22. Taylor Locke, "86% of Young People Say They Want to Post Social Media Content for Money," CNBC, November 11, 2019, www.cnbc.com/2019/11/08/study-young-people-want-to-be-paid-influencers.html.
23. Scott Langdon, "Gen Z and the Rise of Influencer Culture," HigherVisibility, August 19, 2022, www.highervisibility.com/ppc/learn/gen-z-and-the-rise-of-influencer-culture/.
24. Brand Builders Group, "Personal Brands Drive More than 2/3 of All Americans to Spend More Money," PR Newswire, January 5, 2022, www.prnewswire.com/news-releases/personal-brands-drive-more-than-23-of-all-americans-to-spend-more-money-301454791.html.
25. Christopher Rosen, "How *The Apprentice* Brought Donald Trump Back to Life," *Vanity Fair*, September 29, 2020, www.vanityfair.com/hollywood/2020/09/donald-trump-the-apprentice-taxes.

26　Patrick Radden Keefe, "How Mark Burnett Resurrected Donald Trump as an Icon of American Success," *New Yorker*, December 27, 2018, www.newyorker.com/magazine/2019/01/07/how-mark-burnett-resurrected-donald-trump-as-an-icon-of-american-success.

27　Ibid.

28　Donald Trump, *The Art of the Deal* (New York: Random House, 2016).

29　引自 Carol George, *God's Salesman: Norman Vincent Peale and the Power of Positive Thinking* (New York: Oxford University Press, 2019), 114.

30　Norman Vincent Peale, *The Power of Positive Thinking* (Uttar Pradesh, India: Om Books International, 2016), 108.

31　Mark Fahey, "Donald Trump's Twitter Engagement Is Stronger Than Ever," CNBC, March 14, 2017, www.cnbc.com/2017/02/16/donald-trumps-twitter-engagement-is-stronger-than-ever.html; Aaron Mak, "Trump Was Losing Twitter Followers Until He Incited a Riot," *Slate*, January 12, 2021, https://slate.com/technology/2021/01/trump-twitter-ban-followers-capitol-riot.html.

32　引自 Michael Grynbaum and Rachel Abrams, "'Apprentice' Producer Denounces Trump but Won't Release Possibly Damning Tapes," *New York Times*, October 13, 2016, www.nytimes.com/2016/10/14/business/media/mark-burnett-apprentice-donald-trump.html.

33　Marisa Dellatto, "TikTok Hits 1 Billion Monthly Active Users," *Forbes*, September 27, 2021, www.forbes.com/sites/marisadellatto/2021/09/27/tiktok-hits-1-billion-monthly-active-users/?sh=d1f0a1b44b6e.

34　Ezra Marcus, "The 'E-Pimps' of OnlyFans," *New York Times*, May 16, 2022, www.nytimes.com/2022/05/16/magazine/e-pimps-onlyfans.html#:~:text=In%202019%2C%20there%20were%20reportedly,to%20more%20than%20a%20million.

結語：「如何做自己」

1　Cheryl Teh, "Influencer and Erstwhile Author Caroline Calloway Is Accused of Failing to Pay Over $40,000 in Rent: Lawsuit," *Insider*, March 21, 2022, www.insider.com/influencer-caroline-calloway-accused-of-not-paying-40000-in-rent-2022-3.

2　Constance Grady, "Caroline Calloway, Her 'One-Woman Fyre Fest,' and Her Ex–Best Friend Natalie, Explained," *Vox*, September 11, 2019, www.vox.com/culture/2019/9/11/20860607/caroline-calloway-natalie-beach-explained.

3　Caroline Calloway (@carolinecaloway), "Let me help u, Emily, so you can focus on ur kids. I'm chaotic. I love my work. My work is writing, painting, photography, posting on social media, and living inside a Truman Show of my own making—

performance art. Most ppl do not consider what I make to be art. More chaos ensues," Twitter, April 2, 2020, 7:27 p.m., https://twitter.com/carolinecaloway/status/1245764840913846273.

4   Gillian Friedman, "Jobless, Selling Nudes Online and Still Struggling," *New York Times*, January 13, 2021, www.nytimes.com/2021/01/13/business/onlyfans-pandemic-users.html.

5   Frederick Douglass, *The Essential Douglass: Selected Writings and Speeches*, ed. Nicholas Buccola (Indianapolis, IN: Hackett, 2016), 33.

人設大歷史

個人形象的包裝與網紅夢的實現，從達文西到卡戴珊家族的自我塑造
Self-Made: Creating Our Identities from Da Vinci to the Kardashians

〔revelation〕007

作 者	塔拉・伊莎貝拉・伯頓（Tara Isabella Burton）
翻 譯	李昕彥
副總編輯	洪源鴻
責任編輯	洪源鴻
行銷企劃	張乃文、洪源鴻
封面設計	虎稿・薛偉成
內頁排版	宸遠彩藝
出 版	二十張出版／左岸文化事業有限公司
發 行	遠足文化事業股份有限公司（讀書共和國出版集團）
地 址	新北市新店區民權路108-3號3樓
電 話	02.2218.1417
傳 真	02.2218.8057
客服專線	0800.221029
信 箱	akker2022@gmail.com
Facebook	facebook.com/akker.fans
法律顧問	華洋法律事務所－蘇文生律師
印 刷	呈靖彩藝有限公司
出 版	二〇二五年四月——初版一刷
定 價	四六〇元

ISBN｜9786267662199（平裝）、9786267662212（ePub）、9786267662205（PDF）

SELF-MADE: Creating Our Identities from Da Vinci to the Kardashians
by Tara Isabella Burton
Copyright © Tara Isabella Burton 2023
Complex Chinese Translation copyright © 2025
by Akker Publishing, an imprint of Alluvius Books Ltd.
Published by arrangement with Janklow & Nesbit (UK) Ltd.
through Bardon-Chinese Media Agency
博達著作權代理有限公司
ALL RIGHTS RESERVED

» 版權所有，翻印必究。本書如有缺頁、破損、裝訂錯誤，請寄回更換
» 歡迎團體訂購，另有優惠。請電洽業務部（02）22181417 分機 1124
» 本書言論內容，不代表本公司／出版集團之立場或意見，文責由作者自行承擔

人設大歷史：個人形象的包裝與網紅夢的實現，從達文西到卡戴珊家族的自我塑造
塔拉・伊莎貝拉・伯頓（Tara Isabella Burton）著／李昕彥譯／初版／新北市／二十張出版／左岸文化事業有限公司出版／遠足文化事業股份有限公司發行／2025.04
304 面，16x23 公分
譯自：Self-Made: Creating Our Identities from Da Vinci to the Kardashians
ISBN：978-626-7662-19-9（平裝）
1. 自我　　2. 自我心理學
173.741　　　　　　　　　　　　　　　　　　　　　　　　　　　114002683